Double

Livres grossoyés

Roussillon

CATALOGUE

DES PIERRES GRAVÉES

ANTIQUES ET MODERNES,

. DU CABINET

DE FEU M. HENRI TERSMITTEN,

En son vivant Bourguemaître & Conseiller de la Ville d'Amsterdam, & Commissaire pour les Postes de leurs NN. & GG. PP. les États de Hollande & de Westfrise, &c. &c. &c.

DONT la Vente se fera, en détail, aux plus offrans & derniers Enchérisseurs, le *Lundi 18 may* 1789, & jours suivans, de relevée, sans interruption; à Paris, rue Plâtriere, à l'hôtel de Bullion.

Par Me. BOILEAU, Huissier-Priseur-Commissaire aux Ventes au Châtelet de Paris, rue du Bacq, n°. 262.

NOTA: Toute cette Collection sera exposée publiquement pendant les matinées des quatre jours qui précéderont ladite Vente, susdite rue Plâtriere, hôtel de Bullion.

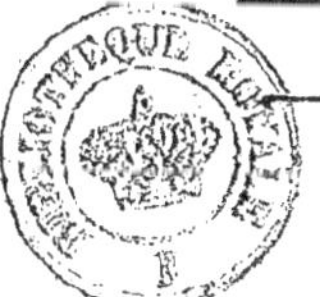

Prix 3 liv. broché.

Il se distribue

A PARIS,

Chez A. J. PAILLET, Peintre, audit hôtel de Bullion.

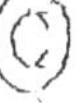

1789.

AVIS.

Voyez pour la diſtribution de la Vente,
l'Avertiſſement ci-après à l'article ☞.

De tous tems on est convenu que parmi les différens genres de curiosités relatifs aux Arts & aux Sciences, celui de la connoissance des Pierres gravées antiques & modernes doit avoir un des premiers rangs, comme tenant de plus près & plus spécialement à l'étude de la Mythologie & de l'Histoire de tous les siècles ; il appartient à quiconque a des moyens d'opulence ou quelque pratique des beaux Arts, de rassembler ces objets de luxe & de décoration dont on forme des Galeries aussi magnifiques à l'œil, qu'elles sont également précieuses pour l'émulation des Artistes & les progrès de l'Art même ; l'homme vraiment instruit & savant peut seul entreprendre de composer un Cabinet de Pierres gravées ; & c'est presque toujours autant l'ouvrage d'une application constante & infatigable, & d'un fonds inépuisable de lumières & de travail, que le résultat ordinaire aussi d'une très-grande dépense. Le possesseur d'une telle collection voit alors auprès de lui un trésor fécond dont la seule communication peut fournir les secours

les plus puiſſans à tous les autres Arts. Le
Poëte, le Peintre, le Sculpteur, l'Hiſtorien,
le Chronologiſte y viennent tour-à-tour puiſer
ou des moyens ou des preuves; l'Amateur &
l'Artiſte y admirent la beauté du travail ou la
richeſſe des matières, & le Savant y paſſe en
revue les noms illuſtres, les événemens fameux de tous les tems, les Empires détruits
& les Règnes paſſés, en remontant depuis nos
jours juſques aux dates les plus reculées de
l'Antiquité.

Sous ces différens rapports, quelle idée ne
doit-on pas ſe faire de la nombreuſe & impor-
tante Collection dont nous annonçons au-
jourd'hui la vente publique, & des deux
hommes célèbres qui ont travaillé pendant
près de cent années à la former & à la com-
pletter?

Feu M. HENRI TERSMITTEN, en ſon
vivant Bourguemaître & Conſeiller de la Ville
d'Amſterdam, hérita vers le commencement
de ce ſiècle de ce riche Cabinet, à la compo-
ſition duquel M. ſon père avoit déja employé
une longue ſuite d'années. Comme il avoit
auſſi hérité de ſon goût & de ſon amour pour
les Sciences & les Arts, il eut à cœur de por-
ter au plus haut degré de perfection une Collection déja connue avantageuſement de tout

ce qui portoit en Europe le nom de Savant ou d'Amateur en Pierres fines & Chefs-d'œuvre de Gravure, & qui attiroit chez lui le concours des Étrangers & des Curieux de toutes les Nations. Il ne négligea rien pour se procurer tout ce qui lui étoit annoncé de rare ou de très-beau dans tous les genres qui convenoient à sa Collection, & il en porta bientôt le nombre à plus de deux mille & cent pierres gravées, tant grandes que petites, & de différentes espèces, comme saphirs d'Orient, jacinthes, aigue-marines, topazes, améthiftes, turquoises, opales, onix, sardonix, jaspes, cornalines, & autres matières les plus précieuses, & parvint enfin à former un ensemble si riche de ces morceaux rares & uniques, qu'aucun Cabinet de la Hollande n'étoit comparable au sien à cet égard.

Le genre de la Gravure en creux étant la première & la plus difficultueuse partie de cet art sublime, ce fut celui qu'adopta principalement M. TERSMITTEN dans ses recherches, & qu'il suivit avec une constance digne d'admiration, toujours attentif à tirer de l'Italie tous les morceaux dont la beauté ou le volume ne laissoit rien à désirer, & ne refusant aucuns prix pour se les procurer ; également scrupuleux dans son choix, soit pour l'authenticité des filiations , soit pour la suite des Règnes, ou la rareté des portraits des personnages célèbres qu'il vouloit recueillir.

Nous avons suivi & presque copié pour la rédaction du présent Catalogue, celui qui a été imprimé à Amsterdam après le décès de M. HENRI TERSMITTEN en 1756, ayant dû nous interdire d'y faire aucuns changemens considérables, attendu l'ordre établi pour les numéros , suivant lequel chaque pierre est indiquée, de manière à être aisément & parfaitement reconnue des Amateurs. Quoique les Pierres antiques qui font partie de la Collection eussent seules pu fournir une classe particulière & très-nombreuse, nous avons préféré de ne pas les distinguer pour laisser aux Connoisseurs la plus grande liberté dans leurs opinions, & on avoit à cet égard pris le même parti dans le Catalogue de 1756.

On trouvera à la suite de la description de quelques tiroirs (le Catalogue se trouvant divisé par tiroirs ainsi que le Cabinet) un mot d'éloges sur telles ou telles suites renfermées dans lesdits tiroirs, MM. les Amateurs sont priés de ne pas établir pour cela aucune préférence , attendu que toutes les suites sont presque également belles & précieuses , & que ce n'est que pour éviter les répétitions, que

les mêmes éloges n'ont pas été mis après chaque divifion.

☞ Les conditions de la Vente font, 1°.
qu'il ne fera délivré aucune pierre que pour
argent comptant, ou fur des folidités qui
pourroient être offertes pour pareille valeur.
2°. Que l'ordre établi pour la diftribution des
articles fera abfolument le même que celui du
préfent Catalogue, en commençant le premier
jour par le N°. 1er, & calculant qu'il fera
vendu 60 articles fans plus par vacation, fans
avoir égard aucunement aux divifions des tiroirs ; de manière que MM. les Amateurs
nationaux ou étrangers, en partant du premier
jour de la Vente, & divifant la totalité du
Catalogue par 60 articles chaque jour, fau-
ront parfaitement les dates de la vente de tel
ou tel article; obfervation faite que s'il arri-
voit dans une féance, que la pluralité des
Amateurs préfens à la vente demandât qu'il
fût vendu ou deux articles enfemble, ou, ce
qui feroit affez vraifemblable, un certain
nombre de têtes formant fuite, nous ferons
attentifs à réduire le nombre des articles de la
féance en mefure proportionnée, afin de ren-
trer toujours pour les vacations fubféquentes
dans le nombre fixé de 60 articles, le tout

pour la plus grande commodité des Amateurs
& Acheteurs, & pour nous conformer en tous
points aux intentions des perſonnes qui ont
confié cette opération à nos ſoins.

Nous invitons MM. les Amateurs étrangers
ou autres qui voudroient nous remettre quelques commiſſions pour cette vente, à nous
adreſſer directement leurs ordres, en notre de-
meure ci-après dite : *M. Paillet, Peintre, rue
Plâtriere, hôtel de Bullion, à Paris ;* & à croire
qu'ils feront fidèlement & exactement ſervis.

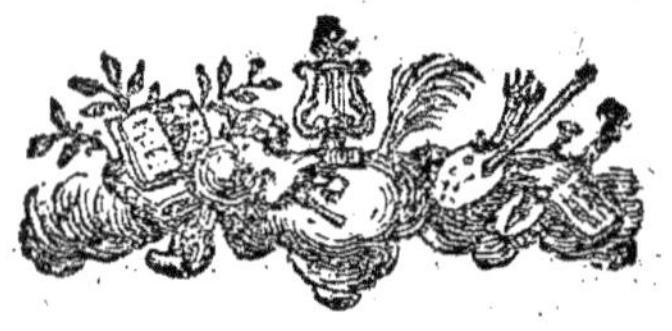

CATALOGUE

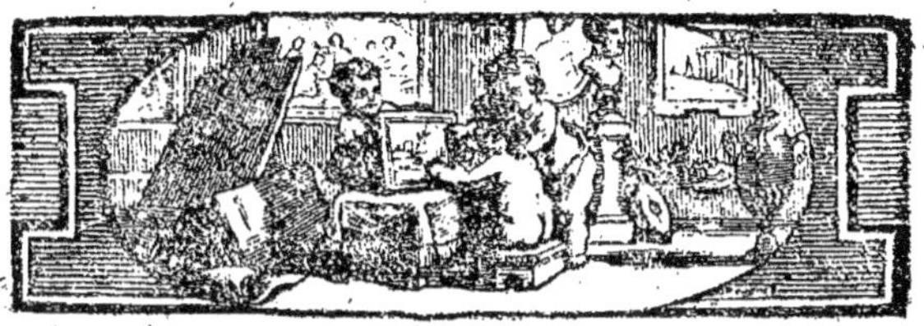

CATALOGUE

DU

CABINET

DE

PIERRES GRAVÉES,

ANTIQUES ET MODERNES;

De feu M. le Bourguemaitre TERSMITTEN, &c. &c. &c.

TIROIR, n°. I.

du haut du Cabinet,

Contenant XXIII Cornalines & autres Pierres
gravées en creux.

N°. 1 MARS. La * Tête de *Mars*, avec lon-

---

* On avertit ici que toutes les Tetes & les Bustes mentionnés
dans ce Catalogue sont de profil, à la réserve de ceux qui seront
désignés autrement.

A

gue barbe & le cafque , fur *cornaline* *, de un & trois-huit de pouce de haut.

2 Une Tête de femme inconnue; fur *Sardonix* de trois quarts de pouce de haut.

3 MACRINUS ET DIADUMENIANUS. Deux Têtes en regard de *Macrin* & de *Diaduménien*, dont l'une eft barbue & ceinte de laurier ; toutes deux ont une petite draperie au bas du cou. Sur *cornaline* de un & demi pouce en travers.

4 Une très-belle Tête de femme inconnue , couronnée de laurier , & ayant une draperie au bas du cou. Sur *Amétifte* de fept-huit de pouce de haut.

5 MARS VICTOR. La Tête de *Mars Victorieux*, avec barbe & cafque fort orné ; cette Tête a au bas du cou une draperie. Sur *cornaline* de un & trois-huit de pouce de haut.

6 Une Tête de femme inconnue, avec couronne ornée de perles , & ayant une draperie au bas du cou. Sur *Sardonix* de trois quarts de pouce de haut.

7 MEDUSA. La Tête de *Médufe languiffante*, coëffée en cheveux , avec une aile dans la coëffure. Sur *cornaline* de un & un huit de pouce de haut.

---

* On avertit auffi que toutes les Pierres font ovales, & que la forme de celles qui ne le font pas fera défignée.

8 CLAUDIUS CÆSAR ET AGRIPPINA. Deux Têtes
accolées ; celle de *Claude* eſt ceinte de laurier , &
celle d'*Agrippine* a une draperie au bas du cou.
Sur *cornaline* de un & trois-huit de pouce de
haut.

9 MEDUSA. La Tête de *Médufe* mourante, coëffée
en cheveux , avec aile & ſerpens dans la coëffure.
Sur *cornaline* de un & un huit de pouce de
haut.

10 Une très-belle Tête de femme inconnue , coëffée
en cheveux. Sur *Sardonix* de trois quarts de pouce
de haut.

11 NERO ET POPPEA. Deux Têtes en regard ;
celle de *Néron* un peu barbue & ceinte de laurier
a une draperie au bas du cou ; celle de *Poppée* eſt
coëffée en cheveux & a une draperie ſemblable.
Sur *cornaline* de un & demi pouce en travers.

12 TIBERIUS ET LIVIA. Deux Têtes accolées ;
Celle de *Tibére* eſt ceinte de laurier ; & celle de
Livie a une draperie au bas du cou. Sur *cornaline*
marbrée d'environ un & trois quarts de pouce de
haut.

13 CAII ET LUCII CÆSARIS. Deux Têtes en re-
gard de *Cajus* & de *Lucius Céſars* , *Petits fi s d'Au-*
guſte , ſans barbe & avec cheveux courts ; ces Têtes ont au bas du cou une draperie. Sur *cornaline*
de un & demi pouce en travers.

14 Une Tête de femme inconnue, coëffée en cheveux. Sur *Sardonix* d'environ trois quarts de
pouce de haut.

15 PSYCHÉ. La Tête de *Pfyché* ; coëffée en cheveux
& couverte à moitié d'un voile. Sur *cornaline*
de un & un huit de pouce de haut.

16 CLAUDIUS CÆSAR ET ANTONIA. Deux Têtes
accolées ; celle de *Claude* eſt ceinte de laurier,
& celle d'*Antonie* a une draperie au bas du cou.
Sur *cornaline* de un & trois-huit de pouce de
haut.

17 CLEOPATRA ULTIMA. Le Buſte de la derniere
Cléopatre ; la tête eſt ceinte de laurier, & un aſpic
lui piqué le ſein. Sur *cornaline* de un & un quart
de pouce de haut.

18 Une Tête de femme inconnue, coëffée en cheveux. Sur *Sardonix* de trois quarts de pouce de
haut.

19 CHILO. Le Buſte de *Chilo*, avec barbe, caſque
& cuiraſſe. Sur *cornaline* de un & trois-huit de pouce de haut.

20 Une belle Tête de femme inconnue, coëffée en
cheveux & ayant une draperie au bas du cou.
Sur *Amétiſte* de trois quarts de pouce de haut.

21 COMMODUS ET CRISPINA. Deux Têtes en regard ; celle de *Commode* avec barbe & cheveux

courts, & celle de *Crifpine* qui eft coëffée en cheveux, a une draperie au bas du cou. Sur *cornaline* de un & demi pouce en travers.

22 Une Tête de femme inconnue, coëffée en cheveux. Sur *Sardonix* de trois quarts de pouce de haut.

23 La Tête de *Henri, Roi des Romains*, avec barbe & couronne : cette Tête a au bas du cou une draperie. Sur une belle *cornaline* de un & un quart de pouce de haut.

TIROIR n°. II.

Contenant XLIX Cornalines & autres Pierres gravées en creux.

n°. 1 JULIA TITI FILIA. La Tête de *Julie, fille de Titus*, coëffée en cheveux, & ayant une draperie au bas du cou. Sur *cornaline* d'un pouce de haut.

2 MÉROPE. La Tête de *Mérope*, vue de face coëffée en cheveux & ayant une draperie au bas du cou. Sur *cornaline* d'environ un demi pouce de haut.

3 PROSERPINA. Le Bufte de *Proferpine* couverte d'un voile qui lui tombe fur les épaules. Sur *Cornaline* d'environ un demi pouce de haut.

4 GERMANICUS CÆSAR. La Tête de *Germanicus César*. Sur *agathe brune* d'environ un pouce de haut.

5 HERCULES. La Tête d'*Hercule*, coëffée de la peau de Lion. Sur *cornaline* d'environ un demi pouce de haut.

6 VESTALIS. La Tête d'une *Vestale*, voilée. Sur *cornaline* d'environ un demi pouce de haut.

7 NERO CLAUDIUS CÆSAR AUG. La Tête de *Néron* ceinte de laurier. Sur *cornaline* d'un pouce de haut.

8 M. JUN. BRUTUS. La Tête de *Brutus*. Sur *cornaline* d'environ un demi pouce de haut.

9 JUPITER OLYMPICUS. La Tête de *Jupiter Olympien*, fort barbue & couronnée de laurier. Sur *cornaline* de un & demi pouce de haut.

10 EPICURUS. La Tête d'*Epicure*, avec barbe longue. Sur *agathe* de cinq-huit de pouce de haut.

11 Un Buste d'homme inconnu, avec barbe & cheveux crépus, ayant sur l'épaule une draperie. Sur *cornaline* de trois quarts de pouce de haut.

12 SOCRATES La Tête de *Socrate*. Sur *agathe* d'environ un demi pouce de haut.

13 BACCHUS INDICUS. La Tête de *Bacchus Indien*, avec barbe épaisse & guirlande de pampres. Sur *cornaline* de un & demi pouce de haut.

14 L. Sept. Severus Pertinax Aug. La Tête
de *Septime Sévere* , avec couronne de laurier , &
ayant une draperie au bas du cou. Sur *cornaline*
oclogone de cinq-huit de pouce de haut.

15 Serg. Sulf. Galba Cæsar Aug. La Tête de
Galba, avec cheveux courts ; & ayant une draperie
au bas du cou. Sur *cornaline pâle* de cinq huit de
pouce de haut.

16 Une Tête de Bacchante entourée d'une guirlande de feuilles de vigne. Sur *cornaline jaune* d'environ même hauteur que la précédente.

17 Bacchus. La Tête de *Bacchus.* , avec couronne
de laurier , & ayant une draperie au bas du cou.
Sur *cornaline* d'environ un pouce de haut.

18 Caius Marius Cos. La Tête du *Conful Ma-*
rius , en partie chauve , avec vifage maigre ; autour on lit Cos IIV. Sur *agathe noire* de trois quarts
de pouce de haut.

19 Une Tête d'homme inconnu , fort barbue &
ceinte de laurier. Sur *cornaline* de fept-huit de
pouce de haut.

20 Pallas. La Tête de *Pallas* , armée d'un cafque , & ayant au bas du cou une draperie. Sur
cornaline de cinq-huit de pouce de haut.

21 Vestalis. La Tête d'une *Véftale* , voilée. Sur
cornaline de trois quarts de pouce de haut.

22 AGRIPPINA MATER CAII CÆSARIS. La Tête d'*Agrippine, Mere de Caligula*, coëffée en cheveux & ayant une draperie au bas du cou. Sur *agathe noire*, de fept-huit de pouce de haut.

23 Une Tête d'homme inconnu, frifée. Sur *agathe* de cinq-huit de pouce de haut.

24 ANTONIA AUGUSTA GERMANICI UX. La Tête d'*Antonie, femme de Germanicus*, coëffée en cheveux, & couronnée de laurier. Cette Tête a une draperie au bas du cou. Sur *agathe noire* de fept-huit de pouce de haut.

25 AUGUSTUS. La Tête d'*Augufte*. Sur *fardonix* de un & un huit de pouce de haut.

26 ANTONIA AUG. DRUSI UX. La Tête d'*Antonie, femme de Drufus*, coëffée en cheveux. Cette tête a une draperie au bas du cou. Sur *cornaline jaune*, de fept-huit de pouce de haut.

27 La Tête de *Henri* IV, ayant une draperie au bas du cou. Sur *agathe blanche* de cinq-huit de pouce de haut.

28 HERCULES. La Tête d'*Hercule*. Sur *fardonix* de trois-quarts de pouce de haut.

29 SOCRATES. La Tête de *Socrate*. Sur *cornaline* de cinq-huit de pouce de haut.

30 Un Bufte de femme inconnue, coëffée en che-

veux, & ayant le sein couvert d'une draperie. Sur *cornaline* de cinq-huit de pouce de haut.

31 HOMERUS. La Tête d'*Homere*. Sur *cornaline blanche*, d'environ trois-quarts de pouce de haut.

32 AGRIPPINA MATER NERONIS. Le Buste d'*Agrippine*, *mere de Néron*, coëffée en cheveux & ceinte de laurier. Ce Buste a une draperie sur les épaules. Sur *cornaline sardonix*, d'environ un pouce de haut.

33 AMILCAR. La Tête d'*Amilcar*, barbue, sur *Cornaline*, de cinq-huit de pouce de haut.

34 DOMITIA DOMITIANI UXOR. La Tête de *Domitia*, *femme de Domitien*, coëffée en cheveux, & ayant une draperie autour du cou. Sur *Cornaline* de trois-quarts de pouce de haut.

35 JUPITER. La Tête de *Jupiter*. Sur *Sardonix* d'environ trois quarts de pouce de haut.

36 MARCELLUS AUG. NEPOS. Une très-belle Tête de *Marcellus*, *neveu d'Auguste*, sans barbe, avec cheveux courts & frisés. Sur *Cornaline* d'environ un & trois-quarts de pouce de haut.

37 Une Tête de vieillard inconnu, avec barbe longue & cheveux courts. Sur *Cornaline* d'environ cinq-huit de pouce de haut.

38 Une Tête de femme inconnue, coëffée en cheveux, & ayant une draperie au bas du cou. Sur *Cornaline* de trois-quarts de pouce de haut.

39 Une Tête de vieillard inconnu, barbue & frifée. Sur *Cornaline* de cinq-huit de pouce de haut.

40 ALEXANDER MAGNUS. Le Bufte *d'Alexandre le
Grand*; avec barbe courte, le cafque & la cuiraffe
fort ornée. Sur une belle & grande *cornaline* d'environ un & cinq-huit de pouce de haut.

41 ALEXANDER MAGNUS. La Tête nue *d'Alexandre le Grand*. Sur *Agathe noire* & prefque ronde,
d'environ trois-quarts de pouce de haut.

42 GERMANICUS CÆSAR. La Tête de *Germanicus
Cæfar*, ceinte de laurier. Sur *Cornaline* d'environ
un & un huit de pouce de haut.

43 FAUSTINA AUG. La Tête de *Faufline*, coëffée
en cheveux & ayant une draperie au bas du cou.
Sur *cornaline* de cinq-huit de pouce de haut.

44 SOCRATES. La Tête de *Socrate*. Sur *Cornaline*
pâle, de cinq-huit de pouce de haut.

45 Une Tête de vieillard inconnu, barbue & frifée.
Cette tête a une draperie au bas du cou. Sur *Cornaline* de fept-huit de pouce de haut.

46 La Tête de S. *Pierre*. Sur *cornaline* de cinq-huit
de pouce de haut.

47 JUPITER. La Tête de *Jupiter*, avec une draperie au bas du cou. Sur *Cornaline* de cinq-huit de
pouce de haut.

48 PALLAS. Le Bufte de *Pallas*, avec le cafque &

la cuiraſſe très-ornée. Sur une belle *Cornaline* d'un peu plus d'un pouce de haut.

49 Une Tête inconnue, fort barbue & friſée, qui a au bas du cou une draperie. Sur *Cornaline blanche* de trois-quarts de pouce de haut.

TIROIR n°. III.

Contenant XVII Cornalines & autres Pierres gravées en creux.

N°. 1 FLAVIA MAXIMA FAUSTA. La Tête de *Flavie, femme de Conſtantin le Grand*, coëffée en cheveux & ayant une draperie au bas du cou. Sur *Agathe noire* d'un peu plus d'un pouce de haut.

2 Une Tête de femme, avec cheveux pendans, & ayant au bas du cou une draperie. Sur *Cornaline* de ſept-huit de pouce de haut.

3 AELIA FLACCILLA AUG. La Tête de *Flaccille*, coëffée en bonnet, orné de perles, & ayant une draperie au bas du cou, ornée de même. Sur *Cornaline noire*, d'un peu plus d'un pouce de haut·

4 SESTILIA. Le Buſte de *Seſtilie* couverte d'un voile qui lui deſcend ſur les épaules. Sur *Cornaline* de même hauteur que la précédente.

5 POMPEIA JULII CÆSARIS UX. La Tête de *Pom-*

peia, *femme de Jules Céfar*, coëffée en cheveux, &
ayant une draperie au bas du cou. Sur une belle
cornaline de un & un huit de pouce de haut.

6 AURELIA CÆSARIS MATER. Le Bufte d'*Aurélie*,
mere de Jules Céfar , couverte d'un voile qui lui
pend fur les épaules. Sur *cornaline* d'un peu plus
d'un pouce de haut.

7 POPPEA NERONIS UXOR. La Tête de *Poppée*,
femme de Néron , coëffée en cheveux & ayant une
draperie au bas du cou. Sur *cornaline* de même
hauteur que la précédente.

8 ANTONIA AVIA NERONIS. La Tête d'*Antonie*,
ayeule de Néron, avec un voile qui defcend jufqu'au bas du cou & lui couvre une partie du vifage. Sur *cornaline* de un & un quart de pouce
de haut.

9 MARCUS AURELIUS ANTON. AUG. Une grande
Tête de *Marc-Aurele*. Sur *Cornaline* d'un peu plus
de un & demi pouce de haut.

10 CALPURNIA CÆSARIS UXOR. La Tête de *Cal-
purnie*, *femme de Jule-Céfar*, coëffée en cheveux
pendans, & ayant une draperie au bas du cou. Sur
Cornaline de un & un huit de pouce de haut.

11 MARTIA FULVIA TITI. La Tête de *Fulvie*,
femme de Titus, coëffée en cheveux, & ayant
une draperie au bas du cou. Sur *Cornaline* d'un
peu plus d'un pouce de haut.

12 CLAUDIA NERONIS FILIA. La Tête de *lau-die*, *fille de Néron*, coëffée en cheveux, ornés de perles, & ayant une draperie au bas du cou. Sur *cornaline* de même hauteur que la précédente.

13 CORNELIA JULII CÆSARIS UX. La Tête de *Cornélie*, *femme de Jule-Céfar*, coëffée en cheveux. Sur *cornaline* de un & un huit de pouce de haut.

14 DOMITIA DOMITIANI UX. La Tête de *Domi-tia*, *femme de Domitien*, coëffée en cheveux, & ayant une draperie au bas du cou. Sur une très-belle *cornaline* de même hauteur que la précé-dente.

15 VESPASIA POLLA. La Tête de *Vefpafie Polla*, coëffée en cheveux, ornés de perles, & ayant une draperie au bas du cou. Sur *cornaline* d'un peu plus d'un pouce de haut.

16 Une Tête de femme, coëffée en cheveux, & ceinte du diadème. Cette Tête a une draperie au bas du cou. Sur *cornaline* d'environ un pouce de haut.

17 CLAUDIA OCTAVIA AUG. NERONIS UXOR. La Tête d'*Octavie*, *femme de Néron*, uniment coëf-fée en cheveux, & ayant au bas du cou une draperie. Sur *cornaline* d'un pouce de haut.

TIROIR n°. IV.

Contenant XXI Cornalines & autres Pierres
gravées en creux.

N°. 1 CAIUS CÆSAR AGRIPPÆ FIL. La Tête de
Caius Céfar, fils d'Agrippa, & petit fils d'Augufte,
avec cheveux courts. Sur *Cornaline* de un & un
quart de pouce de haut.

2 JULIUS CÆSAR. La Tête de *Jule-Céfar*, couronnée de laurier. Sur *Cornaline* d'environ même hauteur que la précédente.

3 LUCIUS CÆSAR AGRIPPÆ FIL. La Tête de *Lucius Céfar, fils d'Agrippa, & petit fils d'Augufte.*
Sur *cornaline* de un & un quart de pouce de haut.

4 L. AEL. AUREL. COMMODUS AUG. Le Bufte de
Commode, avec tête barbue & couverte d'un mufle
de lion, dont la peau lui defcend jufques fur l'épaule.
Sur *cornaline* d'un peu plus d'un pouce de haut.

5 CN. POMPEIUS MAGNUS. La Tête du *grand Pompée*, avec cheveux courts. Sur *cornaline* d'environ
un & un quart de pouce de haut.

6 TIBERIUS AUG. La Tête de *Tibere*. Sur *cornaline*
de un & un huit de pouce de haut.

7 AUGUSTUS. La Tête d'*Augufte*. Sur *cornaline* de même hauteur que la précédente.

8 MARCUS ANTONIUS. La Tête de *Marc-Antoine*, avec barbe & couronne. Cette tête a au bas du cou une draperie. Sur *cornaline* d'environ ía même hauteur que la précédente.

9 FL PLACID. VALENTINIANUS AUG. La Tête de *Valentinien*, ceinte de laurier. Cette tête a au bas du cou une draperie. Sur *fardonix* d'un peu plus d'un pouce de haut.

10 DRUSUS TIBERII FIL. La Tête de *Drufus*, *fils de Tibere*, avec cheveux courts & frifés. Sur *cornaline* de un & un huit de pouce de haut.

11 L. AUREL. VERUS AUG. Le Bufte de *Lucius Ve-rus*, avec couronne de laurier & draperie ornéé d'une tête de *Médufe*. Sur *cornaline* d'environ un & demi pouce de haut.

12 P. LICIN. EGNAT. GALLIENUS AUG. Le Bufté de *Gallien*, avec tête barbue & couronnée de laurier. Ce bufte eft drapé, & a le bouclier paffé dans le bras. Sur *cornaline* d'un peu plus d'un pouce de haut.

13 CISSUS. Le Bufte de *Ciffus*; avec cheveux pendans fur les épaules. Sur *cornaline* de même hauteur que la précédente.

14 AMPELUS NATANS. *Ampelus nageant*, Tête qui

fort de l'eau, avec de longs cheveux pendans. Sur *cornaline* de un & un huit de pouce de haut.

15 PTOLEMÆUS AULETES. La Tête de *Ptolomée Aulete*, ceinte d'un bandeau, & ayant les cheveux courts. Cette Tête a au bas du cou une draperie. Sur *cornaline* de un & un huit de pouce de haut.

16 MELEAGER. La Tête de *Méléagre*, avec cheveux courts & frifés, & ayant au bas du cou une draperie. Sur *cornaline* de même hauteur que la précédente.

17 PTOLEMÆUS JUNIOR. La Tête de *Ptolomée le jeune*, avec cheveux courts & frifés ; cette tête eft ceinte d'un bandeau. Sur *cornaline* d'environ un & un quart de pouce de haut.

18 AURELIUS CÆSAR. La Tête d'*Aurèle Céfar*, avec barbe & cheveux courts & frifés. Sur *cornaline* d'un peu plus d'un pouce de haut.

19 Une Tête inconnue , avec cheveux courts & bandeau. Sur *cornaline* d'uu pouce de haut.

20 LEANDER NATANS. *Leandre nageant*, Tête qui fort de l'eau, avec de longs cheveux pendants. Sur *cornaline* de un & un huit de pouce de haut.

21 ALEXANDER MARC. ANT. FILIUS. La Tête d'*Alexandre*, *fils de Marc-Antoine*, avec cheveux courts & couronne radiale. Sur une très-belle *cornaline* de un & un quart de pouce de haut.

TIROIR nº. V.

Contenant XLI Cornalines & autres Pierres
gravées en creux.

Nº, 1 HERCULES ET OMPHALE. Deux Têtes accolées ; celle d'*Hercule* est couverte d'un mufle de Lion, & toutes deux ont une draperie au bas du cou. Sur *cornaline* d'un pouce de haut.

2. FAUSTINA AUG. La Tête de *Faustine*, coëffée en cheveux & ayant une draperie au bas du cou. Sur *Cornaline* de trois quarts de pouce de haut.

3 JULIA MÆSA AUG. La Tête de *Mésa*, coëffée en cheveux & ayant une draperie au bas du cou. Sur *Cornaline* de cinq-huit de pouce de haut.

4 VESTALIS. Le Buste d'une *Vestale*, couverte d'un voile qui lui tombe sur l'épaule. Sur *Cornaline* blanche d'un peu plus d'un demi pouce de haut.

5 JULIA DOMNA P. F. AUG. La Tête de *Julie*, femme de *Septime Sévere*, coëffée en cheveux courts & ayant une draperie au bas du cou. Sur *Cornaline marbrée* de cinq-huit de pouces de haut.

6 LUCILLA AUG. La Tête de *Lucille*, femme de *L. Aur. Verus*, coëffée en cheveux & ayant une

B

draperie au bas du cou. *Cornaline* de trois quarts de pouce de haut.

7 FIDES. *Femme* nue, ayant les mains jointes & regardant vers le ciel. Elle eſt entourée d'une draperie, qui lui couvre une partie du corps, & foule aux pieds un Cupidon qui tient un arc en ſa main. A ſes pieds ſe voyent un carquois & une corne d'abondance. Sur un beau *Sardonix* de un & un quart de pouce de haut.

8 MATIDIA MARCIANÆ FILIA. La Tête de *Matidie*, *Fille de Marciane*, coëffée en cheveux & ceinte du diadême. Cette Tête a une draperie au bas du cou. Sur *Cornaline marbrée* de cinq-huit de pouce de haut.

9 FAUSTINA AUG. La Tête de *Fauſtine*, coëffée en cheveux & ayant une draperie au bas du cou. Sur *Cornaline marbrée* de trois quarts de pouce de haut.

10 DIVA PAULINA AUG. Le Buſte de *Pauline*, avec voile qui lui deſcend ſur l'épaule & draperie. Sur *Cornaline marbrée* à peu près de même hauteur que la précédente.

11 FAUSTINA P. F AUG. La Tête de *Fauſtine*, coëffée en cheveux & ayant une draperie au bas du cou. Sur *Cornaline* de même hauteur que la précédente.

12 Un Bufte de Guerrier inconnu, avec le cafque fort orné & la cuiraffe. Sur *Cornaline marbrée* de un & fept-huit de pouce de haut.

13 JUBA REX MAURITANIÆ. La Tête de *Juba*, *Roi de Mauritanie*, avec cheveux treffés en forme de bonnet, longue barbe pointue, & une draperie au bas du cou, derriere lequel s'éleve un fceptre. Sur *Cornaline* de un & un quart de pouce de haut.

14 Le Bufte de la *Folie*, comiquement repréfentée, avec longue barbe pendante, oreilles d'âne, le cafque en tête, ailes au cou, & armée d'une efpece de cuiraffe. Sur *Cornaline marbrée* de un & fept-huit de pouce de haut.

15 DIVÆ AUGUSTÆ PIÆ. La Tête de *Fauftine*, voilée & ayant autour du cou une draperie. Sur *Cornaline marbrée* de trois quarts de pouce de haut.

16 FAUSTINA AUG. PII FILIA. La Tête de *Fauftine* fille d'*Antonin le Pieux*, coëffée en cheveux & ayant une draperie au bas du cou. Sur *Cornaline* de même hauteur que la précédente.

17 FAUSTINA AUG. La Tête de *Fauftine*, coëffée & ornée de même que celle ci-deffus. Sur *Cornaline marbrée* de même hauteur que la précédente.

18 JULIA MAMÆA AUG. La Tête de *Mamée*, mere de *Sévère Alexandre*, coëffée en cheveux & ceinte du diadême. Cette Tête a une draperie au bas du

cou. Sur *Cornaline* de même hauteur que la pré‑
cédente.

19 Divæ Augustæ Faustinæ. La Tête de *Fauf‑
tine, voilée & ceinte d'une couronne de perles.
Cette Tête a une draperie au bas du cou. Sur *Cor‑
naline* un peu plus haute que la précédente.

20 Cn. Pompeius Magnus. Le Buste du grand
Pompée, avec cheveux courts & peu de barbe. Ce
Buste a une draperie ou cuirasse. Sur une belle
Cornaline de un & trois huit de pouce de haut.

21 Sabina Aug. La Tête de *Sabine*, *femme d'A‑
drien, coëffée en cheveux & ceinte d'un bandeau.
Cette Tête a une draperie au bas du cou. Sur un
beau *Sardonix* d'un pouce de haut.

22 Sextus Pompeius. La Tête de *Sexte Pompée*,
avec cheveux courts, & ayant au bas du cou une
draperie. Sur un belle *Cornaline* de un & trois
huit de pouce de haut.

23 Justa Fluvia Plautilla Aug. La Tête de
Plautille, avec les cheveux tressés, & ayant au
bas du cou une draperie. Sur *Cornaline jaune* d'en‑
viron sept huit de pouce de haut.

24 Plotina Aug. La Tête de *Plotine*, *femme de
Trajan, coëffée en cheveux & ceinte du diadème.
Sur *Cornaline marbrée* d'environ trois quarts de
pouce de haut.

25 HER. CUP. ETRUSCILLA AUG. La Tête d'*Etruf-cille*, *femme de Trajan Déce*, coëffée en cheveux & ayant au bas du cou une draperie. Sur *Cornaline marbrée* d'environ trois quarts de pouce de haut.

26 Un Bufte de Guerrier inconnu, avec cafque fort orné, & portant une draperie doublée de pellice fur les épaules. Sur *Cornaline marbrée* de un & fept huit de pouce de haut.

27 JUBA JUNIOR REX MAURITANIÆ. La Tête de *Juba le jeune*, *Roi de Mauritanie*, avec cheveux courts & bandeau. Cette Tête a au bas du cou une draperie. Sur *Cornaline* de un & un quart de pouce de haut.

28 La Tête d'un *Satyre*, ornée de fruits & de feuilles de vigne. Cette Tête a une peau de panthere au bas du cou, en forme de draperie. Sur *Cornaline marbrée* de un & de fept huit de pouce de haut.

29 ULPIA SEVERINA P. F. AUG. La Tête de *Sé-vérine*, coëffée en cheveux, ornés de perles, & ceinte du diadême. Cette Tête a une draperie au bas du cou. Sur *Cornaline* de trois quarts de pouce de haut.

30 DIVA HELENA AUG. La Tête d'*Hélène*, coëffée en cheveux, ornés de perles, & ayant une draperie au bas du cou. Sur *Cornaline* de trois quarts de pouce de haut.

31 JUL. CORN. SALONINA CHRYS. La Tête de

Salonine, femme de l'Empereur Gallien, coëffée en cheveux & ceinte du diadême. Cette Tête a une draperie au bas du cou. Sur *Cornaline* de même hauteur que la précédente.

32 FAUSTINA AUG. La Tête de *Faustine*, coëffée en cheveux & ayant une draperie au bas du cou. Sur *Cornaline blanche & marbrée* de même hauteur que la précédente.

33 DIVA MARCIANA AUG. La Tête de *Marciane*, *sœur de Trajan*, voilée, & ayant une draperie au bas du cou. Sur *Cornaline* de même hauteur que la précédente.

34 MANLIA SCANTILLA AUG. La Tête de *Manlia Scantilla*, coëffée en cheveux & ayant au bas du cou une draperie. Sur *Cornaline jaune* de même hauteur que la précédente.

35 MATIDIA MARCIANÆ FILIA. La Tête de *Matidie, fille de Marciane*, coëffée en cheveux & ceinte d'un bandeau. Cette Tête a une draperie au bas du cou. Sur *Cornaline* de un & un huit de pouce de haut.

36 FLAVIA MAXIMA FAUSTA. La Tête de *Flavie, femme de Constantin le Grand*, coëffée en cheveux, ornés de perles, & ayant une draperie au bas du cou. Sur *Cornaline marbrée* de trois quarts de pouce de haut.

37 AELIA FLACCILLA AUG. La Tête de *Flaccille*

coëffée d'un bonnet, enrichi de perles, & ayant une draperie au bas du cou, enrichie de même. Sur *Cornaline marbrée* de pareille hauteur que la précédente.

38 FLORA. La Tête de *Flore*, ornée de fleurs, ayant au bas du cou une draperie. Sur *cornaline jaune* de cinq huit de pouce de haut.

39 MATIDIA AUG. La Tête de *Matidie*, *nièce de Trajan*, coëffée en cheveux & ceinte du diadême. Cette Tête a au bas du cou une draperie. Sur *cornaline* d'environ trois quarts de pouce de haut.

40 MARCIA OCTACILIA SEVERA AUG. La Tête d'*Octacilie*, coëffée en cheveux & ayant le front ceint d'un diadême. Cette Tête a une draperie au bas du cou. Sur *cornaline* de trois quarts de pouce de haut.

41 JULIA AUGUSTI FILIA. La Tête de *Julie*, *fille d'Auguste*, ceinte du diadême & ayant une draperie au bas du cou. Sur une belle *cornaline* de un & un huit de pouce de haut.

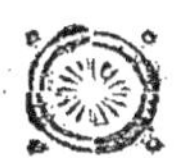

TIROIR n°. VI.

Concernant XXV Cornalines & autres Pierres
gravées en creux.

N°. 1 MAUR. PROBUS AUG. Le Buſte de *Probus*,
avec peu de barbe, le caſque entouré de laurier,
la cuiraſſe, & un bouclier qui lui couvre l'épaule.
Sur *cornaline* de un & un huit de pouce de haut.

2 M. AUR. CARUS AUG. La Tête de *Carus*, avec
peu de barbe, cheveux courts, & une couronne
de laurier. Cette Tête a au bas du cou une draperie. Sur *cornaline* d'environ même hauteur que
la précédente.

3 M. AUR. CARINUS AUG. La Tête de *Carinus*,
avec barbe & couronne de laurier. Cette Tête a
au bas du cou une draperie. Sur *cornaline de*
couleur d'ambre à peu près de même hauteur que
la précédente.

4 M. AUR. NUMERIANUS AUG. Le Buſte de *Nu-*
mérien, ceint de laurier & armé d'une cuiraſſe.
Sur *cornaline* d'un pouce de haut.

5 M. AUR. VAL. MAXIMIANUS AUG. La Tête de
Maximien, avec barbe & couronne de laurier.
Cette Tête a une draperie au bas du cou. Sur *cor-*
naline de un & un huit de pouce de haut.

6 CARAUSIUS AUG. Le Bufte de *Corauſius*, avec barbe, couronne radiée & cuiraſſe. Sur *cornaline* d'un pouce de haut.

7 ALLECTUS AUG. Le Bufte d'*Allectus*, de même que celui ci-deſſus. Sur *cornaline* de même hauteur que la précédente.

8 CONSTANTINUS CHLORUS AUG. La Tête de *Conſtantin Chlore* ſans barbe, avec cheveux courts, ornés d'une double rangée de perles, & ayant une draperie au bas du cou. Sur *cornaline* de un & un huit de pouce de haut.

9 M. AUR. VAL. MAXIMIANUS AUG. Le Bufte de *Maximien*, avec la tête barbue & couverte d'une peau de Lion, qui lui tombe ſur les épaules. Sur *cornaline* d'un pouce de haut.

10 FL. VALER. SEVERUS AUG. La Tête de *Valere Severe*, avec barbe & couronne de laurier. Cette Tête a au bas du cou une draperie. Sur une belle *cornaline* de un & un huit de pouce de haut.

11 C. VAL. DIOCLETIANUS AUG. Le Bufte de *Dioclétien*, avec barbe, cheveux courts, couronne de laurier & cuiraſſe fort ornée. Sur *ſardonix* d'environ un & demi pouce de haut.

12 Une très-belle Tête de jeune homme, friſée. Sur une belle *cornaline* d'environ un pouce de haut.

13 MAXIMINUS ET MAXIMUS. Deux Têtes en re-

gard de *Maximin* & de *Maxime*, avec cheveux
courts. L'une de ces Têtes eſt ſans barbe, & toutes
deux ſont couronnées de laurier & ont une draperie au bas du cou. Sur *cornaline* d'environ un &
un quart de pouce de haut ſur un & trois quarts
de pouce de large.

14 Une Tête barbue & friſée. Cette Tête a beaucoup
d'air de celle d'Hercule. Sur *cornaline* d'un pouce
de haut.

15 M. AUR. VAL. MAXENTIUS AUG. Le Buſte
de *Maxence*, avec barbe, caſque & cuiraſſe; ce
Buſte a le bouclier paſſé dans le bras. Sur *cornaline*
de un & un huit de pouce de haut..

16 DIVUS ROMULUS MAXENTII FIL. La Tête de
Romulus, fils de Maxence, avec cheveux courts.
Sur *agathe* d'un pouce de haut.

17 ALEXANDER PHRIX. La Tête d'*Alexandre le
Phrigien*, avec barbe, & cheveux courts & bandeau enrichi de perles. Sur *agathe* de même hauteur que la précédente..

18 DIVUS NIGRIANUS. La Tête de *Nigrien*, avec
cheveux courts & couronne radiale. Sur *agathe*
de même hauteur que la précédente.

19 FL. VAL. LICINIUS LICINIAN. CŒSAR. La
Tête de *Licinius*, avec barbe & couronne de laurier. Sur *cornaline* de un & un huit de pouce de haut.

20 FL. VAL LICINIAN LICINIUS AUG. Le Buſte de *Licinius*, avec caſque & draperie ; ce Buſte a un bouclier ſur l'épaule. Sur *cornaline* de même hauteur que la précédente.

21 FL. VAL. CONSTANTINUS MAX. AUG. La Tête de *Conſtantin le Grand*, avec cheveux courts & couronné de laurier ; cette Tête a au bas du cou une draperie. Sur *cornaline* de même hauteur que la précédente.

22 FL. JUL. CRISPUS CÆSAR. La Tête de *Criſpus Céſar*, ceinte de laurier, & ayant au bas du cou une draperie. Sur *cornaline* de même hauteur que la précédente.

23 FL. CLAUD. CONSTANTINUS AUG. JUNIOR. La Tête de *Conſtantin le jeune*, avec cheveux courts, bandeau orné de perles, & ayant au bas du cou une draperie. Sur *cornaline* de même hauteur que la précédente.

24 FL. JUL. CONSTANT AUG. La Tête de *Conſtant*, avec cheveux courts, & ceinte de laurier ; cette Tête a au bas du cou une draperie. Sur *agathe blanche* d'un pouce de haut.

25. JUL. VAL. CONSTANTIUS AUG. Le Buſte de *Conſtance*, avec caſque & draperie, & ayant le bouclier paſſé dans le bras. Sur *cornaline* de un & un huit de pouce de haut.

TIROIR n°. VII.

Contenant XXIII Cornalines & autres Pierres
gravées en creux.

n°. 1 Un Buste de femme, avec cheveux tressés &
draperie, qui lui couvre l'épaule & partie du
sein. Sur *Sardonix* de un & un huit de pouce de
haut.

2 Une Tête de femme inconnue, coëffée en cheveux, & ayant une draperie autour du cou. Sur
cornaline d'un pouce de haut.

3 Un très-beau Buste de femme inconnue, avec
cheveux tressés, & draperie qui lui couvre l'épaule
& partie du sein. Sur *cornaline* de un & trois
huit de pouce de haut.

4 Une Tête de femme inconnue, avec voile, &
ayant au bas du cou une petite draperie. Sur *cornaline* d'environ un & un huit de pouce de haut.

5 Un Buste de femme inconnue, coëffée en cheveux
qui lui tombent sur les épaules, & ayant une petite draperie au dessous du sein. Sur *cornaline* d'environ un & un quart de pouce de haut.

6 Un Buste de femme inconnue, avec cheveux tressés, & draperie qui lui couvre le dos. Sur *cornaline*
de un & un huit de pouce de haut.

7 Une Tête de femme inconnue, coëffée de même, avec voile qui la couvre en partie, & une draperie au bas du cou. Sur un *jaspe bleuâtre*; de un & un huit de pouce de haut.

8 Un Buste de femme inconnue, coëffée & ornée à peu près de même. Sur *sardonix blanchâtre*, de même hauteur que la pierre précédente.

9 Une Tête de femme inconnue, coëffée en cheveux & ornée d'une couronne de perles. Cette tête a au bas du cou une draperie. Sur *cornaline* de même hauteur que la pierre précédente.

10 Une Tête de femme inconnue, coëffée en cheveux & ceinte d'un bandeau. Cette tête a une draperie au bas du cou. Sur *cornaline* de même hauteur que la précédente.

11 Trois Bustes accolés, de *Charles-Quint*, *d'Isabelle* & de *Philippe second*, avec casques, cuirasses & draperies. Ce tout très-orné & travaillé avec beaucoup d'art. Sur cornaline de un & demi pouce de haut.

12 FL. VAL. CONSTANTINUS MAGNUS AUG. Le Buste du *grand Constantin*, ayant le front ceint de laurier & le corps armé d'une cotte de mailles, qui lui couvre une partie de l'épaule & de la poitrine, Près de lui se voit le Labarum surmonté d'une aigle. Sur *cornaline* de un & cinq-huit de pouce de haut.

13 FL. CLAUD. CONSTANTINUS JUNIOR AUG. Le Buſte de *Conſtantin le jeune*, ayant la tête ceinte d'un bandeau enrichi de perles, & le bouclier de Méduſe, ſur lequel ſont repréſentés pluſieurs ſerpens entrelacés. Sur *cornaline* d'environ un & trois-quarts de pouce de haut.

14 Une Tête de femme ayant les cheveux treſſés, & au bas du coup une draperie. Sur *cornaline* de un & un huit de pouce haut.

15 Une Tête de femme, très-gracieuſement coëffée, & ayant une draperie au bas du cou. Sur *cornaline* de même hauteur que la précédente.

16 Une Tête de femme ayant les cheveux treſſés, & au bas du cou une draperie. Sur *cornaline* d'un pouce de haut.

17 Une Tête de femme voilée, qui a une draperie au bas du cou. Sur *agathe* de un & un huit de pouce de gaut.

18 Une Tête de femme coëffée en cheveux, ceinte d'un bandeau. Cette tête a une draperie au bas du cou. Sur *cornaline* de un & un huit de pouce de haut.

19 Un Buſte de femme coëffée en cheveux, ceinte d'un bandeau. Ce buſte a au-deſſous du ſein une draperie. Suf *cordaline* un peu plus haute que la précédente.

20 Une Tête de femme avec cheveux treſſés, & voile

qui la couvre en partie. Sur *cornaline-fardonix* de un & un huit de pouce de haut.

21 Une Tête de femme, coëffée en cheveux qui lui tombent le long du cou, ornés de plufieurs rangées de perles. Sur une belle *cornaline* de un & demi pouce de haut.

22 Un Bufte de femme, coëffée en cheveux avec une efpece de bonnet qui lui couvre le derriere de la tête, & une draperie qui lui cache une partie du dos. Sur *cornaline* de un & un huit de pouce de haut.

23 La Tête d'une Reine, coëffée en cheveux, & ornée d'une efpece de couronne ou bonnet garni de fleurs de lis. Sur *cornaline* de même hauteur que la précédente.

N. B. *Toutes ces Têtes & Buftes font d'nne grande beauté, & travaillés avec beaucoup d'art.*

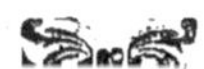

TIROIR n°. VIII.

Contenant XXXIII Cornalines & autres Pierres
gravées en creux.

N°. 1 Une Tête de vieillard inconnu, avec cheveux
& barbe épaisse. Cette tête qui est vue par derriere, a le visage tourné vers le ciel, & une draperie au bas du cou. Sur *cornaline-sardonix* d'environ un & demi-pouce de haut.

2 Une Tête d'homme inconnu, fort barbue & frisée,
qui a de l'air de celle d'Heroule. Sur *cornaline*
d'environ trois-quarts de pouce de haut.

3 LEPIDIUS. La Tête de *Lepidius* frisée, & ayant
au bas du cou une draperie. Sur *cornaline marbrée*,
d'environ un & un quart de pouce de haut.

4 Une Tête fort barbue & coëffée d'un turban. Cette
tête a une draperie au bas du cou. Sur *cornaline*
d'environ trois-quarts de pouce de haut.

5 Une Tête inconnue, barbue & entourée d'un voile
qui lui sert de bonnet. Cette tête est vue par derriere, & a une draperie au bas du cou. Sur *cornaline-sardonix* de un & demi-pouce de haut.

N. B. *Cette Tête peut servir de pendant ou N° 1 de
ce Tiroir.*

6

6 Une Tête de jeune homme avec cheveux courts & bonnet. Sur *cornaline blanche*, de cinq-huit de pouce de haut.

7 Un Buste de femme inconnue, avec cheveux un peu pendans, & une petite draperie qui lui couvre une partie du bas du sein & de l'épaule. Sur *cornaline blanche & marbrée*, de même hauteur que la précédente.

8 Une Tête inconnue, barbue & frisée, qui a une draperie au bas du cou. Sur *cornaline* de sept-huit de pouce de haut.

9 Une Tête de jeune homme inconnu, avec cheveux frisés & bonnet. Cette tête a au bas du cou une draperie. Sur *cornaline* de trois-quarts de pouce de haut.

10 MEROPE. Le Buste de *Mérope*, vu presque de face, avec un petit voile qui lui couvre une partie de la tête, une draperie sur les épaules, & le sein découvert. Sur *cornaline* de sept-huit de pouce de haut.

11 DEJANIRA. Le Buste de *Déjanire*, la tête un peu penchée & coëffée en cheveux ornés d'épis. Ce buste a une pelisse qui descend jusqu'au dessous du sein qui est couvert de même qu'une épaule. Sur une belle *cornaline* d'un pouce de haut.

12 SAPHO. La Tête de *Sapho*, couverte d'une espèce

de bonnet & ayant une draperie au bas du cou. Sur *sardonix* de sept huit de pouce de haut.

13 Une Tête de femme inconnue, ayant les cheveux relevés en tresses & une draperie au bas du cou. Sur *cornaline* de trois quarts de pouce de haut.

14 Une Tête inconnue, fort barbue, ayant les cheveux courts & au bas du cou une draperie. Sur *cornaline* de même hauteur que la précédente.

15 M. JUN. BRUTUS. La Tête de *Brutus*, avec une draperie au bas du cou. Sur *cornaline* de un & un quart de pouce de haut.

16 PYRRHUS. Le Buste de *Pyrrhus*, *Roi d'Epire*, vu presque de face, avec le casque, la cuirasse, le bouclier & le javelot. Sur une *jacinthe* la belle d'environ un pouce de haut & large à proportion.

17 HADRIANUS ET SABINA. Deux Bustes d'*Hadrien* & de *Sabine*. Le premier a la tête ceinte de laurier & une cuirasse fort ornée. Sur *cornaline blanche* de un & trois quarts de pouce de haut.

18 IMPERATOR AUGUSTUS. La Tête de *l'Empereur Auguste* ceinte de laurier. Sur *agathe-onix* de sept huit de pouce de haut.

19 LUCIUS ANTONIUS COS. La Tête nue du *Consul Lucius Antoine*, *frere du Triumvir*, ayant les cheveux courts & frisés, & au bas du cou une

draperie. Sur *cornaline marbrée* de un & un huit de pouce de haut.

20 Une Tête de femme inconnue, cœffée en cheveux pendants & ayant au bas du cou une draperie. Sur *cornaline* de sept huit de pouce de haut.

21 DIANA. La Tête de *Diane*, cœffée en cheveux. Sur *cornaline* de trois quarts de pouce de haut.

22 HOMERUS. La Tête d'*Homere*, ceinte d'une bandelette & ayant une draperie au bas du cou. Sur *jaspe* de trois quarts de pouce de haut.

23 MERCURIUS. La Tête de *Mercure*, ayant les cheveux pendants & le casque orné d'un masque & d'une aile. Sur *cornaline* d'un pouce de haut.

24 M. CLAUD. PUPIENUS MAX. AUG. La Tête de *Pupien*, ceinte de laurier & ayant une draperie au bas du cou. Sur *cornaline* de sept huit de pouce de haut.

25 Une Tête de femme inconnue, cœffée en cheveux & ayant une draperie au bas du cou. Sur *cornaline* de trois quarts de pouce de haut.

26 AURELIUS CÆSAR. La Tête d'*Aurelius César* ceinte de laurier. Sur *cornaline* de sept huit de pouce de haut.

27 SACERDOS. La Tête barbue d'un *Prêtre*, couverte d'un voile, qui lui tombe sur l'épaule, &

ayant une draperie au bas du cou. Sur *cornaline* de trois quarts de pouce de haut.

28 Une Tête d'homme inconnu, avec courte barbe & bandeau. Sur *cornaline* de même hauteur que la précédente.

29 Un Bufte d'homme inconnu, vu prefque de face, avec forte barbe, cheveux courts & draperie. Sur *cornaline blanche & marbrée* de un & cinq huit de pouce de haut.

30 ANNIBAL. Le Bufte d'*Annibal*, vu prefque de face, avec le cafque en tête, le corps armé d'une cuiraffe, & le bouclier paffé dans le bras. Sur *cornaline* d'environ trois quarts de pouce de haut.

31 MARCUS ANTONIUS. La Tête de *Marc-Antoine*, ayant les cheveux courts & au bas du cou une draperie. Sur *cornaline* de un & un quart de pouce de haut.

32 Une Tête de Guerrier, fort barbue & couverte d'un cafque, orné d'un mafque. Sur *cornaline* de trois quarts de pouce de haut.

33 Un Bufte d'homme inconnu, avec barbe, cheveux courts & draperie. Sur *cornaline fardonix* de un & cinq huit de pouce de haut.

Ce Bufte fait le pendant du N°. 29 de ce tiroir.

TIROIR n°. IX.

Contenant XXV Cornalines & autres Pierres
gravées en creux.

n°. 1. FL. JUL. DELMATIUS CÆSAR. La Tête de
Delmace, avec cheveux courts & couronne de
laurier ; cette Tête a au bas du cou une draperie.
Sur *cornaline marbrée* d'environ un pouce de haut.

2 FL. HANNIBALLIANUS REX. La Tête d'*Hanni-*
balien Roi, avec cheveux courts, & ayant au bas
du cou une draperie. Sur *cornaline* de même hauteur que la précédente.

3 FL. MAGNENTIUS AUG. La Tête de *Magnence*,
avec cheveux & draperie de même que ci-deſſus.
Sur *agathe* d'environ un pouce de haut.

4 MAGNUS DECENTIUS CÆSAR. La Tête de
Decentius Céſar, avec cheveux, & ayant une draperie au bas du cou. Sur *agathe* de même hauteur que la précédente.

5 FL. CLAUD. JULIANUS AUG. La Tête de *Julien*
l'Apoſtat, ceinte d'un bandeau, & double rangée
de perles, & ayant une draperie au bas du cou.
Sur *agathe* de même hauteur que la précédente.

6 FL. JOVIANUS AUG. Le Tête de *Jovien*, ceinte

de laurier & ayant une draperie au bas du cou.
Sur *agathe-onix* de même hauteur que la précédente.

7 FL. VALENTINIANUS AUG. PATER. Le Buſte de
Valentinien le pere, armé du caſque, de la cuiraſſe
& du bouclier. Sur *agathe marbrée*, de un & un
huit de pouce de haut.

8 CAIUS VALERIUS. La Tête du *Tribun militaire
Caius Valere*, avec cheveux courts & bandeau à
deux rangées de perles. Cette tête a une draperie
au bas du cou. Sur *agathe-ſardonix* d'un peu plus
d'un pouce de haut.

9 PROCOPIUS AUG. La Tête de *Procope*, avec barbe,
cheveux courts & bandeau. Cette tête a une draperie au bas du cou. Sur *cornaline* d'un pouce de
haut.

10 FL. VALENTINIANUS AUG. JUNIOR. La Tête de
Valentinien le jeune, avec cheveux courts & bandeau enrichi de perles. Cette tête a une draperie
au bas du cou. Sur *agathe* de un & un huit de
pouce de haut.

11 FL. GRATIANUS AUG. La Tête de *Gratien*, avec
bandeau, à double rangée de perles, & ayant une
draperie au bas du cou. Sur *agathe* de même hauteur que la précédente.

12 FL. MAGNENTIUS AUG. La Tête de *Magnence*,
avec bandeau enrichi de perles, & ayant une dra-

perie au bas du cou. Sur *agathe* d'un peu plus d'un pouce de haut.

13 MARCUS AURELIUS ANTON. AUG. La Tête de *Marc-Aurele*, barbue & frifée, & ayant une petite draperie au bas de cou. Sur *cornaline* de un & demi-pouce de haut. Cette tête eſt très-belle.

14 FL. VICTOR AUG. La Tête de *Flavius Victor*, avec cheveux courts, ornés d'une double rangée de perles, & ayant au bas du cou une draperie. Sur *cornaline* d'un peu plus d'un pouce de haut.

15 THEODOSIUS AUG. La Tête *Théodoſe*, avec cheveux & bandeau. Cette tête a au bas du cou une draperie. Sur *agathe* d'un peu plus d'un pouce de haut.

16 EUGENIUS AUG. La Tête d'*Eugène* avec barbe, cheveux & bandeau orné d'une double rangée de perles. Cette tête a une draperie au bas du cou. Sur *cornaline* d'un peu plus d'un pouce de haut.

17 FL. ARCADIUS AUG. La Tête d'*Arcadius*, avec bandeau & draperie ſemblable. Sur *cornaline* de même hauteur que la précédente.

18 HONORIUS AUG. La Tête d'*Honorius*, ceinte d'un bandeau, & ayant une draperie ſemblable. Sur *cornaline* de même hauteur que la précédente.

19 M. ANN. GALERIUS ANTON. AUG. FIL. La Tête de *Galere*, fils de *Tite Antonin*, & de *Fauſtine*, avec

cheveux courts & frifés. Cette tête a une petite draperie au bas du cou. Sur *cornaline* de un & un huit de pouce de haut.

20 L. CLODIUS MACER. La Tê-e de *Clodius Ma-cer*, avec cheveux courts & frifés. Sur *cornaline* de-même hauteur que la précédente.

21 ANNIUS VERUS CÆSAR ANTON. AUG. FIL. La Tête d'*Annius Verus*, *fils de Marc-Aurele*; comme celle ci-deffus. Sur *cornaline* de même hauteur que la précédente.

22 Le Bufte d'un jeune homme, avec cheveux courts & frifés, & ayant une petite draperie. Sur *cornaline* d'un peu plus d'un pouce de haut.

23 PYRRHUS. La Tête de *Pyrrhus*, *Roi d'Epire*, avec cheveux pendans, barbe épaiffe & cafque en forme de bec d'oifeau. Sur *cornaline* de fept-huit de pouce de haut.

24 Une Tête de vieillard fort barbue. Sur *cornaline* de même gauteur que la prééédente.

25 Une Tête de femme, avec cheveux pendans & diadême. Cette tête a une draperie au bas du cou. Sur *cornaline marbrée*, de même hauteur que la précédente.

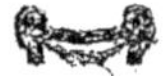

TIROIR n°. X.

Contenant XXV Cornalines & autres Pierres
gravées en creux.

N° 1 HERCULES. La Tête d'*Hercule jeune*, avec
cheveux courts & frisés. Un visage de vieillard
lui sort du bas du cou. Sur une belle *cornaline* de
un & un quart de pouce de haut.

2 HERCULES. Le Buste d'*Hercule*, avec barbe épaisse
& couronne de laurier, Ce buste a les épaules couvertes d'une peau de lion, & la massue derriere le
cou. Sur *cornaline marbrée*, d'un pouce de haut.

3 JOVIS AMMONIS. La Tête de *Jupiter Ammon*, re-
représenté avec ses attributs, & ayant une petite
draperie au bas du cou. Sur *cornaline* de un &
trois-huit de pouces de haut.

4 VULCANUS. La Tête de *Vulcain*, avec peu de
barbe & un bonnet. Sur *cornaline* d'un pouce de
haut.

5 MERCURIUS. La Tête de *Mercure*, avec une draperie au bas du cou, & le caducée par derriere. Sur
cornaline de un & trois-huit de pouce de haut.

6 MERCURIUS La Tête de *Mercure* casqué. Sur *cornaline* d'environ un pouce de haut.

7 CERES. Le Buſte de *Cérès*, ayant la tête ornée d'épis de blé, & couverte en partie d'un voile qui lui pend ſur les épaules. Sur *cornaline* de un & un huit de pouce de haut.

8 CERES. La Tête de *Cérès*, coëffée en cheveux & couronnée d'épis. Cette Tête a une draperie au bas du cou. Sur *cornaline* de même hauteur que la précédente.

9 Le Buſte d'une Reine d'Egypte, avec cheveux friſés & voile qui lui tombe ſur les épaules. Sur *cornaline marbrée* de même hauteur que la précédente.

10 MERCURIUS. La Tête de *Mercure*, avec quelques-uns de ſes attributs, & ayant une draperie au bas du cou. Sur *cornaline* d'un pouce de haut.

11 JOVIS AMMONIS ET JUNONIS. Les Têtes de *Jupiter Ammon* & de *Junon* accolées; celle de Jupiter eſt barbue & friſée; ces deux Têtes n'ont point de cou. Sur *cornaline marbrée* de un & un huit de pouce de haut.

12 DII PENATES. Deux Têtes de *Dieux Pénates* accolées; ces Têtes ont les cheveux courts, & la premiere a un petit bandeau. Sur *cornaline* d'un pouce de haut.

13 ISIS ET SERAPIS. Deux Têtes en regard; celle d'*Iſis*, avec cheveux longs très-friſés & arrangés,

eſt ceinte d'un bandeau & a une draperie au bas
du cou ; celle de *Sérapis* eſt barbue & friſée &
ceinte d'un bandeau. Sur *cornaline* de un & cinq
huit de pouce de large, ſur un & un quart de
pouce de haut.

14 CASTOR ET POLLUX. Les Têtes de *Caſtor &*
Pollux accolées. Toutes deux ont le bonnet qui ſe
termine en pointe, & la premiere eſt ornée d'une
couronne de laurier. Sur *cornaline* d'environ un
pouce de haut.

15 JUPITER REX. La Tête de *Jupiter Roi*, avec
barbe & bandeau. Cette Tête a une draperie au
bas du cou. Sur *cornaline* de un & un huit de
pouce de haut.

16 MERCURIUS. La Tête de *Mercure*, avec quelques uns de ſes attributs & ayant une draperie au
bas du cou. Sur *cornaline* d'environ un pouce de
haut.

17 OMPHALE. Le Buſte d'*Omphale*, coëffée de la
dépouille d'un taureau, avec les cornes, qui lui
deſcend juſques ſur les épaules. Sur *cornaline tranſ-*
parente & jaunâtre d'un pouce de haut.

18 CERES. *Cérès*, demi figure, qui a la tête un peu
penchée & coëffée en cheveux, avec un voile qui
lui tombe ſur le dos. Devant elle ſe voit une corne
d'abondance. Sur *cornaline ſardonix* de un & un
huit de pouce de haut,

19 VESTA. Le Buſte de la *Déeſſe Veſta*, ayant le front ceint du diadême, & un voile qui tombant ſur les épaules, lui ſert de draperie. Sur *amétiſte* d'un peu plus d'un pouce de haut.

20 MERCURIUS. La Tête de *Mercure*, friſée & ceinte de laurier; cette Tête a une petite draperie au bas du cou. Dans le champ de la pierre on apperçoit un éguillon & une tête de bœuf. Sur *agathe* d'un pouce de haut.

21 DAPHNE. La Tête de *Daphné*, avec les cheveux relevés en treſſes, & ayant une draperie au bas du cou. Sur *Amétiſte* de un & un quart de pouce de haut.

22 MERCURIUS. La Tête de *Mercure*, avec le *Pétaſe*. Sur *cornaline* de ſept huit de pouce de haut.

23 ÆSCULAPIUS. La Tête d'*Eſculape*, ceinte d'un bandeau, & ayant une petite draperie au bas du cou. Sur *cornaline marbrée* de un & trois huit de pouce de haut.

24 NEPTUNUS. La Tête de *Neptune*, ceinte de lau- Sur *cornaline marbrée* d'environ un pouce de haut.

25 MERCURIUS. La Tête de *Mercure* friſée, avec le caducée derriere le cou. Sur *cornaline marbrée* de un & trois huit de pouce de haut.

TIROIR nᵒ. XI.

Contenant XXIX Cornalines & autres Pierres
gravées en creux.

---

nᵒ. 1. L. AUREL VERUS AUG. Le Buſte de *Lucius
Vérus* , vu en partie par le dos , avec cheveux ,
barbe épaiſſe & draperie. Sur *cornaline* d'un pouce de haut.

2 L. AEL. AUREL. COMMODUS AUG. Le Buſte
de *Commode* , vu de même, avec cheveux , barbe
& couronne de laurier ; ce buſte a auſſi une draperie. Sur *cornaline* de même hauteur que la précédente.

3 EPICURUS. Le Buſte d'*Epicure* , dont la tête à
demi chauve eſt barbue ; ce buſte a une draperie
derriere l'épaule. Sur *cornaline jaune* de cinq
huit de pouce de haut.

4 P. HELV. PELTINAX AUG. Le Buſte de *Pertinax*, avec tête barbue & friſée, & ceinte de laurier ; ce Buſte eſt drapé. Sur *cornaline marbrée*
d'un pouce de haut.

5 M. DID. SEV. JULIANUS AUG. Le Buſte de
Julien , repréſenté de même que l'antécédent. Sur
cornaline marbrée de même hauteur que la précédente.

6 C. PESC. NIGER. JUSTUS AUG. Le Buſte de *Peſcennius Niger*, repréſenté de même que l'antécédent. Sur *cornaline marbrée* de même hauteur que la précédente.

7 MONIMA. Le Buſte de *Monime, femme de Mithridate*, ayant les cheveux pendans ſur le cou, & le front ceint du diadême. Ce buſte eſt en partie couvert d'une draperie. Sur *cornaline marbrée*, de un & trois-quarts de pouce de haut.

8 POMPONIUS MOLO. La Tête de *Pomponius Molo*, ayant les cheveux pendans, & une couronne de laurier. Sur *cornaline* de un & un quart de pouce de haut.

9 FLORA. Le Buſte de *Flore*, coëffée en cheveux, & ceinte du diadême. Ce buſte eſt drapé en partie. Sur *cornaline* de un & trois-quarts de pouce de haut.

10 CLOD. SEPT. ALBINUS AUG. Le Buſte d'*Albin*, vu un peu par le dos, la tête eſt barbue & friſée, & le front ceint de laurier. Ce buſte a auſſi une draperie. Sur *cornaline* d'un pouce de haut.

11 L. SEPT. SEVERUS PERTINAX AUG. Le Buſte de *Septime Severe*, repréſenté de même que l'antécédent. Sur *cornaline* de même hauteur que la précédente.

12 AUR. SEV. ANTON. CARACALLA AUG. Le Buſte d'*Antonin Caracalla*, dont la tête ſans barbe, eſt

frifée & ceinte de laurier. Le corps eft armé d'une cuiraffe à écailles. Sur *cornaline* de même hauteur que la précédente.

13 Quatre Têtes de vieillards qui forment enfemble un quarré. Sur *cornaline-fardonix* de cinq-huit de pouce de haut.

14 CLEOPATRA. La Tête de *Cléopatre*, coëffée en cheveux, & ceinte d'une couronne ornée de perles. Cette Tête a une draperie au bas du cou. Sur *cornaline* d'environ un & trois-huit de pouces de haut.

15 MARCUS AULELIUS ANTON. AUG. Le Bufte de *Marc-Aurele*, avec draperie. Ce Bufte eft un peu vu par le dos. Sur *cornaline-fardonix* d'un peu plus de deux pouces de haut.

16 DIVA MARINIANA AUG. Le Bufte de *Mariniâne*, *femme de l'Empereur Valérien*, avec cheveux treffés, double diadême & draperie. Sur *cornaline* de un & un quart de pouce de haut.

17 Cinq Têtes, dont quatre forment un quarré, & celle du milieu eft vue de face. Sur *cornaline-fardonix* de trois-quarts de pouce de haut.

18 L. SEPT. GETA P. AUG. Le Bufte de *Géta*, vu prefque par le dos, fans barbe, avec cheveux frifés & draperie. Sur *cornaline* d'un pouce de haut.

19 OPEL. SEVER. MACRINUS AUG. Le Bufte de *Macrin*, vu de même; la tête eft barbue, & ceinte

de laurier. Le corps eft armé d'une cuiraffe écaillée, ou cotte d'armes. Sur *cornaline* de même hauteur que la précédente.

20 M. OPEL. ANTON. DIADUMENIANUS CÆSAR. Le Bufte de *Diaduménien Cefar*, fans barbe, avec cheveux frifés & draperie. Sur *cornaline* de même hauteur que la précédente.

21 HERACLIUS. Le Bufte d'*Héraclite*, avec bandelette & draperie. Sur *cornaline* de un & trois-quarts de pouce de haut.

22. CERES. Le Bufte de *Cérès*, coëffée en cheveux, & couronnée d'épis. Sur *cornaline* de un & un huit de pouce de haut.

23. DEMOCRITUS. Le Bufte de *Démocrite*, avec tête frifée & bandelette. Ce bufte a une draperie, Sur *cornaline* d'environ un & trois-quarts de pouce de haut.

24 M. AUREL. ANTON. ELAGABALUS AUG. Le Bufte d'*Antonin Elagabale*, vu un peu par le dos, avec tête frifée & ceinte de laurier. Ce Bufte eft drapé, Sur *cornaline* d'un pouce de haut.

25 M. AUREL. SEVER. ALEXANDER AUG. Le Bufte d'*Alexandre Severe*, vu de même. La tête eft fans barbe, avec cheveux courts, & couronne de laurier. Le corps eft armé d'une cuiraffe à écailles ou cotte d'armes. Sur *cornaline* de même hauteur que la précédente.

26

26 C. Jul., Verus Maximus Aug. Le Bufte de
Maximin, vu par le dos, avec tête barbue & couronnée de laurier. Ce Bufte eft drapé. Sur *cornaline* de même hauteur que la précédente.

27 Socrates. La Tête de *Socrate*. fur une belle
cornaline d'environ cinq·huit de pouce de haut.

28 C. Jul Verus Maximus Cæsar. Le Bufte de
Maxime Céfar, fans barbe, avec cheveux très-
courts & draperie. Sur *cornaline jaune & tranfparente*, d'un pouce de haut.

29 M. Ant. Gordianus Africanus Aug. Le
Bufte de *Gordien d'Afrique*, vu un peu par le dos,
avec tête barbue, & ceinte de laurier. Ce Bufte a
une draperie. Sur *cornaline* de même hauteur que
la précédente.

TIROIR n°. XII.

Contenant **XXIII** Cornalines & autres Pierres
gravées en creux.

N°. 1 Pruttia Crispina Aug. Le Bufte de *Crifpine, femme de Commode*, coëffée en cheveux, qui
forment un bourlet, & ayant une partie du corps
couverte de draperie. Sur *cornaline* de un & un huit
de pouce de haut.

2 Luciela Aug. Le Bufte de *Lucille, femme de L*.

D

Vérus, coeffée & habillée à peu près de même. Sur *cornaline* d'environ un & un huit de pouce de haut.

3 MARCIA OCTACILIA SEVERA AUG. Le Buſte d'*Octacilie*, avec cheveux treſſés, diadême & draperie. Sur une belle *cornaline* de même hauteur que la précédente.

4 AGRIPPINA MATER CAII CÆSARIS. Le Buſte d'*Agrippine*, *mere de Caligula*, coëffée & habillée à peu près de même que l'antécédent. Sur *cornaline* de même hauteur que la précédente.

5 JUSTA FULVIA PLAUTILLA AUG. Le Buſte de *Plautille*, coëffée & habillée de même que l'antécédent. Sur *cornaline* de même hauteur que la précédente.

6 HERCULES. La Tête d'*Hercule jeune*, coëffée de la dépouille du lion. Sur *cornaline* de cinq huit de pouce de haut.

7 FUR. SABINIA TRANQUILLINA AUG. Le Buſte de *Tranquilline*, *femme de Gordien le jeune*, avec les cheveux treſſés, le diadême & une draperie. Sur *cornaline* de un & un huit de pouce de haut.

8 JULIA DOMNA P. F. AUG. Le Buſte de *Julie*, *femme de Septime Sévère*, repréſenté de même que l'antécédent. Sur *cornaline ſardonix* de un & un huit de pouce de haut.

9 Une Tête de femme, coëffée en tresses & ayant une draperie au bas du cou. Sur *cornaline* de cinq huit de pouce de haut.

10 Une Tête de femme, ayant les cheveux relevés en tresses & formant sur le haut du chef un gros bourlet. Cette Tête a au bas du cou une draperie. Sur *cornaline* de trois quarts de pouce de haut.

11 JULIA DOMNA P. F. AUG. Le Buste de *Julie*, *femme de Septime Sévère*, avec les cheveux tressés & une draperie. Sur *cornaline* de un & un huit de pouce de haut. .

12 FLORA. *Flore*, demi figure, coëffée en cheveux flottans sur le dos, & ornée d'un bandeau garni de fleurs. Cette figure est couverte d'une draperie. Sur un *jaspe fleuri*, d'une grande beauté, de un & trois quarts de pouce de haut.

13 ULPIA SEVERINA P. F. AUG. Le Buste de *Sévérine*, coëffée en cheveux tressés & ceinte du diadême. Ce buste a une draperie. Sur *cornaline* d'un pouce de haut..

14 VENUS. La Tête de *Vénus*, ceinte du diadême. Sur *cornaline* de cinq huit de pouce haut.

15 VESTALIS. La Tête d'une *Vestale*, voilée en grande partie & ayant une draperie au bas du cou. Sur *cornaline* de même hauteur que la pré cédente.

D 2

16 LIVIA AUG. La Tête de *Livie*, voilée en partie & ceinte du diadême. Sur *cornaline* d'un pouce de haut.

17 VENUS. La Tête de *Vénus*, ceinte du diadême & ayant une draperie au bas du cou. Sur *onix-fardonix* d'environ trois quarts de pouce de haut.

18 JULIA DOMNA P. F. AUG. Le Buste de *Julie*, *femme de Septime Sévère*, coëffée en cheveux treffés & ceinte du diadême. Ce buste a une draperie. Sur *cornaline-fardonix* d'environ un & un quart de pouce de haut.

19 DIVA FAUSTINA AUG. Le buste de *Fauftine*, avec cheveux treffés & draperie. Sut *cornaline* de même hauteur que la précédente.

20 HER. CUP. ETRUSCILLA AUG. Le buste d'*Errufcille, femme de Trajan Dece*, coëffée en cheveux treffés & ceinte du diadême. Ce buste eft drappé. Sur *cornaline* de un & un huit de pouce de haut.

21 FAUSTINA SALVATRIX CIZICENÆ. Le Buste de *Fauftine*, *Reftauratrice de Cizicène*, coëffée en cheveux & ceinte du diadême ; ce Bufte a une draperie. Sur *cornaline* de même hauteur que la précédente.

22 JULIA TITI FILIA. Le Bufte de *Julie, fille de Titus*, avec les cheveux relevés en cercle & frifés en boucles fur le devant de la tête , elle a un

collier de pierreries, & des boucles aux oreilles, d'où pendent des perles. Sur *cornaline* de même hauteur que la précédente.

22 PRUTTIA CRISPINA AUG. Le Buſte de *Criſpine*, *femme de Commode*, coëffée en cheveux très-arrangés, & formant un bourlet ſur le derriere de la tête ; ce Buſte a une draperie. Sur *cornaline* de même hauteur que la précédente.

TIROIR nº. XIII.

Contenant XXIII Cornalines & autres Pierres gravées en creux.

nº. 1 Un Buſte de femme inconnue, avec cheveux arrangés en treſſes & double bandeau ; ce Buſte a une draperie. Sur *cornaline marbrée* de un & trois huit de pouce de haut.

2 QUINTILIUS VARUS. La Tête de *Quintillius Varus*, *chef des Légions Romaines*, avec barbe épaiſſe, cheveux friſés & couronne de laurier. Sur *cornaline* d'environ un pouce de haut.

3 CLEOPATRA. Le Buſte de *Cléopatre*, avec cheveux qui tombent ſur le dos & draperie ; elle ſe fait piquer par un aſpic. Sur *cornaline* de un & trois huit de pouce de haut.

4 JUPITER TERMINALIS. La Tête de *Jupiter Terme*, avec cheveux un peu pendants & bandeau; cette Tête a au bas du cou une draperie; dans le champ de la Pierre on apperçoit une étoile & une petite guirlande. Sur *cornaline* d'environ un pouce de haut.

5 Une Tête de femme, avec cheveux treſſés, ornés de perles, & ayant une draperie au bas du cou. Sur *cornaline* de un & trois-huit de pouce haut.

6 Une Tête de jeune homme, avec chevelure pendante. Dans le champ gauche de la pierre, on apperçoit un vaſe ſervant aux ſacrifices. Sur *cordaline* d'environ un pouce de haut.

7 Un Buſte de femme, avec cheveux treſſés, & bandeau. Ce buſte porte une draperie ſur les épaules. Sur *jaſpe* de un & trois-huit de pouce de haut.

8 Une Tête de femme, ayant les cheveux treſſés, & un bandeau. Sur *ſardonix* de cinq-huit de pouce de haut,

9 Un Buſte de femme, preſqu'entierement voilée, qui a une draperie ſur les épaules. Sur *cornaline-ſardonix* de un & trois huit de pouce de haut.

10 LYSIMACHUS. La Tête de *Lyſimachus*, barbue & ayant une treſſe qui forme une eſpece de corne retournée vers le cou. Sur *cornaline* d'un pouce de haut.

11 Une Tête de femme, coëffée en cheveux, & ornée d'une guirlande de fleurs. Sur *cornaline* de un
& trois-huit de pouce de haut.

12 DEA ROMA. Buſte repréſentant la ville de *Rome*,
coëffée en cheveux & ceinte d'un bandeau. Ce
buſte a une draperie qui le couvre en partie, &
de deſſous laquelle paroiſſent ſortir trois ſerpens.
Sur *cornaline* de un & cinq-huit de pouce de haut.

13 MEDUSA. La Tête de *Méduſe*, coëffée en cheveux très-arrangés & friſés, qui lui deſcendent
juſqu'au-deſſus du cou, avec une aíle & un ſerpent
dans la coëffure. Sur *cornaline* de un & trois-huit
de pouce de haut.

14 CARISIUS. La Tête de *Cariſius*, fort barbue &
friſée. Sur *cornaline* d'environ un pouce de haut.

15 Un Buſte de femme, avec cheveux treſſés, &
ayant une draperie ſur les épaules. Sur *cornaline*
marbrée, de un & trois-huit de pouce de haut.

16 Une Tête de femme, coëffée en cheveux, &
ceinte d'un bandeau. Sur *Amétiſte* de cinq-huit de
pouce de haut.

17 Un Buſte de femme, coëffée en cheveux qui lui
tombent ſur les épaules, & ceinte d'une couronne
de laurier, ornée de fleurs. Ce buſte qui eſt vu
par le dos, eſt couvert d'une draperie. Sur *jaſpe* de
un & trois-huit de pouce de haut.

D 4

18 Une Tête de femme cafquée, & ayant les cheveux pendans. Sur *cornaline* de fept-huit de pouce de haut.

19 Un Bufte de femme, vûe par le dos, coëffée en cheveux fort treffés; & ayant une draperie. Sur *cornaline prefque blanche*, de un & trois-huit de pouce de haut.

20 TITUS. La Tête fymbolique de *Titus*, avec barbe longue & bandeau. Cette tête a une aîle dans la chevelure. Sur *cornaline* de fept-huit de pouce de haut.,

21 Le Portrait de Juliette de Gonzague, en bufte, avec cheveux frifés & treffés, orné de perles de même que l'habillement. Sur *cornaline marbrée*, de un & trois-huit de pouce de haut.

22 Une Tête de jeune homme inconnu, avec cheveux courts. Sur *cornaline* d'un pouce de haut.

23 Un Bufte femme inconnue, avec cheveux qui lui tombent fur les epaules, & un ruban autour de la tête. Ce Bufte a une petite draperie. Sur *cornaline marbrée*, de un & trois-huit de pouce de haut,

N. B. *Toutes ces têtes & buftes font d'une grande beauté de travail.*

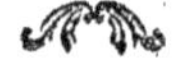

TIROIR n°. XIV.

Contenant XXIX Cornalines & autres Pierres
gravées en creux.

N°. 1 FL. CLAUD. JULIANUS AUG. Le Buſte de
Julien l'Apoſtat., dont la tête barbue & friſée eſt
couronnée d'épis de blé & de feuilles de vigne.
Le corps eſt armé d'une cuiraſſe à écailles, ornée
d'un maſque & de divers ſerpens. Sur *corna-*
line marbrée de un & ſept-huit de pouce de haut.

2 LEANDER. Le Buſte de *Léandre*, avec de longs
cheveux pendans ſur le dos. Sur *cornaline blanche*,
d'environ trois-quarts de pouce de haut.

3 AURELIUS CÆSAR. La Tête d'*Aurele Céſar*, avec
cheveux courts & friſés. Sur *cornaline* d'un pouce
de haut.

4 Une Tête de femme inconnue, coëffée en cheveux,
ornés d'une rangée de perles. Sur *cornaline blanche*
& *marbrée*, de trois-quarts de pouce de haut.

5 HECTOR, ANDROMAQUE ET ASTYANAX. Trois
Têtes. Celles d'*Hector* & d'*Andromaque* accolées,
& celle d'*Aſtianax* placée au-deſſous du menton de la premiere qui a barbe. & le caſque ſurmonté d'un panache, & orné d'un cheval marin.
La ſeconde eſt ceinte du diadême. Sur une belle

agathe blanche & tachetée, d'environ deux pouces de haut,

6 Un Buste de femme inconnue, coëffée en cheveux avec bandeau, & ayant une draperie autour du corps. Sur *cornaline* de sept huit de pouce de haut.

7 JULIA AUGUSTI FILIA. La Tête de *Julie, fille d'Auguste*, avec cheveux frisés & diadême. Cette tête a une petite draperie au bas du cou. Sur *cornaline* de un & un huit de pouce de haut.

8 JULIUS CÆSAR. La Tête de *Jule-César*, couronnée de laurier. Sur *cornaline* de trois quarts de pouce de haut.

9 I. SEPT. SEVERUS PERTINAX AUG. La Tête de *Septime Sévère*, avec cheveux frisés & barbe. Sur *sardonix* de trois quarts de pouce de haut.

10 Une Tête qui ressemble à celle de Pyrrhus, Roi d'Epire, avec barbe épaisse, cheveux pendants & tête d'aigle, qui forme une espèce de casque. Sur *agathe blanche & tachetée* de même hauteur que la pierre précédente.

11 Une Tête de femme inconnue, avec les cheveux relevés en partie en tresses & ceinte d'un double diadême. Cette tête a une draperie au bas du cou. Sur *amétiste* de même hauteur que la pierre précédente.

12 PALLAS. Le Bufte de *Pallas*, avec le cafque fort orné, & ayant une draperie fur les épaules. Sur *amétifte* de même hauteur que la précédente.

13 CAÏUS MARIUS COS. Le Bufte du *Conful Marius*, avec cheveux courts & frifés, & ayant fur les épaules une draperie. Sur *cornaline* de un & demi pouce de haut.

14 MINERVA SALUTIFERA. Le Bufte de *Minerve fecourable*, ayant le cafque fort orné & la cuiraffe, fur laquelle on voit une tête de Médufe non hériffée de ferpens, au lieu de cheveux. Sur *cornaline fardonix* de deux pouces de haut.

15 L. CORN. SYLLA. Le Bufte de *Sylla*, *le Dictateur*, avec cheveux frifés, & portant une draperie fur les épaules. Sur *cornaline* d'environ un & demi pouce de haut.

16 ALEXANDER. Le Tête d'*Alexandre*, avec cafque, & les cheveux pendants. Sur *amétifte* de trois quarts de pouce de haut.

17 Un Bufte de femme inconnue, avec cheveux pendants, & ayant une draperie qui lui couvre une partie du fein. Sur *fardonix* de trois quarts de pouce de haut.

18 HERCULES. La Tête d'*Hercule*, avec une draperie au bas du cou. Sur *fardonix* de même hauteur que la précédente.

19 M. DID. SEVER. JULIANUS AUG. Le Bufte

de *Julien*, avec tête barbue & frifée; couronne
de laurier & draperie qui lui couvre les épaules.
Sur *Jaſpe* de fept huit de pouce de haut.

20 MARCUS AURELIUS ANTON. AUG. Le Buſte
de *Marc-Aurele*, ayant une draperie fur les épaules. Sur *ſardonix* de trois quarts de pouces de
haut.

21 Une Tête qui reſſemble à celle de Mécene, prefque chauve & avec une petite draperie au bas
du cou. Sur *chalcédoine* de un & un huit de
pouce de haut.

22 Une Tête d'un jeune guerrier inconnu, avec
cheveux courts. Sur *ſardonix* de trois quarts de
pouce de haut.

23 P. HELV. PERTINAX AUG. Le Buſte de *Pertinax*, avec barbe longue, couronne de laurier &
draperie. Sur *cornaline marbrée* de un & fept
huit de pouce de haut.

24 Un Buſte de guerrier inconnu, avec barbe épaiſſe,
caſque & draperie. Sur *ſardonix* de trois quarts
de pouce de haut.

25 L. SEPT. GETA P. AUG. La Tête de *Géta*,
avec cheveux frifés, & ayant une draperie. Sur
cornaline de fept huit de pouce de haut.

26 PALLAS. La Tête de *Pallas*, avec cheveux pendants & caſque; cette Tête a une draperie au bas

du cou. Sur *sardonix* de trois quarts de pouce de haut.

27 SOCRATES. La Tête de *Socrate*, en partie chauve, avec barbe, & ayant une draperie au bas du cou. Sur une belle *cornaline blanche* de un & trois quarts de pouce de haut.

28 Un très-beau Portrait d'un Electeur, en buste de bas-relief. Sur une belle *turquoise* d'un peu plus d'un pouce de haut, certie en or & ornée d'une garniture émaillée de couleur claire.

29 Un Buste en bas-relief, dont le visage est reservé blanc, & le reste d'une autre couleur. Sur *cornaline-onix* d'un pouce de haut, & garnie d'argent doré.

TIROIR nº. XV.

Conténant XIX Cornalines & autres Pierres gravées en creux.

nº. 1 VALERIANUS ET MARINIANA. Deux Bustes en regard: *Valérien*, avec barbe & peu de cheveux, couronne de laurier & draperie; *Mariniane*, avec cheveux relevés en tresses; le diadême & draperie semblable. Sur *cornaline* d'environ un & un huit de pouce de haut, sur un & trois quarts de pouce de large.

2 GORDIANUS PATER , FILIUS ET SAB. TRAN-
QUILLINA. Trois Têtes, dont deux font accolées. La
tête de *Gordien le Pere* , avec barbe & peu de
cheveux , couronne de laurier , & ayant une draperie au bas du cou ; celle de *Tranquilline* eft
ceinte du diadême , & a une draperie femblable ;
la tête du *jeune Gordien* eft en regard , avec couronne & draperie placée de même. Sur *cornaline*
de même hauteur & largeur que la précédente.

3 GALLIENUS ET SALONINA. Deux Têtes en regard.
celle de *Gallien* , avec peu de barbe , cheveux
courts , couronne de laurier , & ayant une draperie au bas du cou. Celle de *Salonine* , avec cheveux relevés en treffes , le diadême & une draperie femblable. Sur *cornaline* de même hauteur
& largeur que la précédente.

4 L. SEPT. SEVERUS PERTINAX. AUG. La Tête
de *Septime Sévere* fort barbue entourée de laurier.
Cette tête a une draperie au bas du cou. Sur *cornaline* de un & un huit de pouce de haut.

5 L. SEPT. GETA P. AUG. Le Bufte de Géta , vu
en partie par le dos , avec cheveux frifés & draperie. Sur *fardonix* de un & un huit de pouce de
haut.

6 SOCRATE. La Tête de *Socrate* , en partie chauve ,
avec forte barbe , & ayant au bas du cou une petite draperie. Sur une belle *cornaline* d'environ fept-
huit de pouce de haut.

7 L. AEL. AUREL. COMMODUS AUG. La Tête de *Commode*, frisée, & ayant une draperie au bas du cou. Sur *cornaline* de un & un quart de pouce de haut.

8 M. ANT. GORDIANUS AFRICANUS AUG. JUN. Le Buste de *Gordien d'Afrique, le fils*, avec couronne radiée & la cuirasse. Sur *cornaline* de un & un huit de pouce de haut.

9 VALERIANUS ET GALLIENUS. Deux Têtes en regard. La Tête de *Valérien*, avec forte barbe, peu de cheveux, couronne de laurier, & ayant une draperie au bas du cou. Celle de *Gallien*, avec cheveux courts & draperie semblable. Sur *cornaline* de un & un quart de pouce de haut, sur un & trois-quarts de pouce de large.

10 TRAJANUS, MESS. DECIUS ET HOSTILIANUS. Trois Têtes en regard. Celle de *Mess. Décius*, avec barbe, cheveux courts, couronne de laurier, & ayant une draperie au bas du cou. Celle de *Trajan*, qui est au milieu, est représentée de même. Et celle d'*Hostilien* est avec cheveux courts & draperie semblable. Sur *cornaline* de un & trois-huit de pouce de haut, sur un & sept-huit de pouce de large.

11 GALLUS ET VOLUSIANUS. Les Têtes de *Gallus* & de *Volusien*, en regard. Toutes deux sont barbues, avec peu de cheveux, couronne de laurier, & ayant une draperie au bas du cou. Sur *corna-*

line de un & un huit de pouce de haut, fur un
& trois-quarts de pouce de large.

12 GAL VAL. MAXIMIANUS CÆSAR. La Tête de
Maximien Céfar, avec peu de barbe & couronne
radiale. Cette Tête a une draperie au bas du cou.
Sur *cornaline* d'environ un & un huit de pouce
de haut.

13 L. AEL. AUR. COMMODUS AUG. La Tête de
Commode, barbue & frifée, & ceinte de laurier.
Cette Tête a une draperie au bas du cou. Sur *cor-
naline* de un & un quart de pouce de hâut.

14 MECENAS. La Tête de *Mécene*, prefque chauve
& ayant une draperie au bas du cou. Sur une
belle *cornaline* de fept-huit de pouce de haut.

15 D. CLOD. SEPT. ALBINUS AUG. La Tête d'*Albin*,
barbue & frifée. Sur *cornaline* ronde d'un pouce
de haut.

16 T. AEL. HADR. ANTONINUS P. AUG. La Tête
d'*Antonin le pieux*, barbue & frifée. Cette tête
eft ceinte de laurier, & a une draperie au bas du
cou. Sur *cornaline* de un & un huit de pouce de
haut.

17 L. SEPT. SEVERUS ET CARACALLA. Deux Têtes
en regard. Celle de *Septime Sévere*, avec barbe,
cheveux frifés, couronne de laurier, & ayant une
draperie au bas du cou. Celle de *Caracalla* eft repréfentée de même, mais fans barbe. Sur *corna-*
line

line de un & un quart de pouce de haut, fur un & trois quarts de pouce de large.

18 ANTONIUS , CLEOPATRA ET ALEXANDER. Trois Têtes en regard. Celles d'*Antoine* & d'*A-lexandre*, accolées & avec cheveux courts ; celle de *Cléopatre* eft coëffée en cheveux & a le bas du cou orné de perles. Sur *cornaline* de un & trois huit de pouce de haut, fur un & trois quarts de pouce de large.

19 CARACALLA ET GETA. Les Têtes de *Caracalla* & *Géta* en regard : toute deux font frifées & ceintes de laurier, avec une draperie au bas du cou. Sur *cornaline* d'environ même hauteur & largeur que la précédente.

TIROIR n°. XVI.

Contenant XVI Cornalines & autres Pierres gravées en creux.

n°. 1 APOLLO. Le Bufte d'*Apollon* , avec cheveux arrangés & pendants, couronne de laurier & draperie, qui lui couvre une partie de la poitrine ; l'arc par devant & le carquois derriere la nuque. Sur *cornaline* de un & un huit de pouce de haut.

E

2 APOLLO. La Tête d'*Apollon*, ceinte de laurier. Sur *cornaline* de même hauteur que la précédente.

3 APOLLO. La Tête d'*Apollon*, avec couronne radiée, & ayant au bas du cou une petite draperie. Sur *cornaline-sardonix* de même hauteur que la précédente.

4 DIANA. La Tête de *Diane*, avec cheveux treffés, & ayant le carquois derriere la nuque. Sur *cornaline* de même hauteur que la précédente.

5 DIANA. La Tête de *Diane*, avec cheveux treffés, & ayant au bas du cou une petite draperie ; l'arc & le carquois derriere la nuque. Sur *cornaline* de même hauteur que la précédente.

6 DIANA. Le Bufte de *Diane*, ayant les cheveux noués par derriere, & une petite draperie qui lui couvre le fein. Par devant l'arc, & le carquois par derriere. Sur *cornaline fardonix* de même hauteur que la précédente.

7 SOL RODIANORUM. Le *Soleil des Rodianiens.* Tête radiée, avec de longs cheveux frifés. Sur une belle *cornaline* de un & un quart de pouce de haut.

8 APOLLO. Le Bufte d'*Apollon*, avec cheveux frifés & pendans fur l'épaule, couronne de laurier & draperie, qui lui couvre la poitrine. Sur cor-

naline fardonix de un & cinq huit de pouce de haut.

9 DIANA. Le Bufte de *Diane*, coëffée en cheveux & ayant une draperie qui lui couvre le fein. Par devant l'arc, & le carquois par derriere. Sur *cornaline* de même hauteur que la précédente.

10 APOLLO ET DIANA. Deux Têtes accolées. *Apollon*, avec couronne radiée, & ayant au bas du cou une draperie. Sur *cornaline* de un & un quart de pouce de haut.

11 DIANA. Le Bufte de *Diane*, coëffée en cheveux & ayant le fein couvert d'une draperie. Avec le carquois par derriere. Sur *cornaline* de un & un huit de pouce de haut.

12 APOLLO. La Tête d'*Apollon*, avec cheveux longs, & ayant au bas du cou une draperie. Au devant on voit fa Lyre. Sur *cornaline fardonix* de même hauteur que la précédente.

13 DIANA. Le Bufte de *Diane* ailée, avec les cheveux relevés & attachés fur le haut de la tête, & ayant une draperie fur le fein. Sur *cornaline* de un & un huit de pouce de haut.

14 APOLLO. Le Bufte d'*Apollon*, vu en partie par le dos, avec bandeau & couronne radiée. Sur *cornaline* de même hauteur que la précédente.

15 APOLLO. La Tête d'*Apollon*, avec de longs che-

veux frifés & pendans. Cette tête eft ceinte de laurier. Sur *cornaline fardonix* de même hauteur que la précédente.

16 APOLLO. La Tête d'*Apollon*, repréfentée de même que l'antécédente, mais vue de l'autre fens. Sur *cornaline fardonix* de même hauteur que la précédente.

TIROIR nº. XVII.

Contenant XLVI Cornalines & autres Pierres gravées en creux.

Nº. 1 M. ANT. GORDIANUS AFFRICANUS AUG. JUNIOR. La Tête de *Gordien d'Afrique, le fils*, couronnée de laurier & ayant une draperie au bas du cou. Sur *cornaline fardonix* d'un pouce de haut.

2 Une Tête d'Empereur inconnu, ceinte de laurier & ayant une petite draperie au bas du cou. Sur *cornaline* d'un peu plus d'un demi pouce de haut.

3 Une Tête inconnue, repréfentée de même que l'antécédente. Sur *cornaline* de même hauteur que la précédente.

4 M. ANT. GORDIANUS TERTIUS P. AUG. La Tête de *Gordien trois*, avec peu de cheveux, barbe,

& couronne de laurier. Cette Tête a une draperie au bas du cou. Sur *cornaline* de un & un huit de pouce de haut.

5 M. CLAUD. PUPIENUS MAX. AUG. La Tête de *Pupien*, barbue & frifée & ceinte d'une couronne à rayons. Cette tête a une draperie au bas du cou. Sur *cornaline* d'un pouce de haut.

6 VESTALIS. La Tête d'une *Veftale*. Sur *cornaline* d'un demi pouce de haut.

7 Une Tête de femme inconnue, coëffée en cheveux. Sur *cornaline* de même hauteur que la précédente.

8 Une Tête au milieu d'un cœur enflammé, avec la devife: *feignant & brulant*. Sur *cornaline* à peu près de même hauteur que la précédente.

9 Un Cupidon fur une mer, avec la devife: *Amour trouve moyen*. Sur *cornaline* de même hauteur que la précédente.

10 ANTINOUS. Le Bufte d'*Antinoüs*, *favori d'A-drien*, vu en partie par-le dos. Sur *cornaline* d'un peu plus de demi pouce de haut.

11 Une Tête d'homme inconnu, avec cheveux courts, & ayant au bas du cou une draperie. Sur *cornaline* de même hauteur que la précédente.

12 Une Tête d'homme inconnu, couronnée de laurier. Sur *jafpe* à peu près de même hauteur que la pierre précédente.

13 Une Tête environnée de laurier. Sur *cornaline* à peu près de même hauteur que la pierre précédente.

14 M. JUL. PHILIPPUS AUG. PATER. La Tête de *Philippe, le pere*, avec petite barbe, cheveux frisés, couronne radiale ; & ayant une draperie au bas du cou. Sur *cornaline* d'un peu plus d'un pouce de haut.

15 D. CÆLIUS BALBINUS AUG. La Tête de *Balbin*, avec courte barbe, couronne de laurier, & ayant une draperie au bas du cou. Sur *cornaline* de même hauteur que la précédente.

16 M. JUL. PHILIPPUS AUG. FILIUS. La Tête de *Philippe, le fils*, avec cheveux courts, couronne de laurier, & ayant une draperie au bas du cou. Sur *cornaline*, de même hauteur que la précédente.

17 JUPITER. La Tête de *Jupiter*. Sur *cornaline* d'un demi pouce de haut.

18 Une Tête inconnue, avec barbe courte & couronne de laurier. Sur *sardonix* d'environ un demi pouce de haut.

19 Une Tête de femme inconnue, coëffée en cheveux & ceinte du diadême. Sur *cornaline* de même hauteur que la pierre précédente.

20 Une Tête de vieillard inconnu, en partie chauve.

Sur *cornaline* de même hauteur que la précédente.

21 C. M. Q. TRAJANUS DECIUS AUG. Le Bufte de *Trajan Déce* , avec cheveux courts, couronne de laurier & cotte de mailles. Sur *cornaline* d'un pouce de haut.

22 Q. HERENN. ETRUSC. MESS. DECIUS AUG. Le Bufte de *Meffius Décius*, avec couronne radiée, & armé de même que l'antécédent. Sur *cornaline* de même hauteur que la précédente.

23 ÆSCULAPIUS. La Tête *d'Efculape* , barbue & frifée en boucles pendantes, avec une petite draperie au bas du cou. Par devant un bâton autour duquel eft entortillé un ferpent. Sur *cornaline-fardonix* de un & trois-quarts de pouce de haut.

24 C. VALENS HOSTILIANUS MESS. QUINT, AUG. La Tête *d'Hoftilien* , avec cheveux courts & couronne radiale. Cette tête a au bas du cou une draperie. Sur *cornaline* d'un pouce de haut.

25 C. VIB. TREBONIANUS GALLUS AUG. La Tête de *Trébonien Galle* , avec cheveux frifés & petite barbe. Cette tête eft ceinte de laurier & a une draperie au bas du cou. Sur *cornaline* de même hauteur que la précédente.

26 Une Tête de femme inconnue, coëffée en che-

veux & ceinte du diadême. Sur *cornaline* d'un peu plus d'un demi pouce de haut.

27 SOCRATES. La Tête de *Socrate*. Sur *cornaline* de même hauteur que la précédente.

28 Une tête d'homme inconnu, avec barbe & couronne de laurier. Sur *cornaline* un peu plus petite que la précédente.

29 C. VIB. VOLUSIANUS AUG. La Tête de *Volusien*, avec cheveux frifés & petite barbe, cette Tête eſt ceinte de laurier & a une draperie au bas du cou. Sur *cornaline* d'un pouce de haut.

30 C. JUL. AEMIL. AEMILIANUS AUG. La Tête d'*Emilien*, avec cheveux frifés & petite barbe : cette Tête porte une couronne radiée & a une draperie au bas du cou. Sur *cornaline* de même hauteur que la précédente.

31 P. LICIN. VALERIANUS AUG. La Tête de *Valérien*, avec cheveux frifés & couronne de laurier. Cette tête a une draperie au bas du cou. Sur *cornaline* de même hauteur que la précédente.

32 Une Tête de vieillard, ceinte de laurier. Sur *cornaline pâle* d'environ un demi pouce de haut.

33 Une Tête de femme inconnue, coëffée en cheveux & ceinte du diadême. Cette tête a une draperie au bas du cou. Sur *cornaline jaune* d'un demi pouce de haut.

34 Une Tête d'homme inconnu, avec cheveux très-courts. Sur *cornaline* de même hauteur que la précédente.

35 Une Tête d'homme inconnu, avec cheveux courts & couronne de laurier. Sur *cornaline* de même hauteur qne la précédente.

36 Une Tête de femme, avec cheveux relevés en treffes, & ayant une draperie au bas du cou. Sur *cornaline* un peu plus grande que la précédente.

37 P. LICIN. EGNAT. GALLIENUS AUG. La Tête de *Gallien*, avec cheveux frifés & barbe. Cette tête eft ornée d'une couronne radiale & a une draperie au bas du cou. Sur *cornaline* d'un pouce de haut.

38 JUPITER. Le Bufte de *Jupiter*, avec tête barbue & frifée & ceinte d'un bandeau. Ce bufte a une draperie fur les épaules. Sur *cornaline* de même hauteur que la précédente.

39 Une Tête inconnue & barbue, avec cheveux frifés & couronne de laurier. Sur *cornaline* d'un demi pouce de haut.

40 Une petite Tête barbue & frifée. Sur *Amétifta* de trois-huit de pouces de haut.

41 P. LICIN. VALERIANUS AUG. FILIUS. La Tête de *Valérien*, *le fils*, avec cheveux frifés & cou-

ronne radiée. Cette tête a une draperie au bas du cou. Sur *cornaline jaune* d'un pouce de haut.

42 FLORA. La Tête de *Flore*, couronnée de fleurs. Sur une belle *cornaline* d'un demi pouce de haut.

43 Un Buste de femme inconnue, avec cheveux pendants & draperie. Sur un beau *grenat* octogone d'un demi pouce de haut.

44 SOCRATES. La Tête de *Socrate*, avec draperie au bas du cou. Sur *cornaline* d'un pouce de haut.

45 SODON VALERIANUS. Le Buste de *Solon Valérien*, avec cheveux frisés, couronne [radiale & cotte de mailles. Sur *cornaline* de même hauteur que la précédente.

46 Une Tête d'homme, avec cheveux courts. Sur *Agathe noire* d'un peu moins d'un demi pouce de haut.

TIROIR n°. XVIII.

Contenant XXIII Cornalines & autres Pierres gravées en creux.

---

1 MINERVA. Le Buste de *Minerve*, avec casque, orné d'un masque, cheveux pendants & cuirasse. Sur *cornaline* de un & un huit de pouce de haut.

2 MINERVA. Le Buſte de *Minerve*, avec caſque & cuiraſſe, ornée d'un maſque ſur l'épaule. Sur *cornaline* de même hauteur que la précédente.

3 PLUTO & PROSERPINA. Deux Têtes en regard. Celle de *Pluton* eſt ceinte d'un bandeau. Par derrière on apperçoit la fourche de ce Dieu. Celle de *Proſerpine* eſt couverte en partie d'un bonnet & ornée d'épis & de fleurs. Sur *cornaline* de un & un quart de pouce de haut, ſur un & cinq-huit de pouce de large.

4 MINERVA. Le Buſte de *Minerve*, avec cheveux pendans, le caſque & le bouclier. Sur le caſque on voit Remus & Romulus ſous la Louve. Sur *carnoline-ſardonix* d'un pouce de haut.

5 MINERVA. Le Buſte de *Minerve*, avec cheveux pendans, le caſque & la cuiraſſe fort ornée. Sur *cornaline* de un & un huit de pouce de haut.

6 MINERVA. Le Buſte de *Minerve*, avec cheveux & caſque ſemblables, & une petite draperie, qui lui tombe de l'épaule juſqu'au deſſous du ſein, qui eſt découvert. Sur *cornaline* d'environ même hauteur que la précédente.

7 MINERVA. Le Buſte de *Minerve*, repréſenté à-peu-près de même que l'antécédent, & ayant une eſpèce de cuiraſſe. Sur *cornaline* d'un peu moins d'un pouce de haut.

8 HECTOR, ANDROMACHE ET ASTYANAX Les

Têtes d'*Hector*, d'*Andromaque* & d'*Astyanax* (elles font difposées de même que celles de l'*Agathe* N°. 5., qui fe troave dans le tiroir N°. XIV). Sur *cornaline* de trois-quarts de pouce de haut.

9 MINERVA. Le Bufte de *Minerve* cafquée & ayant une efpèce de cuiraffe. Sur *cornaline* de un & un huit de pouce de haut.

10 MINERVA. Le Bufte de *Minerve*, repréfenté à-peu-près de même que l'antécédent. Sur *cornaline* de même hauteur que la précédente.

11 JUPITER ET JUNO. Deux Buftes en regard. *Jupiter* repréfenté jeune & fans barbe, avec le foudre derrière le cou, eft vu par le dos terminé par une petite draperie. *Junon* eft ceinte du diadême & a une partie de la tête couverte d'un voile, qui lui defcend fur l'épaule, & le fein couvert d'une draperie. Sur *Sardoine* de un & un quart de pouce de haut, fur un & trois quarts de pouce de large.

12 NEPTUNUS ET AMPHITRITE. Deux Buftes en regard. *Neptune* a la tête ceinte d'un bandeau & le trident par derrière. *Amphitrite* eft coëffée en cheveux, qui lui tombent en partie derrière le cou. Sur *Agathe blanche* de un & trois-huit de pouce de haut, fur environ deux pouces de large.

13 MARS ET VENUS. Deux Têtes en regard. Celle

de *Mars* eſt barbue & friſée, & a un caſque
fort orné. Celle de *Vénus* eſt coëffée en cheveux.
Sur *Agathe blanche* de un & un quart de pouce
de haut, ſur un & trois-quarts de pouce de
large.

14 MINERVA. Le Buſte de *Minerve*, avec les cheveux pendans, le caſque & une eſpèce de cuiraſſe. Sur *cornaline* d'un pouce de haut.

15 MINERVA. La Tête de *Minerve*, avec les cheveux pendans & le caſque. Sur *cornaline* de un
& un quart de pouce de haut.

16 VENUS, HERCULES ET PALLAS. Trois Têtes
accolées. Celle de *Vénus* eſt coëffée en cheveux
& ceinte du diadême. La tête d'*Hercule* eſt fort
barbue, & celle de *Pallas* eſt caſquée. Sur *cornaline* de trois-quarts de pouce de haut.

17 MINERVA Le Buſte de *Minerve*, avec cheveux
pendans, caſque & draperie. Sur *cornaline* d'un
pouce de haut.

18 MINERVA. Le Buſte de *Minerve*, repréſenté à-
peu-près de même que l'antécédent. Sur *cornaline*
d'un peu plus d'un pouce de haut.

19 MINERVA. Le Buſte de *Minerve*, repréſenté
de même que l'antécédent. Sur *cornaline* de même
hauteur que la précédente.

20 MINERVA. Le Buſte de *Minerve*, avec de longs

cheveux & une efpèce de cuiraffe , ornée d'un
mafque fur l'épaule. Sur *cornaline* d'un pouce de
haut.

21 Saturnus et Cybele. Deux Têtes en regard.
Celle de *Saturne* eft environnée de laurier , &
celle de *Cybèle* eft couronnée de tours , ceinte
de laurier , & a au bas du cou une draperie. Sur
Sardoine de un & un quart de pouce de 'haut ,
fur un & trois-quarts de pouce de large.

22 Minerva. Le Bufte de *Minerve*, avec cafque
& cuiraffe. Sur *cornaline* de un & un huit de
pouce de haut.

23 Minerva. Le Bufte de *Minerve*, avec le cafque
& le bouclier. Sur *cornaline* d'un pouce de haut.

N B. *Prefque toutes les Minerves, qui fe trouvent
dans ce tiroir, font différentes tant dans la reffem-
blance que dans leurs ornemens.*

TIROIR n°. XIX.

Contenant XXV Cornalines & autres Pierres
gravées en creux.

1 Un jeune homme à demi corps, avec cheveux
courts & frifés, tenant de la main une trompe
dont le bout en fe retournant derriere le bras, lui

paſſe par deſſus la tête. Sur *cornaline* de un & trois huit de pouce de haut.

2 Une Tête de jeune homme friſée. Sur *cornaline marbrée* de un & un huit de pouce de haut.

3 Une Tête de femme, avec cheveux pendans en treſſes, & ayant une draperie au bas du cou. Sur *cornaline marbrée* de même hauteur que la précédente.

4 HYACINTHUS. La Tête d'*Hyacinthe*, avec cheveux friſés, qui lui tombent juſqu'au bas du cou. Cette Tête eſt ceinte d'un ruban. Sur *cornaline marbrée* de même hauteur que la précédente.

5 L. AUREL. VERUS AUG. Le Buſte de *Lucius Vérus*, vu en partie par le dos, avec barbe, cheveux friſés & draperie. Sur *cornaline marbrée* de un & trois huit de pouce de haut.

6 QUIRINUS PATER, La Tête de *Romulus*, Fondateur de *Rome*, barbue & friſée. Sur *cornaline* d'un pouce de haut.

7 MASSINISSA. La Tête barbue de *Maſſiniſſa*, Roi *Afriquain*, avec cheveux pendans, caſque fort orné, & ayant une eſpece de fraiſe au bas du cou. Sur *cornaline ſardonix* de un & un quart de pouce de haut.

8 Un Buſte de femme, vu par le dos, avec la tête un peu penchée en avant & coëffée en cheveux,

avec bandeau. Ce bufte a une draperie. Sur *cornaline marbrée* de un & un huit de pouce de haut,
fur un & trois huit de pouce de large.

9 DIOMEDES. Le Bufte de *Diomede*, avec cafque
& fans draperie. Sur *cornaline* de un & un quart
de pouce de haut.

10 M. ANT. GORDIANUS AFRICANUS AUG.
JUNIOR. La Tête de *Gordien d'Afrique*, *le fils*,
avec cheveux courts, peu de barbe & couronne
de laurier. Cette tête a une draperie au bas du
cou. Sur *cornaline* d'un pouce de haut.

11 SEMIRAMIS. Le Bufte de *Sémiramis*, *Reine d'Af-
firie*, coëffée en cheveux pendans autour du cou,
qui eft couvert d'une draperie. Sur *cornaline* de
un & un huit de pouce de haut.

12 C. CÆLIUS CALDUS COS. La Tête du *Conful
Célius Caldus*, avec cheveux courts & peu de
barbe. Sur *cornaline* d'un pouce de haut.

13 DEA ROMA. Le Bufte de la Ville de *Rome*,
avec cafque & draperie qui lui couvre une partie
du fein, & une corne d'abondance, qui regorge
de fruits, appuyée contre l'épaule gauche. Sur
cornaline de un & cinq huit de pouce de haut.

14 PLAUTIUS HYPSÆUS DECIANUS. Le Bufte
d'*Hypfée Décien*, avec cheveux courts, & ayant
une très-petite draperie fur les épaules. Sur *cornaline* d'un pouce de haut.

15 JULIA TITI FILIA. La Tête de *Julie, fille de Titus*, coëffée en cheveux extrêmement arrangés & formant un bourlet fur le derriere de la tête. Cette tête a une draperie au bas du cou. Sur *cornaline* de un & un huit de pouce de haut.

16 REX SYRIÆ. La Tête d'un *Roi de Syrie*, avec cheveux courts & bandeau. Sur *cornaline* d'un pouce de haut.

17 Une Tête de jeune homme inconnu, frifée. Sur *cornaline* de un & un huit de pouce de haut.

18 Un Bufte de femme inconnue, avec tête baiffée & couverte en partie d'un voile, qui lui tombe fur le dos. Ce bufte eft drappé. Sur *cornaline* de un & un huit de pouce de haut, fur un & trois huit de pouce de large.

19 THESEUS. La Tête de *Théfée, Roi d'Athenes*; avec cheveux frifés qui lui pendent jufqu'au bas du cou. Cette tête a au bas du cou une petite draperie. Sur *cornaline* de un & un huit de pouce de haut.

20 REX SYRIÆ. La Tête d'un *Roi de Syrie*; avec cheveux courts & bandeau. Sur *cornaline* d'un pouce de haut.

21 L. SEPT. SEVERUS PERTINAX AUG. La Tête de *Septime Sévère*, barbue & frifée. Cette Tête eft ceinte de laurier, & a une draperie au bas du

cou. Sur *cornaline* de un & trois huit de pouce de haut.

22 BRITANNICUS CÆSAR. La Tête de *Britannicus César*, avec cheveux courts & frifés. Cette tête a une draperie au bas du cou. Sur *cornaline far-donix* d'un pouce de haut.

23 BERENICE MAGNA. Le Bufte de *Bérénice, Reine de Paleftine*, avec cheveux pendans en treffes, bandeau & voile, qui lui defcend jufques fur les épaules. Ce bufte a une petite draperie. Sur *cornaline marbrée* de un & un huit de pouce de haut.

24 LENTULUS COS. La Tête du *Conful Lentulus*, avec cheveux courts. Sur *cornaline* d'un pouce de haut.

25 MITHRIDATES REX PONTI. La Tête de *Mithridate, Roi de Pont*, avec cheveux frifés & bandeau, dont un des bouts lui pend fur le cou. Sur *cornaline* de un & un quart de pouce de haut.

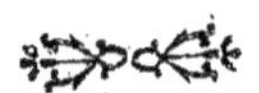

TIROIR n°. XX.

Contenant XXV Cornalines & autres Pierres
gravées en creux.

---

1 CAIUS JULIUS CÆSAR. *Jule-Céfar*, avec cheveux
courts & frifés, couronne de laurier, & draperie.
Sur *cornaline* d'un peu plus d'un pouce de haut.

2 AUGUSTUS. *Augufte*, repréfenté de même que
l'antécédent. Sur *cornaline* de même hauteur que
la précédente.

3 TIBERIUS. *Tibère*, repréfenté de même que l'antécédent. Sur *cornaline* de même hauteur que la
précédente.

4 CALIGULA. *Caligula*, repréfenté de même que
l'antécédent. Sur *cornaline* de même hauteur que
la précédente.

5 CLAUDIUS. *Claude*, repréfenté de même que l'antécédent. Sur *cornaline* de même hauteur que la
précédente.

6 NERO. *Néron*, repréfenté de même que l'antécédent. Sur *cornaline* de même hauteur que la précédente.

7 GALBA. *Galba*, avec cheveux plus courts & cou-

ronne de chêne. Sur *cornaline* de même hauteur que la précédente.

8 VITELLIUS. *Vitellius*, avec cheveux femblables à ceux de l'antécédent & couronne de laurier. Sur *cornaline* de même hauteur que la précédente.

9 OTHO. *Othon*, repréfenté de même que l'antécédent. Sur *cornaline* de même hauteur que la précédente.

10 VESPASIANUS. *Vefpafien*, repréfenté de même que l'antécédent Sur *cornaline* de même hauteur que la précédente.

11 TITUS. *Titus*, repréfenté de même que l'antécedent. Sur *cornaline* de même hauteur que la précedente.

12 DOMITIANUS. *Domitien*, répréfenté de même que l'antecédent. Sur *cornaline* de même hauteur que la précédente.

NB. *Les XII Empereurs ci-deſſus nommés, font tous en Buſtes, & les VI ſuivans font en partie Têtes & en partie Buſtes.*

13 NERVA. *Nerva*, avec cheveux courts & frifés, & couronne de laurier. Sur *cornaline* d'un peu plus d'un pouce de haut.

14 TRAIANUS. *Trajan*, avec cheveux, coüronné de laurier & draperie Sur *cornaline* de même hauteur que la précédente.

15 ADRIANUS. *Adrien*, fans couronne, avec cheveux, peu de barbe, & draperie. Sur *cornaline* de même hauteur que la précédente.

16 L. ÆLIUS CÆSAR. *Lucius Ælius Céfar*, avec cheveux courts & frifés, barbé épaiffe, & fans draperie. Sur *cornaline* de même hauteur que la précédente.

17 T. ÆL. ADR. ANTONINUS P. AUG. *Antonin le Pieux*, avec cheveux courts & frifés, barbe, & couronne de laurier. Sur *cornaline* de même hauteur que la précédente.

18 AURELIUS CÆSAR. La Tête *d'Auréle Céfar*, avec cheveux courts & frifés. Sur *cornaline* de même hauteur que la précédente.

19 AURELIA CÆSARIS MATER. Le Bufte *d'Aurélie, Mere de Jule-Céfar*, âgée, avec draperie qui lui couvre la tête, & lui defcend fur les épaules. Sur *cornaline-fardonix* de deux pouces de haut.

20 PTOLEMÆUS. Le Bufte de *Ptolémée, dernier Roi d'Egypte*, avec cheveux courts & frifés, bandeau & draperie. Sur *cornaline-fardonix* de même hauteur que la précédente.

21 LUC. ANN. SENECA. Le Bufte de *Sénéque*, avec cheveux frifés, barbe épaiffe, & ayant une draperie fur les épaules. Sur *cornaline fardonix* de deux & un quart de pouce de haut.

F 3

22 Le Bufte de St. Pierre, vû prefque de face, avec cheveux courts, barbe & draperie. Sur *cornaline blanche* de un & trois-huit de pouce de haut.

23 Le Bufte de St. Paul, vu prefque de face, avec cheveux plus longs, barbe & draperie de même. Sur *Agathe-Onix* de un & trois-huit de pouce de haut.

24 MECENAS. Le Bufte de *Mécene*, avec cheveux courts & frifés, & ayant le deffus de la tête en partie chauve. Ce Bufte a fur les épaules une draperie. Sur *Sardonix* de un & fept-huit de pouce de haut.

25 L'Emouleur, avec cheveux courts, & ayant au bas du cou une draperie. Sur *Sardonix* de même hautenr que le précédent.

TIROIR n°. XXI.

Contenant XVII Cornalines & autres Pierres gravées en creux.

---

1 SABINA AUG. Le Bufte de *Sabine, femme d'A-drien*, avec cheveux treffés, ornés de perles, & une draperie. Sur *Amétifte pâle* de un & un huit de pouce de haut.

2 SABINA AUG. Le Bufte de *Sabine, femme d'A-*

drien, avec cheveux relevés en treffes, diadême & draperie. Sur *Amétifte pâle* de un & un quart de pouce de haut.

3 HECTOR, ANDROMACHE ET ASTYANAX. Les Têtes d'*Hector*, d'*Andromaque* & d'*Aftyanax* (elles font difpofées de même que celles de l'*Agathe* N°. 5., qui fe trouve dans le tiroir N°. XIV). Sur une belle *cornaline* de un & un huit de pouce de hout.

4 M. AUR. SEVER. ALEXANDER AUG. Le Bufte d'*Alexandre Sévere*, vu par le dos, avec cheveux pendans, petite barbe, le cafque orné d'un mafque, &c. & la cuiraffe. L'épaule droite eft couverte d'une dépouille de Lion. Ouvrage d'une grande beauté. Sur une très-belle pierre rare *Onix-Sardonix* d'environ un & trois-huit de pouce de haut.

5 VÉNUS, HERCULE ET PALLAS. Trois Têtes accolées. Celle d'*Hercule* eft au milieu. Sur *cornaline* de un & un huit de pouce de haut.

6 Une Tête à deux faces. Celle de devant repréfente un jeune homme, & celle de derriere Socrate. Sur *cornaline* de même hauteur que la précédente.

7 POSTUMI PATER ET FILIUS. Deux Têtes accolées des *Poftumes, pere & fils*, avec barbes épaiffes & couronnes de laurier. Sur *cornaline* de même hauteur que la précédente.

F 4

8 VENUS. La Tête de *Vénus*, avec cheveux treffés, diadème, collier de perles, & ayant une draperie au bas du cou. Sur *cornaline* de un & un quart de pouce de haut.

8 VALERIANUS ET GALLIENUS. Deux Buftes en regard. Celui de *Valérien*, avec peu de cheveux & de barbe, couronne radiale & draperie. Le bufte de *Gallien*, avec cheveux femblables, couronne de laurier & draperie. Sur *cornaline blanche* de un & un quart de pouce de haut, fur un & trois-quarts de pouce de large.

10 VENUS. La Tête de *Vénus*, femblable à celle du N°. 8 de ce tiroir, excepté qu'on la voit de l'autre fens. Sur *cornaline* d'environ un & un quart de pouce de haut.

11 Deux Buftes accolés. Le premier avec peu de barbe, cheveux courts & frifés, & ayant le bouclier paffé dans le bras. L'autre avec cafque. Sur *cornaline* d'un pouce de haut.

12 AUGUSTUS ET LIVIA. Deux Têtes accolées. Celle d'*Augufte* eft ceinte de laurier. Sur *cornaline* de même hauteur que la précédente.

13 CERES. Le Bufte de *Cérès*, coëffée en cheveux & couronnée d'épis & de fruits. Sur *cornaline* de un & un quart de pouce de haut.

14 CERES. Le Bufte de *Cérès*, coëffée à-peu-près

de même que l'antécédent, mais vu par le dos,
qui est couvert d'une draperie. Ce buste a la tête
de l'autre sens. Sur *cornaline* de même hauteur
que la précédente,

15 VENUS. La Tête de *Vénus*, coëffée en cheveux
& ceinte du diadême. Sur *cornaline* de un & un
huit de pouce de haut.

16 M. AUR. SEV. ALEXANDER AUG. Le Buste
d'*Alexandre Sévère*, avec de longs cheveux qui
lui tombent sur le dos, le casque & une espèce
de cuirasse fort ornée. Sur *cornaline-sardonix* de
un & trois-huit de pouce de haut.

17 FLORA. La Tête de *Flore*, entourée d'une guirlande de fleurs. Sur *cornaline* de un & un huit de
pouce de haut.

TIROIR n°. XXII.

Contenant XVII Cornalines & autres Pierres
gravées en creux.

---

1 Rémus & Romulus sous la Louve, soutenue par
un porc couché sur deux têtes; l'une de sanglier
& l'autre de belier. La massue d'Hercule passe
perpendiculairement par derriere & laisse apperce-
cevoir ses deux bouts. Sur *cornaline* de un & demi
pouce de haut.

2 Un Oiſeau chimérique debout, avec cou long.
La partie antérieure du corps repréſente une tête
de ſanglier, & la poſtérieure celle d'un belier. Le
deſſus du corps offre une tête de vieillard renverſée. Sur *cornaline marbrée* de un & trois huit de
pouce en travers.

3 Un Oiſeau chimérique debout, avec cou long &
tête de chevre. La partie antérieure du corps repréſente une tête de vieillard, & la poſtérieure celle
d'un belier qui lui ſert de queue, & qui mâche
une grappe de raiſins. Sur *cornaline ſardonix* d'un
demi pouce de haut.

4 Un Oiſeau chimérique debout, avec cou long &
tête de cheval bridée. La partie antérieure du corps
repréſente une face de jeune homme avec cheveux
longs, & la poſtérieure une tête de femme, couverte d'une eſpece de bonnet. Sur *cornaline ſardonix* de un & un quart de pouce de haut.

5 Un Oiſeau chimérique, avec tête & cou de cicogne.
Le deſſus & le deſſous du corps repréſentent
deux faces de vieillards, & la partie poſtérieure
une tête de belier. Sur *cornaline ſardonix* de un
& un quart de pouce en travers.

6 Une Tête de belier montée ſur deux pattes d'oiſeau, dont l'une eſt levée. Le deſſus de cette tête
de belier qui mâche deux épis de blé, repréſente un viſage de vieillard avec longue barbe.

Sur *cornaline* de un & un quart de pouce de haut.

7 Un Oifeau chimérique, avec cou long. Le corps qui repréfente une téte de belier, eft monté fur deux pattes. Cet animal femble pourfuivre un Papillon. Sur *cornaline fardonix* de un & un quart de pouce de large.

8 Un Oifeau chimérique debout, avec tête & cou de cheval. La partie antérieure du corps repréfente un vifage de vieillard & la poftérieure une tête de belier. Sur *cornaline fardonix* d'environ un pouce de haut.

9 Une belle Tête à deux faces, dont l'une repréfente Xantipe, coëffée en cheveux avec diadême, & l'autre Socrate, avec tête chauve & barbe épaiffe. Sur *jafpe* de deux pouces de haut.

10 Deux Tête d'animaux l'une fur l'autre. La tête de deffus eft de chevre, & celle de deffous de belier. Sur *fardonix* de trois quarts de pouce de haut. C'eft un emblême de Jupiter Ammon.

11 Une Tête de fanglier chimérique, avec la gueule ouverte. Les parties poftérieures & inférieures repréfentent deux vifages de vieillards. Sur *cornaline* de un & un huit de pouce de large.

12 Une Tête chimérique à trois faces, dont l'une eft celle d'un jeune homme avec cafque, & ayant une draperie au bas du cou; l'autre celle d'un

vieillard avec barbe & cheveux: & le dessus de
la tête forme une autre face. Sur *cornaline* d'un
pouce de haut.

13 Une Tête chimérique de vieillard, avec forte barbe.
La partie postérieure est faite en forme de tête
d'Eléphant avec trompe, & l'inférieure en face de
vieillard. Derriere l'extrémité de la trompe on apperçoit un trident. Sur *cornaline* de un & un quart
de pouce de large.

14 Un Oiseau chimérique debout, avec tête & queue
de coq. La partie antérieure du corps représente
un visage de vieillard, & la postérieure une tête
de belier. Sur *cornaline* de même hauteur que la
précédente.

15 Autre espece d'Oiseau chimérique debout, avec
tête de cheval bridée, & le derriere du cou fait
en forme de face de vieillard. La partie antérieure
du corps représente une face semblable avec bandeau, & la postérieure une tête de belier. Sur
cornaline de un & trois huit de pouce de haut.

16 Un assemblage de quatre Têtes d'animaux: une
de chevre & de cheval jointes par derriere, & au
bas des cous deux autres têtes, dont l'une est de
sanglier & l'autre de bélier. Sur *cornaline sardonix*
de un & trois huit de pouce de large.

17 Un Oiseau de proye chimérique debout, avec
tête d'homme, ornée d'un casque. La partie anté-

rieure du corps repréfente un bouclier de Médufe. Cet animal qui eft foutenu par un épi de blé, a devant lui un navire Egyptien, & derriere le cou deux javelots. Sur *cornaline* de un & trois huit de pouce de haut.

TIROIR n°. XXIII.

Contenant XXXI Cornalines & autres Pierres gravées en creux.

---

1 Un Bufte de femme inconnue, vue par le dos. La tête eft couverte d'une efpece de coëffure formant un bonnet, & attachée fous le menton avec des rubans. Ce Bufte eft vêtu d'une robe. Sur *fardonix* de un & trois quarts de pouce de haut.

2 ANNIBAL. Le Bufte d'*Annibal*, vu prefque de face, avec barbe épaiffe, cafque & partie d'un bouclier, Sur *cornaline blanche* de fept huit de pouce de haut.

3 La Tête d'Inigo Jones, Architecte de l'Eglife de Saint Paul de Londres. Cette Tête eft prefque de face. Sur une belle *cornaline* de même hauteur que la précédente.

4 Un Bufte de femme inconnue, vu par le dos, avec cheveux treffés & draperie. Sur *cornaline fardonix* de un & trois quarts de pouce de haut.

5 HOMERUS. La Tête d'*Homère*, vue presque de face. Sur *cornaline* de trois quarts de pouce de haut.

6 Un Sacrifice à Pan, composé de sept figures debout & accompagné d'ornemens. Sur une belle *jacinthe* d'un peu plus de sept huit de pouce de haut.

7 FAUNUS. La Tête d'un *Faune*, vue de face, avec forte barbe. Sur *cornaline* d'environ trois quarts de pouce de haut.

8 Une Figure de femme, vêtue & couverte d'un voile. Elle est assise devant un autel & semble vouloir sacrifier. Sur *cornaline jaune* de sept huit de pouce de haut.

9 Hercule & Déjanire. Deux belles figures debout. Hercule avec draperie sur les épaules, est appuyé sur sa massue, & Déjanire, qui tient de la main gauche un casque, semble vouloir le couronner de laurier. On apperçoit à côté d'elle divers trophées. Sur *cornaline jaune* d'un pouce de haut.

10 Vénus & Cupidon debout. Derriere cette Déesse on apperçoit un flambeau. Sur *cornaline* de même hauteur que la précédente.

11 Une femme nue & debout, vue par le dos, ayant le bras appuyé sur une petite colonne. Sur *cornaline jaune* de sept huit de pouce de haut.

12 Bacchanale, avec facrifice compofé de neuf figures.
Sur une belle *cornaline* d'un peu plus de cinq huit
de pouce de large.

13 Bacchanale compofée de douze figures, & connue
fous le nom du Cachet de Michel Ange. Cette
pierre eft gravée dans les antiques de Made. *Ché-*
ron. Sur *cornaline* à peu près de même hauteur que
la précédente.

14 Le Triomphe de Silène compofé de fept figures.
Sur une belle *cornaline* d'environ trois quarts de
pouce en travers.

15 Hercule affis fur fes trophées, avec la tête appuyée fur la main droite. Sur une belle *cornaline*
d'environ un pouce de haut.

16 Hercule affis & fe repofant appuyé fur une bêche,
après avoir vaincu le fanglier d'Erymante. Il tient
le pied gauche fur une pierre carrée, fur le devant
de laquelle eft repréfentée la hure du fanglier, &
a la maffue par devant & l'arc par derriere. Dans
le champ de la Pierre, outre le nom du Graveur
ΟΝΟΣΤΟΣ , fe voit une infcription , dont les
caractères font les mêmes que ceux qui fe trouvent
dans celle de Sigeum. Sur *cornaline* de trois quarts
de pouce de haut.

17 FAUNUS. Le Bufte d'un *Faune*, avec cheveux
courts & frifés, barbe épaiffe & couronne de
liere. Ce bufte porte une petite draperie fur les

épaules. Sur *cornaline fardonix* de deux pouces de haut.

18 Hercule affis & tenant fa maffue, Pallas & Vénus debout. Sur *cornaline* de fept huit de pouce de haut.

19 Achille affis & jouant de la lyre, accompagné de divers attributs : avec le nom du Graveur ΠΑΜΦΙΛΟΥ. Sur *cornaline* de trois quarts de pouce de haut.

20 Quintius Cincinnatus, repréfenté comme fe chauffant : fa tête eft de face. Sur *cornaline* d'un peu plus de trois quarts de pouce de haut.

21 Apollon affis fur un piedeftal, avec fa lyre appuyée contre une colonne. Sur *cornaline* de fept huit de pouce de haut.

22 Diomede raviffeur du Paladium. Sur *cornaline* de fept huit de pouce de large.

23 CERES. *Cérès*, demi figure, ayant les cheveux relevés. Elle tient de la main gauche une corne d'abondance, & a le corps, à la réferve du bras, couvert d'une draperie. Sur *cornaline blanche* de cinq huit de pouce de haut.

24 Silène fortant du bain, accompagné de neuf ou dix autres figures. Sur *cornaline* en travers d'un pouce de haut.

25 Un Bufte d'enfant, vu de face, avec cheveux
courts

courts & ayant au-deſſus du bras une petite draperie. Sur *agathe onix* d'environ cinq huit de pouce de haut.

26 Une figure de ſoldat, avec un genou en terre & une draperie qui lui deſcend le long du dos: d'une main il ſe couvre la tête d'un bouclier vers lequel il regarde, & de l'autre il tient un dard. Sur *cornaline* d'environ ſept huit de pouce de haut.

27 Une figure de femme inconnue, à demi corps, vêtue & ayant les cheveux relevés en treſſes. Sur *cornaline ſardonix* de un & trois quarts de pouce de haut.

28 Vénus couchée ſur une draperie, & Cupidon qui la découvre. Sur *cornaline* de trois-quarts de pouce en travers.

29 Fête de Flore compoſée d'onze ou douze figures. Sur *cornaline* un peu plus grande que la précédente.

30 La Victoire ſur un char tiré par deux chevaux, qui courent. Sur *onix* d'un demi pouce en travers.

31 Un Buſte de femme inconnue, avec de longs cheveux flottans ſur le dos & les épaules, & une petite draperie au deſſous du ſein. La tête de ce buſte eſt un peu avancée & de profil. Sur *cornaline-ſardonix* de un & trois-quarts de pouce de haut.

N. B. Toutes ces pierres font d'un travail admi-
rable, quoique les fujets foient compofés de figures
très-petites.

TIROIR n°. XXIV.

Contenant XIX Cornalines & autres Pierres
gravées en creux.

2 JUPITER SERAPIS. La Tête de *Jupiter Sérapis*,
avec cheveux, barbe épaiffe, & ayant fur le haut
du chef le boiffeau. Cette tête a une draperie autour du cou. Sur *cornaline-fardonix* de un & un
huit de pouce de haut.

2 SORORES CALIGULÆ. *Les fœurs de Caligula.*
Trois Têtes accolées & coëffées en cheveux, dont
la première eft avec voile pendant qui la couvre
en partie. Ces têtes ont des draperies autour du
cou. Sur *cornaline-fardonix* de un & trois-quarts
de pouce en travers.

3 ISIS. Le Bufte *d'Ifis*, avec cheveux relevés en
partie, & la fleur de Lothus fur la tête. Ce bufte
a une draperie. Sur *cornaline* de un & un huit
de pouce de haut.

4 La Tête d'un Empereur avec barbe, cheveux
courts & couronne de laurier. Sur *cornaline blan-*

che & tranfparente de un & un quart de pouce
de haut.

5 SACERDOS ISIDIS. La Tête d'un *Prêtre d'Ifis*,
presque toute couverte d'un voile parfemé d'é-
toiles. Cette Tête a une draperie autour du cou.
Sur *Agathe* d'un pouce de haut.

6 Le Bufte d'un Guerrier, avec barbe épaiffe, cafque & darperie. Sur *cornaline* de trois-quarts de
pouce de haut.

7 ALEXANDER La Tête d'*Alexandre*, coëffée d'une
dépouille de Lion. Sur *agathe* de forme ronde
& ayant un pouce de diamètre.

8 Une Tête d'Empeieur fans barbe, avec cheveux
courts & couronne de laurier. Sur *cornaline blanche
& tranfparente* de un & un quart de pouce de
haut.

9 Deux Têtes d'Empereurs en regard, avec cheveux
courts. L'une de ces têtes eft ceinte de laurier.
Sur *Sardonix* de un & trois quarts de pouce en
travers.

10 COMMODUS ET CRISPINA. Deux Têtes en regard. Celle de *Commode* avec barbe & cheveux
courts, & celle de *Crifpine*, avec les cheveux
relevés en partie. Toutes deux ont une draperie
au bas du cou. Sur *Sardonix* de un & fept-
huit de pouce en travert.

G 2

11 VENUS ET ADONIS. Deux Têtes en regard. Celle de *Vénus*, avec les cheveux relevés & ceinte du diadême. Celle *d'Adonis* a de longs cheveux qui lui tombent jusqu'au bas du cou. Ces deux têtes ont une draperie autour du cou. Sur *Sardonix* de un & trois-quarts de pouce en travers.

12 Un Buste, avec tête frisée & draperie. Sur *amétifte pâle* de un & un quart de pouce de haut.

13 ΙΘΡΑ ΣΥΝΚΛΗΤΟΣ. La Tête du *Génie du fénat*, avec cheveux frifés, & ayant une draperie au bas du cou. Sur *cornaline* de un & un huit de pouce de haut.

14 Une Tête de jeune homme, avec cheveux courts & bonnet. Sur *agathe* de trois-quarts de pouce de haut..

15 ANTINOUS. La Tête d'*Antinoüs*, *favori d'Hadrien*, avec cheveux frifés, & ayant une draperie au bas du cou. Sur *cornaline* d'environ un & un quart de pouce de haut.

16 Une Tête de femme, avec cheveux relevés en treffes, le diadême, & ayant au bas du cou une draperie. Sur *amétifte blanche & tranfparente* de un & un quart de pouce de haut.

17 Le Buste d'un Philofophe, ayant le deffus de la tête en partie chauve, les cheveux frifés, un

toupet, barbe & draperie. Sur *cornaline* de un & un huit de pouce de haut.

18 BALBINUS, PUPIENUS ET GORDIANUS TER-TIUS. Trois Têtes en regard. Celle de *Balbin*, avec barbe, cheveux courts & couronne de laurier. Les deux autres têtes font accolées. Celle de *Pupien* eſt barbue & couronnée de laurier, & celle de *Gordien trois* eſt fans barbe. Ces trois têtes ont au bas du cou des draperies. Sur *cornaline* de un & trois-quarts de pouce en travers.

19 Un buſte, avec forte barbe, bonnet en forme de turban, draperie. Sur *cornaline* de un & un quart de pouce de haut.

TIROIR n°. XXV.

Contenant XXI Cornalines & autres Pierres gravées en creux.

---

1 Un Buſte de femme, repréſentée comme une Flore, avec les cheveux treſſés & relevés en partie, couronné de fleurs & de laurier. Ce buſte a une petite draperie qui lui paſſe au deſſous du ſein. Sur *cornaline blanche* de un & trois huit de pouce de haut.

2 Un Buſte de femme, vu par le dos, ayant la tête un peu levée. Ce buſte a les cheveux relevés en

treffes & une draperie. Sur *cornaline blanche* de
même hauteur que la précédente.

3 Un Bufte de femme, avec les cheveux relevés en
treffes, une efpece de coëffure qui lui tombe fur
les épaules, & une draperie. Sur *cornaline blanche*
de même hauteur que la précédente.

4 Un Bufte dé femme, avec tête voilée en partie
& ceinte du diadême. Ce bufte a une draperie.
Sur *cornaline blanche* de même hauteur que la précédente.

5 Une Tête de femme, avec cheveux treffés & relevés en partie, une petite coëffure fur le derriere
de la tête, & une draperie au bas du cou. Sur
cornaline blanche de un & un huit de pouce de
haut.

6 Un Bufte de femme, vu par le dos, ayant les
cheveux relevés & une coëffure attachée avec des
bandes, qui lui couvre une partie de la tête. Ce
bufte a une draperie. Sur *cornaline blanche* d'environ même hauteur que la précédente.

7 Une Tête de femme, ayant les cheveux relevés en
treffes & une draperie. Sur *cornaline blanche* de
même hauteur que la précédente.

8 Un Bufte de femme regardant vers le ciel, avec
cheveux treffés & pendans fur le cou, bandeau &
draperie. Sur *cornaline blanche* de un & trois huit
de pouce de haut.

9 Un Buſte de femme, dont la tête eſt preſquè tout
à fait couverte d'un voile attaché avec deux rubans,
qui lui paſſent ſous le menton. Ce buſte a une
petite draperie. Sur *cornaline blanche* de un & demi
pouce de haut.

10 Une Tête de femme, ayant les cheveux retrouſſés
& attachés avec des rubans. Cette tête a au bas
du cou une draperie. Sur *cornaline blanche* d'environ
un & un huit de pouce de haut.

11 STATIRA. Le Buſte de *Statira*, coëffée en cheveux avec treſſes un peu pendantes & entrelaſſées
de rubans, ornés de perles. Sur un côté de la tête
un voile. Ce buſte eſt drappé. Sur *cornaline blanche*
de un & trois quarts de pouce de haut.

12 Une Tête de femme coëffée en cheveux retrouſſés avec treſſes, & ayant une eſpece de petit bonnet, qui lui couvre le derriere de la tête, & au
bas du cou une draperie. Sur *cornaline blanche* de
un & un huit de pouce de haut.

13 Un Buſte de femme, avec cheveux en partie
retrouſſés & treſſes pendantes, diadême ou bandeau. Ce buſte a une draperie, ornée de perles.
Sur *cornaline blanche* de un & cinq huit de pouce
de haut.

14 Une Tête de femme, coëffée en cheveux relevés
en treſſes & ornés de rubans. Cette tête a une

G 4

draperie au bas du cou. Sur *cornaline blanche* de un & un huit de pouce de haut,

15 Une Tête d'homme, qui avance le cou : cette Tête qui a un peu de barbe, eft entortillée d'un voile, & a une draperie au bas du cou. Elle reffemble beaucoup à une tête d'efclave. Sur *cornaline blanche* de même hauteur que la précédente.

16 Une Tête de femme, avec les cheveux relevés en partie en treffes, & ayant une draperie. Sur *cornaline blanche* de même hauteur que la précédente.

17 Une Tête d'homme extrêmement barbue, avec une efpece de bonnet : cette Tête a au bas du cou une draperie. Sur *cornaline blanche* de même hauteur que la précédente.

18 HERCULES. Le Bufte d'*Hercule*, vu par le dos, avec tête barbue & frifée & couronne de laurier : ce Bufte a le dos couvert de la dépouille de lion attachée fur l'épaule. Sur *cornaline blanche* de même hauteur que la précédente.

19 Un bufte de femme, vu par le dos, avec les cheveux relevés en treffés, bandeau enrichi de perles, petite coëffure fur le derriere de la tête & draperie. Sur *cornaline blanche* de un & un quart de pouce de haut.

20 Un Bufte de femme avec les cheveux relevés en

treffes & draperie. Sur *cornaline blanche* de un &
trois-huit de pouce de haut.

21 Un Bufte de femme avec de longs cheveux pendants fur le dos , & guirlande de fleurs & d'épis
de blé : ce Bufte a une draperie. Sur *cornaline
blanche* de même hauteur que la précédente.

TIROIR n°. XXVI.

Contenant XXIX Cornalines & autres Pierres
gravées en creux & relief.

---

n°. 1. OMPHALE. Le Bufte d'*Omphale* ; ayant la tête
couverte d'un mufle de Taureau avec les cornes,
dont la peau lui defcend fur l'épaule Sur *cornaline-fardonix* de un & trois-quarts de pouce de
haut.

2 M. CASS. LAT. POSTUMUS AUG. PATER. Le bufte
de *Poftume* , *le pere* , vu en partie pur le dos ,
avec barbe longue, cheveux frifés, couronne de
laurier & cuiraffe à écailles. Sur *cornaline* d'un
pouce de haut.

3 F. FULV. JUNIUS MACRIANUS AUG. FILIUS.
Le Bufte de *Macrin* , *le fils* , avec cheveux courts
& frifés, couronne radiale, & draperie. Sur *cornaline* de un & un quart de pouce de haut.

4 M. PIAVV. VICTORINUS AUG. PATER. Le Buste de *Victorin, le Pere*, avec cheveux courts, barbe épaisse, couronne de laurier & draperie. Sur *cornaline* d'un pouce de haut.

5 Un Buste de femme inconnue, avec cheveux relevés en partie en tresses & draperie. Sur *cornaline-sardonix* de un & cinq-huit de pouce de haut.

6 M. FULV. MACRIANUS AUG. PATER. Le Buste de *Macrin, le pere*, avec cheveux très-courts, couronne radiée & cuirasse ornée d'écailles. Sur *Sardonix* de un & un huit de pouce de haut

7 FULVIUS QUIETUS AUG. Le Buste de *Quietus*, avec couronne & cuirasse semblables. Sur *cornaline* d'un pouce de haut.

8 M. AUREL. MARIUS AUG. Le Buste de l'Empereur *Marius*, avec cheveux frisés, forte barbe, couronne radiale & draperie. Sur *agathe* d'un pouce de haut.

9 MAN. ACIL. AUREOLUS AUG. Le Buste d'*Auréole*, avec cheveux très-courts, barbe & couronne semblable. Sur *cornaline* d'un pouce de haut.

10 TETRICI PATER ET FILIUS. Deux Bustes accolés. Celui de *Tétricus, le pere*, qui est le premier à forte barbe, couronne de laurier, & draperie. Sur *cornaline* de même hauteur que la précédente.

11 CLAUDIUS GOTHICUS AUG. Le Buste de *Claude le gothique*, vu par le dos , avec cheveux courts couronne de laurier & draperie. Sur *cornaline* de même hauteur que la précédente.

12 M. AUREL. CLAUD. QUINTILLUS AUG. Le Buste *de Quintillus, fils de Claude le Gothique ,* vu par le dos , avec cheveux courts & frisés, barbe, couronne radiée & draperie. Sur *cornaline* de même hauteur que la précédente.

13 L. DOMIT. AURELIANUS AUG. Le Buste *d'Aurélien* , avec barbe, cheveux courts & frisés, couronne ornée de perles & cuirasse à écailles. Sur *cornaline* de même hauteur que la précédente.

14 M. CLAUD. TACITUS AUG. Le Buste de *l'Empéreur Tacite* , avec cheveux très-courts , peu de barbe, couronne de laurier & draperie. Sur *cornaline* de même hauteur que la précédente.

15 M. AUR. PROBUS AUG. Le Buste de *Probus* représenté de même que l'antécédent. Sur *cornaline* de même hauteur que la précédente.

16 La naissance du Sauveur représentée dans une riche masure. Au milieu on apperçoit l'Enfant Jésus couché dans la crêche, derriere laquelle il y a un bœuf & un âne. A gauche de la crêche on voit la Sainte Vierge dans une attitude humble avec un genou en terre, & tenant en ses mains

des langes, dont elle femble vouloir couvrir l'enfant. A droite eft St. Jofeph un peu penché & appuyé du bras gauche fur un bâton : du bras droit qui eft levé, il paroît bénir l'enfant. Près de St. Jofeph font deux bergers, dont l'un eft profterné. A dos de la Ste. Vierge & derrière l'une des portes du bâtiment, fe voit un autre berger portant un agneau fur fes épaules, & dans une action qui défigne très-bien fon empreffement pour aller adorer le Sauveur. Au haut fe préfente une gloire compofée de fix Anges, qui paroiffent célébrer de concert la merveille de cette glorieufe naiffance. L'on apperçoit de plus dans le lointain & à droite du fujet, un Ange qui defcend du ciel pour annoncer cette heureufe nouvelle aux bergers.

Les principales figuies de ce beau fujet ont environ cinq-huit de pouce de haut, & le tout eft d'un travail exquis & fait avec beaucoup d'art, en relief ifolé & prefque de ronde boffe. Les figures font quafi toutes refervées blanches ou de couleur d'ivoire. Il eft étonnant que l'artifte ait pu travailler une pierre auffi dure, avec autant d'art & de délicateffe. Les têtes font d'une fineffe & d'un caractère admirables. La pierre, qui eft un *onix-fardonix* de différentes couleurs & de forme prefque ronde a un & fept-huit de pouce de haut, & eft montée en argent doré.

Ce précieux morçeau eft forti du cabinet de l'Arçhi-

ducheſſe Marie-Eliſabeth d'Autriche, ſœur du feu Empéreur Charles ſix & Gouvernante des Pays-Bas.

17 M. AUR. CARUS AUG. Le Buſte de *Carus*, avec peu de cheveux, barbe, couronne de laurier & draperie. Sur *cornaline* d'un pouce de haut.

18 M. ANN. FLORIANUS AUG. Le Buſte de *Florien*, avec cheveux friſés, barbe, & couronne de laurier. Sur *cornaline* de même hauteur que la précédente.

19 M. AUR. CARINUS AUG. Le Buſte de *Carinus*, avec cheveux friſés, peu de barbe, & couronné de laurier. Sur *cornaline* de même hauteur que la précédente.

20 M. AUR. NUMERIANUS AUG. Le Buſte de *Numérien*, vu par le dos, avec cheveux, barbe, & couronne de laurier. Sur *cornaline* de même hauteur que la précédente.

21 CONSTANTINUS CHLORUS AUG. Le Buſte de *Conſtantin Chlore*, avec tête barbue & friſée & ceinte de laurier. Sur *cornaline* de même hauteur que la précédente.

22 GAL. VAL. MAXIMIANUS AUG. Le Buſte de *Maximien*, avec peu de cheveux, barbe, couronne radiée & draperie. Sur *cornaline* de même hauteur que la précédente.

23 C. VAL. DIOCLETIANUS AUG. Le Buſte de *Dioclétien*, vu un peu par le dos, avec cheveux friſés, peu de barbe, couronne radiée & draperie. Sur *cornaline* de même hauteur que la précédente.

24 MAXIMIANUS HERCULEUS AUG. Le Buſte de *Maximien*, ſurnommé *l'Hercule*, avec cheveux, peu de barbe, couronne de laurier & draperie. Sur *cornaline* de même hauteur que la précédente.

25 Un Buſte de femme inconnue, coëffée en cheveux retrouſſés & ayant une draperie. Sur *cornaline-ſardonix* de un & trois-quarts de pouce de haut.

26 CARAUSIUS AUG. Le Buſte de *Carauſius*, avec cheveux courts, peu de barbe, couronne radiée & draperie. Sur *cornaline* d'environ un & un quart de pouce de haut.

27 FL. CLAUD. JULIANUS AUG. Le Buſte de *Julien l'apoſtat*, avec cheveux courts, peu de barbe, bandeau à double rangée de perles & draperie. Sur *ſardonix* de un & un huit de pouce de haut.

28 ALLECTUS AUG. Le Buſte d'*Allectus*, avec cheveux courts, forte barbe, couronne radiée & cuiraſſe à écailles. Sur *ſardonix* de même hauteur que le précédent.

29 Un Bufte de femme inconnue, coëffée en cheveux courts avec quelques treffes, & ceinte d'un diadême. Ce Bufte a une draperie. Sur *cornaline-fardonix* de un & trois-quarts de pouce de haut.

T I R O I R n°. XXVII.

Contenant XLV Cornalines & autres Pierres gravées en creux.

---

1 UN Bufte de vieillard, avec cheveux pendans en ondes, forte barbe & cuiraffe écaillée. Ce Bufte a une chaîne pendue au cou. Sur *cornaline* de un & un huit de pouce de haut.

2 MARCUS AURELIUS ANTONN. AUG. Le Bufte de *Marc-Aurèle*, avec cheveux courts & couronne de laurier. Sur *fardonix* de trois-quarts de pouce de haut.

3 Une Tête de Soldat, avec forte barbe & cafque. Cette tête a une draperie au bas du cou. Sur *fardonix* de cinq-huit de pouce de haut.

4 Un Bufte d'homme, avec tête nue & cheveux courts. Sur *cornaline* de un & un huit de pouce de haut.

5 HERCULES JUVENIS, La Tête d'*Hercule jeune*,

avec la maſſue derrière le cou. Sur *cornaline* de cinq-huit de pouce de haut.

6 NERVA TRAJANUS HADRIANUS AUG. La Tête d'*Hadrien*, ceinte de laurier. Sur *ſardonix* de cinq-huit de pouce de haut.

7 Un Buſte de femme, avec cheveux relevés en partie en treſſes ; diadême, cuiraſſe à écailles, & le bouclier paſſé dans le bras. Sur *cornaline* de un & un huit de pouce de haut.

8 PALLAS. La Tête de *Pallas*, avec caſque fort orné, & ayant une draperie au bas du cou. Sur *Agathe* de cinq-huit de pouce de haut.

9 T. AEL. HADR. ANTONINUS P. AUG. La Tête d'*Antonin le pieux*, ceinte de laurier. Sur *ſardonix* de trois-quarts de pouce de haut.

10 L. AELIUS CÆSAR. La Tête de *L. Aelius Céſar*, avec cheveux courts & forte barbe. Sur *cornaline blanche* de cinq-huit de pouce de haut.

11. L. SEPT. SEVERUS PERTINAX AUG. Le Buſte de *Septime Sévère*, avec cheveux courts, barbe, couronne de laurier & draperie. Sur *cornaline* d'un peu plus d'un pouce de haut.

12 Une Tête, avec cheveux courts, barbe longue & friſée. Cette tête eſt entourée d'un ruban. Sur *cornaline* de cinq-huit de pouce de haut.

13 Un très-petit Buſte d'homme, vu par le dos,
avec

avec cheveux frifés & barbe. Sur *cornaline* d'un peu plus d'un demi pouce de haut.

14 FL. VESPASIANUS AUG. La Tête de *Vefpafien*, ceinte de laurier. Sur *Jafpe* de même hauteur que le précédent,

15 L. SEPT. GETA P. AUG. Le Bufte de *Geta*, vu par le dos, avec cheveux courts & draperie. Sûr *jafpe* de même hauteur que le précédent.

16 M. DID. SEV. JULIANUS AUG. La Tête de *Julien*, avec cheveux courts, longue barbe & couronne de laurier. Sur *Jafpe* d'un demi pouce de haut.

17 P. HELV. PERTINAX AUG. La Tête de *Pertinax*, repréfentée de même que l'antécédente. Sur *Jafpe* de cinq-huit de pouce de haut.

18 AUGUSTUS. La Tête d'*Augufte*, ceinte de laurier. Sur *jafpe* de même hauteur que le précédent.

19 L. SEPT. SEVERUS PERTINAX AUG. La Tête de *Septime Sévère*, avec barbe & couronne de laurier. Sur *jafpe* de même hauteur que le précédent.

20 Une Tête, avec cheveux courts & couronne de laurier. Sur *jafpe* de même hauteur que le précédent.

21 Trois Têtes en regard. La première eft une tête

H

d'homme barbue & frisée. La seconde est une tête de femme, ayant les cheveux tressés, qui forment un bourlet sur le haut du chef, le diadême, orné de perles, & au bas du cou une draperie. La troisième est aussi une tête de femme avec les cheveux en partie retroussés & en partie pendans. Sur *cornaline* de un & un huit de pouce de haut.

22 Un Buste d'homme, avec barbe frisée, habillement & bonnet à la Russienne. Sur *cornaline* d'un pouce de haut.

23 MARS ET PALLAS Deux Bustes en regard. *Mars*, avec casque & draperie. *Pallas*, avec de longs cheveux pendans sur les épaules, casque orné d'un masque, cuirasse à écailles & le bouclier. Sur *cornaline blanche* de un & trois-huit de pouce en travers.

24 Un Buste d'homme, avec bonnet en forme de turbán, & draperie. Sur *cornaline* de un & un huit de pouce de haut.

25 TRAIANUS ET PLOTINA. Deux Têtes en regard. Celle de *Trajan*, avec cheveux courts, & celle de *Plotine*, avec cheveux extrêmement arrangés, diadême & draperie. Sur *cornaline* de un & un huit de pouce en travers.

26 Une Tête, avec cheveux courts, forte barbe &

couronne de laurier. Sur *Amétifte* de cinq·huit
de pouce de haut.

27 Une Tête à-peu-près femblable à la précédente,
avec deux boucles de cheveux qui flottent fur le
cou, au bas duquel il y a une draperie. Sur *cornaline* d'environ trois quarts de pouce de haut.

28 Une Tête de femme, avec les cheveux pendans
en partie & ceinte d'un ruban. Sur *cornaline* de
même hauteur que la précédente.

29 Une Tête de femme, coëffée de même que
l'antécédente, avec une aile dans la coëffure.
Sur *cornaline* de cinq-huit de pouce de haut.

30 Une Tête de femme, avec cheveux en partie
pendans, & une draperie au bas du cou. Sur
cornaline de même hauteur que la précédente.

31 Une Tête de femme, coëffée en cheveux retrouffés, avec une efpèce de cercle fur la tête,
& une draperie au bas du cou. Sur *cornaline* de
même hauteur que la précédente.

32 Une Tête de femme, avec cheveux pendans
en partie & ayant une draperie au bas du cou.
Sur *cornaline* de même hauteur que la précédente.

33 Un Bufte de femme , avee cheveux en partie retrouffés & en partie pendans , diadême & draperie. Sur *cornaline* d'environ même hauteur que
la précédente.

34 Une Tête de femme, avec cheveux retrouffés
& ornés de perles. Cette tête a une draperie au
bas du cou. Sur *cornaline* d'environ cinq-huit de
pouce de haut.

35 M. AUREL. SEVER. ALEXANDER AUG. Le
Bufte d'*Alexandre Sévère*, vu par le dos, avec
cheveux fort courts, couronne radiée, bouclier
& draperie. Sur *cornaline* de un & un huit de
pouce de haut.

36 Une Tête de femme, avec cheveux relevés en
treffes , & ayant au bas du cou une draperie.
Sur *cornaline* d'environ cinq-huit de pouce de
haut.

37 Un Bufte de femme, avec de longs cheveux pendans & draperie. Sur *cornaline* d'un peu plus de
cinq-huit de pouce de haut.

38 Une de femme, coëffée en cheveux & ayant une
draperie au bas du cou. Sur *cornaline* d'un demi
pouce de haut.

39 Un Bufte de Guerrier, avec barbe , cafque orné
d'un panache, & draperie. Sur *cornaline* d'un pouce
de haut.

40 SAPHO La Tête de *Sapho*, couverte d'un petit bonnet fort uni, & entourée d'un ruban : cette Tête a une draperie au bas du cou. Sur une *Topaze* de cinq-huit de pouce de haut.

41 VENUS. La Tête de *Vénus*, coëffée en cheveux & ceinte du diadême. Sur *agathe blanche* de cinq-huit de pouce de haut.

42 FL. VAL. CONSTANTINUS MAGNUS PONTIFEX. La Tête de *Constantin*, grand *Pontife*, prefque entierement voilée. Sur *cornaline* de un & un huit de pouce de haut.

43 Une Tête de jeune homme, avec cheveux un peu pendants, & ayant une draperie au bas du cou. Sur *sardonix* de cinq-huit de pouce de haut.

44 JULIA TITI FILIA. La Tête de *Julie*, *fille de Titus*, coëffée en cheveux, extrêmement arrangés & ornés de perles : cette tête a une draperie au bas du cou. Sur *cornaline* de cinq-huit de pouce de haut.

45 Un Bufte de guerrier, avec cafque ou efpece de bonnet, & draperie. Sur *cornaline* de un & un huit de pouce de haut.

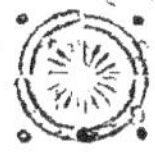

T I R O I R n°. XXVIII.

Contenant XVII Cornalines & autres Pierres
gravées en creux.

N° 1 Un Bufte de femme inconnue, coëffée en cheveux relevés en treffes, avec un voile derriere la
tête, qui tombe jufqu'au bas du cou. Ce bufte
a une draperie. Sur *agate-fardonix* d'un peu plus
d'un pouce de haut.

2 L. PROCILIUS. La Tête de *Procilius*, avec cheveux retrouffés, longue barbe & draperie. Sur
cornaline de même hauteur que la pierre précédente.

3 Une Tête de femme inconnue, avec cheveux
relevés en treffes, & ayant une petite draperie au
bas du cou. Sur *agathe-fardonix* d'un peu plus
d'un pouce de haut.

4 Un Bufte de femme inconnue, ayant les cheveux
noués avec un ruban orné de perles; & derriere
la tête un voile qui lui tombe fur les épaules. Sur
agathe blanche d'environ un pouce de haut.

5 REX ASANDER. La Tête du *Roi Afandre*, ayant
les cheveux liés avec un ruban, dont les deux
bouts pendent par derriere. Sur *agathe blanche*
de fept-huit de pouce de haut.

6 BYZAS. La Tête de *Byzas*, avec longue barbe & cafque. Sur *fardonix* de fept-huit de pouce de haut.

7 CAIUS ANTONIUS. Le Bufte de *Caius Antoine*, avec cheveux retrouffés, & treffe pendante derriere l'épaule, bonnet & draperie. Sur *onix-fardonix*, de même hauteur que le précédent.

8 CLEOMENES. La Tête de *Cléomene*, couverte d'un mufle de lion, dont la peau lui pend jufqu'au bas du cou, qui a une petite draperie. Sur *fardonix* de même hauteur que le précédent

9 Une Tête de jeune homme, avec cafque & de longs cheveux pendans. Sur *onix-fardonix*, de un & cinq-huit de pouce de haut.

10 Une Tête radiée, avec de longs cheveux. Sur *fardonix* de fept-huit de pouce de haut.

11 Une Tête de femme, avec cheveux retrouffés, & treffe ou boucle pendante derriere l'oreille. Cette tête eft coëffée d'une dépouille d'aigle, qui lui defcend jufqu'au bas du cou. Sur *agathe-fardonix*, d'un pouce de haut.

12 TITUS. La Tête fymbolique de *Titus*, avec cheveux courts, barbe longue & bandelette. Cette tête a une aile dans la chévelure. Sur *fardonix* de fept-huit de pouce de haut.

13 PHILOPOEMENES. La Tête de *Philopémene*, *Capitaine Grec*, barbue & couverte d'un mufle

H 4

de lion. Sur *Sardonix* de même hauteur que la précédente.

14 ALCIBIADES. Le Buſte d'*Alcibiade*, avec cheveux courts, petite barbe & draperie. Sur *ſardonix* de même hauteur que le précédent.

15 Un Buſte de femme, ayant la tête couverte d'un voile, & draperie. Sur *agate-ſardonix* d'un pouce de haut.

16 L. SEPT. SEVERUS PERTINAX AUG. Le Buſte de *Septime Sévère*, vu par le dos, avec couronne de laurier & draperie. Sur *cornaline* d'un pouce de haut.

17 Un Buſte de femme, avec les cheveux relevés en treſſes, dont deux lui tombent le long du cou, couronne de laurier & draperie. Sur *cornaline* de même hauteur que la précédente.

TIROIR n°. XXIX.

Contenant XXXVII Cornalines & autres Pierres gravées en creux.

N° 1 M. T. CICERO. Le Buſte de *Ciceron*, avec cheveux courts & draperie. Sur *cornaline blanche & marbrée* de un & demi pouce de haut.

2 LUCIUS CÆSAR AGRIPPÆ FILIUS. Le Buſte de *Lucius Céſar , fils di Agrippa & petit-fils d'Auguſte ,* avec cheveux courts & draperie. Sur *Cornaline* de un & un huit de pouce de haut.

3 AGRIPPA CÆSAR. La Tête d'*Agrippa Céſar , frere de Lucius* , avec cheveux courts & couronne roſtrale. Sur *agathe-ſardonix* de même hauteur que la pierre précédente.

4 CAIUS CÆSAR AGRIPPÆ FILIUS. Le Buſte de *Caius Céſar , fils d'Agrippa & petit-fils d'Auguſte* , avec cheveux courts & draperie. Sur *cornaline* de méme hauteur qne la pierre précédente.

5 HOMERUS. Le Buſte d'*Homère* , avec bandelette & draperie. Sur *agathe blanche & marbrée* de un & trois-quarts de pouce de haut.

6 M. AUREL. SEVER. ALEXANDER AUG. La Tête d'*Alexandre Sévere* , avec barbe, cheveux très-courts & bandeau , orné de deux rangées de perles , dont un des bouts pend derriere le cou. Sur *cornaline* de un & un huit de pouce de haut.

7 HOMERUS. Le Buſte d'*Homère* , avec bandelette & draperie. Sur *cornaline blanche* de trois-quarts de pouce de haut.

8 MECENAS. Le Buſte de *Mécène* , avec le deſſus de la tête chauve & draperie. Sur *ſardonix* d'environ trois-quarts de pouce de haut.

9 Heroias Vabalathus Aug. Le Buſte de *Vabalathus* . avec cheveux courts, barbe, couronne de laurier & draperie. Sur *cornaline* de un & un huit de pouce de haut.

10 Fl. Valer. Severus Aug. Le Buſte de *Va-lere Sévère*, repréſenté à peu près de même que l'antécédent. Sur *cornaline* d'un pouce de haut.

11 C. Jul. Ver. Maximinus Aug. Le Buſte de *Maximin*, avec cheveux courts, barbe longue & éparpillée, couronne de laurier & une eſpece de cuiraſſe. Sur *Sardonix* de trois-quarts de pouce de haut.

12 C. Jul. Ver. Maximinus Aug. Le Buſte de *Ma-ximin*, avec cheveux courts, barbe, couronne de laurier & draperie. Sur *cornaline* d'un pouce de haut.

13 Julia Augusti Filia. La Tête de *Julie*, *fille d'Auguſte*, avec des cheveux très-courts & friſés, & une bandelette. Cette tête a une petite drape-rie au bas du cou. Sur *cornaline* de trois-quarts de pouce de haut.

14 M. Aur. Val. Maxentius Aug. Le Buſte de *Maxence*, avec barbe, caſque ſurmonté d'un pa-nache, & draperie. Sur *cornaline* d'un pouce de haut.

15 Une Tête inconnue, ceinte de laurier, avec che-

veux retrouffés & pendans en partie. Sur *fardo-nix* de trois quarts de pouce de haut.

16 DIVUS ROMULUS MAXENTII FILIUS. La Tête nue de *Romulus*, *fils de Maxence*, avec cheveux très-courts, Sur *agathe-fardonix*, de un & un huit de pouce de haut.

17 TRIUMVIRI. Trois Têtes de *Triumvirs* accolées. Les deux premieres, avec cheveux courts & couronnes de laurier. La troifieme, avec cheveux courts & bandeau. Sur *cornaline* d'environ un & demi-pouce en travers.

18 DIVUS NIGRIANUS. La Dête de *Nigrien*, avec cheveux courts & couronne radiale. Sur *cornaline* de un & un quart de pouce de haut.

19 MILTIADES. Le Bufte de *Miltiade*, prefque de face, avec la tête de profil. Ce bufte eft drapé. Sur *cornaline-fardonix*, de un & trois-quarts de pouce de haut.

20 FL. VAL. CONSTANTINUS MAGNUS AUG. Le Bufte de *Conftantin le grand*, avec cheveux courts & couronne de laurier. Sur *cornaline* d'un pouce de haut.

21 AUGUSTUS ET LIVIA. Deux Têtes accolées. Celle d'*Augufte*, avec cheveux courts & couronne de laurier; & celle de *Livie*, avec cheveux retrouffés, & ayant une draperie au bas du cou. Sur *corna-line* d'environ un & demi-pouce de haut.

22 P. LICIN. CORN. SALON. VALERIANUS AUG. GALLIENI FILIUS. Le Buſte de *Valérien*, *fils de Gallien*, vu en partie par lé dos, avec tête nûe, cheveux très-courts, & draperie. Sur *cornaline* d'environ un & un quart de pouce de haut.

23 Une Tête de Femme inconnue, avec caſque ſurmonté d'un panache, & ayant une draperie au bas du cou. Sur *jaſpe* de trois-quarts de pouce haut.

24 FL. VAL. LICINIUS LICINIAN. CÆSAR. Le Buſte de *Licinius*, avec cheveux courts, petite barbe, couronne de laurier & draperie. Sur *cornaline* de un & un huit dé pouce de haut.

25 NERVA TRAIANUS ADRIANUS AUG. Le Buſte d'*Adrien*, vu en partie par le dos, avec cheveux courts, forte barbe, couronne de laurier & draperie. Sur *cornaline* d'un pouce de haut.

26 AUGUSTUS. La Tête d'*Auguſte*, avec cheveux courts & couronne de laurier. Sur *ſardonix* de trois-quarts de pouce de haut.

27 ANNIUS VERUS CÆSAR ANTON. AUG. FILIUS. Le Buſte d'*Annius Verus*, *fils de Marc-Aurele*, avec tête friſée & draperie. Sur *cornaline* d'un pouce de haut.

28 LABIENUS PARTHICUS. La Tête de *Labienus*, ſurnommé le *Parthe*, avec cheveux courts & fri-

fés. Sur *agathe blanche* , de trois-quarts de pouce de haut.

29 Un Buſte de femme inconnue , coëffée en cheveux , avec treſſes , & ayant une draperie. Sur *ſardonix* d'environ trois-quarts de pouce de haut.

30 Une Tête de Femme inconnue , avec les cheveux treſſés. Cette Tête a une draperie au bas du cou. Sur une belle *cornaline* d'un peu plus de trois-quarts de pouce de haut.

31 Un Buſte d'homme , avec cheveux très-courts & draperie. Sur *agathe* d'environ trois-quarts de pouce de haut.

32 ULP. NERVA TRAJANUS AUG. Le Buſte de *Trajan* , vu par le dos , avec cheveux courts & couronne de laurier. Sur *onix-ſardonix* , d'un pouce de haut.

33 VENUS. *Vénus* , demi-figure , vue de face. Elle eſt coëffée en cheveux pendans en partie ſur une épaule , a la tête ceinte du diadème , & une draperie. Sur une belle *cornaline blanche* de un & demi pouce de haut.

34 T. AEL. ADR. ANTONINUS P. AUG. Le Buſte d'*Antonin Pie* , vu par le dos , avec cheveux courts & friſés , barbe longue , couronne de laurier & draperie. Sur *cornaline* d'un pouce de haut.

35 THEODOSIUS TERTIUS AUG. Le Buſte de *Théo-*

dofe trois, avec cafque furmonté d'un panache, & une cuiraffe à écailles. Sur *cornaline* de un & un huit de pouce de haut.

36 M. Aurel. Anton. Elagabalus Aug. Le Bufte d'*Elagabale*, avec tête barbue & frifée & couronne de laurier. Ce bufte a une draperie. Sur *cornaline* d'un pouce de haut.

37 Remus. Le Bufte de *Rémus*, avec cafque, orné d'un mafque & furmonté d'un panache. Au milieu du cafque on voit Rémus & Romulus fous la louve. Ce bufte eft couvert d'un bouclier fur lequel eft repréfenté un cheval au galop. Sur *agathe fardonix* de un & demi pouce de haut.

T I R O I R n°. XXX.

Contenant XXV Cornalines & autres Pierres gravées en creux.

N° 1 Alcæus Mit. La Tête nue du Poëte *Alcée de Mitiléne*, fort barbue & frifée. Sur *cornaline* de un & un quart de pouce de haut.

2 Une Tête de femme, ayant les cheveux retrouffés & attachés avec une bandelette. Cette tête a une draperie au bas du cou. Sur *cornaline* un peu plus petite que la précédente.

3 AFRICANUS. Le Bufte d'un *Afriquain*, vu prefque de face, avec draperie qui lui couvre une partie de la poitrine. Ce bufte qui eft d'un brun noirâtre fur un fond blanc, eft très-beau & bien travaillé. La pierre qui eft très-belle & rare, eft un *onix* de un & trois huit de pouce de haut.

4 Une Tête de femme, avec cheveux retrouffés & diadême. Sur *cornaline* de un & un huit de pouce de haut.

5 ANTINOUS. La Tête nue d'*Antinoüs*, *favori d'A-drien*, avec cheveux courts & frifés. Sur *cornaline* de même hauteur que la précedente.

6 HIERON. La Tête de *Hieron*, *Roi de Syracufe*, frifée & ceinte de laurier. Sur *cornaline* d'environ un pouce de haut.

7 La Tête d'un Empereur, avec cheveux courts & couronne de laurier : cette têté a une draperie au bas du cou. Sur *cornaline* d'un pouce de haut, garnie d'or.

8 Une Figure de Vénus affife proche d'un arbre, & ayant les jambes couvertes d'une draperie ; à droite, près de Vénus, fe voit un petit Amour, & à gauche un autre qui eft affis fur une muraille près de l'arbre. Les figures font d'un blanc de lait fur un fond tranfparent. Sur *camayeu* de trois-quarts de pouce en travers, monté en or.

9 L. AEL. AUREL. COMMODUS AUG. La Tête de *Commode*, ceinte de laurier. Sur *cornaline* d'un pouce de haut, montée en or.

10 CLAUDIUS MARCELUS COS. La Tête nue du *Conful C. Marcellus*, avec cheveux courts & frifés. Sur *cornaline* de un & un huit de pouce de haut.

11 M. OTHO CÆSAR AUG. La Tête nue d'*Othon*, blanche & opaque fur un fond tranfparent. Sur *cornaline blanche* d'un pouce de haut, montée en argent doré.

12 La Tête d'un Empereur, avec cheveux courts & couronne de laurier. Cette tête eft blanche & d'un grand relief, fur un fond brunâtre. Sur *cornaline onix* de trois quarts de pouce de haut, montée en argent doré.

13 FLUVIUS ANTIQUUS. *Fleuve antique*. Sur le devant & à droite de la pierre l'on voit le Dieu du Fleuve couché & appuyé fur fon urne, d'où il fort une Riviere. Derriere lui paroit une autre figure ou Dieu de Fleuve, qui tient une corne d'abondance & qui a à fes pieds un Cigne. A côté de ce Dieu de Fleuve eft un Enfant, qui foutient des deux mains au-deffus de fa tête, une urne d'où il fort de l'eau. A gauche, fur le devant, on apperçoit une femme affife, tenant le bras droit fur fon genou & portant fa main à fon vifage : elle a à fes pieds une urne. Dans l'enfoncement

eft

eſt une montagne d'où il ſort une riviere. Ce morceau qui eſt très-pur & très-bien conſervé eſt d'une
grande beauté & d'un travail admirable, très-relevé
& fort iſolé. Toutes les figures ſont d'un vrai blanc
de lait, ſur un fond tirant ſur le brun & tranſparent. Sur *camayeu* d'un pouce de haut, ſur un
& demi pouce de large.

14 Une Tête d'Empereur, avec cheveux courts &
frifés, bonnet & draperie. Cette tête eſt d'un
beau blanc de lait, ſur un fond brun & tranſparent. Sur *cornaline-onix* de ſept-huit de pouce de
haut, montée en argent doré.

15 VESTALIS. La Tête d'une *Veſtale*, en partie couverte d'un voile qui lui pend juſqu'au bas du cou.
La tête & le voile ſont d'une couleur bleuâtre ſur
un fond rouge. Sur *cornaline de deux couleurs* de
un & un huit de pouce de haut.

16 AGRIPPA CÆSAR. La Tête d'*Agrippá Céſar*,
petit-fils d'Auguſte, avec cheveux courts & couronne de laurier. Sur *cornaline* d'un pouce de haut.

17 REX ASANDER. la Tête du *Roi Aſandre*, avec
cheveux pendants derriere le cou, & bandeau. Sur
cornaline de même hauteur que la précédente.

18 Le Triomphe d'Amphitrite, accompagnée d'un
Triton & de deux Amours : les figures ſont blanches ſur un fond tranſparent. Sur *camayeu* d'environ un pouce en travers.

I

19 Une Tête d'Empereur, ceinte de laurier. Sur *cornaline* de un & un huit de pouce de haut.

20 Un Buste d'hommes, avec forte barbe, le casque & la cuirasse. Sur *cornaline* de même hauteur que la précédente.

21 ANCUS MARTIUS. La Tête d'*Ancus Martius*, quatrieme *Roi de Rome*, environnée de laurier. Sur *cornaline* de même hauteur que la précédente.

22 COMMODUS ET CRISPINA. Deux petits Bustes accolés. La tête de *Commode* est coëffée d'un mufle de lion, dont la peau lui descend jusques sur les épaules, qui, ainsi que la draperie de ce buste, est d'une couleur brune; mais le visage, de même que le buste entier de *Crispine*, est blanc sur un fond transparent. Sur *sardonix de deux couleurs*, de sept-huit de pouce de haut, monté en argent doré.

23 VESTALIS. La Tête d'une *Vestale*, vue de face & presque de ronde bosse. Cette tête est couverte d'un voile ; & le travail en est d'une grande beauté. Sur *opale opaque*, *fort blanche*, appliquée sur une *agathe blanche* de un & demi-pouce de haut.

24 NERVA TRAIANUS ADRIANUS AUG. Le Buste d'*Adrien*, ceint de laurier, & armé d'une cuirasse. La tête en est plus brune que le fond, & autour du buste est reservé un bord qui lui sert de bordure. Sur *sardonix* d'un peu plus d'un pouce de haut, garni d'or.

25 Une Tête nue & frifée. Sur *cornaline* de un &
un huit de pouce de haut.

TIROIR n°. XXXI.

Contenant XXII Cornalines & autres Pierres
gravées en creux.

N° 1 HERCULES CORONA OLEAGINÆ. La Tête
d'*Hercule*, avec couronne d'olivier. Sur *cornaline*
de un & trois-huit de pouce de haut.

2 HERCULES POLLEUS. La Tête nue d'*Hercule*, furnommé *Polleus*, fans barbe, avec cheveux courts,
& ayant une draperie au bas du cou. Sur *cornaline* de même hauteur que la précédente.

3 HERCULES INVICTUS. La Tête d'*Hercule l'invincible*, ceinte de laurier. Sur *cornaline* de même
hauteur que la précédente.

4 HERCULES LUSTRATOR ORBIS. Le Bufte d'*Hercule* purgeant la terre de monftres, vu par le dos,
& portant un petit bout de draperie fur l'épaule.
Par derrière on voit la maffue Sur *cornaline* de
même hauteur que la précédente.

5 HERCULES JUVENIS. La Tête nue d'*Hercule jeune*,
fans barbe, avec cheveux courts & ayant une draperie au bas du cou. Sur *cornaline* de même hauteur que la précédente.

6 OMPHALE VEL IOLE. La Tête d'*Omphale ou de Iole*, avec cheveux courts & frifés, & parée en partie d'un mufle de lion, dont la peau lui pend jufqu'au bas du cou. Sur *cornaline* de même hauteur que la précédente.

7 HERCULES BIBAX. La Tête d'*Hercule buveur*, ceinte de pampre. Sur *cornaline* de même hauteur que la précédente.

8 OMPHALE VEL IOLE. La Tête d'*Omphale ou de Iole*, avec cheveux courts & frifés, & parée d'un mufle de lion, dont la peau lui tombe jufqu'au bas du cou. Sur *cornaline* de même hauteur que la précédente.

9 HERCULES. La Tête nue d'*Hercule*. Sur *cornaline* de même hauteur que la précédente.

10 HERACLIDARUM SECTATOR. La Tête d'un *Clien des Héraclides*, barbue & frifée, & couverte en partie d'un mufle de lion, dont la peau lui defcend jufqu'au bas du cou. Sur *cornaline* de même hauteur que la précédente.

11 HERCULES MONSTRORUM DOMITOR. La Tête nue d'*Hercule dompteur des monftres*, avec la peau du lion au bas du cou, derriere lequel eft la maffue. Sur *cornaline* de un & demi-pouce de haut.

12 HERCULES QUERCEA CORONA. La Tête d'*Hercule* entourée de chêne, & ayant une draperie au

bas du cou. Sur *cornaline* de même hauteur que la précédente.

13 La Tête d'un des Héraclides, avec cheveux courts, & mufle de lion. Cette Tête a au bas du cou une draperie. Sur *cornaline* de un & trois-huit de pouce de haut.

14 HERCULES POLLEUS. La Tête nue d'*Hercule*, furnommé *Polleus*, fans barbe & ayant la peau de lion ou bas du cou. Sur *cornaline* de même hauteur que la précédente.

15 OMPHALE VEL IOLE. La Tête d'*Omphale*, ou de *Iole*, parée d'un mufle de lion, dont la peau lui defcend jufqu'au bas du cou. Sur *cornaline* de même hauteur que la précédente.

16 HERACLIDARUM SECTATOR. La Tête d'un *Clien* *des Héraclides*, parée de même que l'antécédente. Sur *cornaline* de même hauteur que la précédente.

17 OMPHALE VEL IOLE. La Tête d'*Omphale* ou de *Iole*, parée de même que l'antécédente. Sur *cornaline* de même hauteur que la précédente.

18 La Tête d'un des Héraclides, barbue & frifée. Cette tête eft parée de même que l'antécédente. Sur *cornaline* de même hauteur que la précédente.

19 HERCULES JUVENIS. La tête d'*Hercule* jeune, fans barbe, avec cheveux, & coëffée de même que l'antécédente. Sur *cornaline* de même hauteur que la précédente.

20. HERCULES POPULEO CORONATUS. La tête d'*Hercule*, ceinte de peuplier & ayant une draperie au bas du cou. Sur *cornaline* de un & demi pouce de haut.

21. HERCULES. La tête d'*Hercule*. Sur *cornaline* de un & trois huit de pouce de haut.

22. HERCULES JUVENIS. La tête d'*Hercule* jeune, sans barbe, avec cheveux courts & frifés, & ayant la peau de Lion autour du cou. Sur *cornaline* de même hauteur que la précédente.

TIROIR No. XXXII.

Contenant XVII Cornalines & autres Pierres gravées en creux.

N°. 1. DEMOSTHENES. Le bufte de *Démofthene*, avec le deffus de la tête chauve, forte barbe & draperie. Sur *cornaline* de un & demi pouce de haut.

2. JUPITER. Le bufte de *Jupiter*, avec draperie, qui lui couvre les épaules & laiffe la poitrine à découvert. Sur *amétifte* de un & un quart de pouce de haut, un peu carrée & longuette.

3. Un Bufte inconnu, avec tête fort barbue & fri-

fée & draperie. Sur *agathe noire* de un &
demi pouce de haut.

4. LAOCOON. Lè Bufte de *Laocoon*, avec un ferpent autour du cou. Sur *agathe noire* de un &
un quart de pouce de haut.

5 Un Bufte, avec la tête couverte d'un bonnet & une
draperie. Sur *agate brune* de un & un quart de
pouce de haut.

6 Un très-beau Mafque de face, avec cornes &
deux longues boucles pendantes, formant la barbe.
Sur *cornaline* d'un peu plus de un & demi pouce
de haut.

7 PYRRHUS VEL ANNIBAL. Le Bufte de *Pyrrhus*
ou d'*Annibal*, avec forte barbe, cafque furmonté
d'un dragon, cuiraffe cifelée & bouclier, fur le
milieu duquel eft repréfenté un foleil. Sur *Cornaline* de un & demi pouce de haut.

8 SOPHOCLES. Le Bufte de *Sophocle*, *Poëte Tragique*, avec tête fort barbue, cheveux courts & bandeau : ce bufte a une draperie. Sur *cornaline-fardonix* de un & trois-quarts de pouce de haut.

9 ANNIBAL VEL PYRRHUS. Le Bufte d'*Annibal*
ou de *Pyrrhus*, avec forte barbe, & le cafque furmonté d'un panache : ce Bufte eft tout couvert
d'un bouclier, au milieu duquel on voit le foudre

de Jupiter. Sur *agathe noire* de un & demi pouce
de haut.

10 Un Masque, vu de face, avec barbe séparée en
deux parts & entrelassée. Ce Masque a un bonnet
en forme d'ornement. Sur *cornaline presque noire*
de un & demi pouce de haut.

11 Un Buste de Guerrier, avec forte barbe, casque
surmonté d'un panache, & une draperie. Sur
cornaline de un & trois-huit de pouce de haut.

12 Un Buste, avec tête fort barbue & frisée, &
portant sur l'épaule une petite draperie. Sur *cornaline* de un & un quart de pouce de haut.

13 Un Buste de Guerrier, avec forte barbe, casque
orné d'un panache, & draperie. Sur *cornaline* de
un & trois-huit de pouce de haut.

14 SACERDOS. Le Buste d'un *Prêtre*, en Toge,
avec longue barbe & voile qui lui descend sur
les épaules. Sur *cornaline pâle* de un & un quart
de pouce de haut.

15 MINERVA. Le Buste de *Minerve*, dont la tête est
avec cheveux courts & frisés, & couverte d'un
casque, orné d'un cheval ailé soutenant un panache de plume : le Buste est couvert en partie
d'une cuirasse écaillée, & des serpens paroissent
ramper ça & là sur l'habillement. Sur *cornaline*
de un & demi pouce de haut.

16 ALEXANDER M. MACEDO. Le Buſte d'*Alexandre de Macédoine*, avec cheveux retrouſſés & mufle de lion, dont la peau lui couvre les épaules. Sur *cornaline-ſardonix* de un & trois-huit de pouce de haut.

17 Un Buſte de guerrier, avec forte barbe, caſque ſurmonté d'un panache & cuiraſſe ciſelée. Sur *agathe noire* de un & demi pouce de haut.

TIROIR N°. XXXIII.

Contenant XXV Cornalines & autres Pierres gravées en creux.

n°. 1. FL. MAXIMIANA THEODORA AUG. Le Buſte de *Théodora*, avec cheveux retrouſſés, couronne de laurier & draperie. Sur *cornaline* de un & un huit de pouce de haut.

2 ANTONIA AUG. CLAUDII FILIA. La Tête d'*Antonie, fille de Claude & femme de Germanicus*, avec cheveux pendants en boucles par derriere, & ayant une draperie au bas du cou. Sur *cornaline* d'un pouce de haut.

3 AGRIPPINA MATER CAII CÆSARIS. La Tête d'*Agrippine, mere de Caligula*, avec cheveux retrouſſés & fort arrangés : cette tête a une drape-

rie au bas du cou. Sur *cornaline* de un & un huit de pouce de haut.

4 VESPASIA POLLA. La Tête de *Vespasie Polla*, avec cheveux très-arrangés & ornés de perles. Cette Tête a une draperie au bas du cou. Sur *cornaline* d'un pouce de haut.

5 DIVA MARCIANA AUG. La Tête de *Marciane sœur de Trajan*, coëffée en cheveux avec treffes, qui forment un bourlet. Cette tête eft ceinte d'un diadême & a une draperie au bas du cou. Sur *cornaline* de un & un huit de pouce de haut.

6 FAUSTINA AUG. La Tête de *Fauftine*, avec cheveux extrêmement arrangés, & formant fur la nucque une efpèce de bourlet. Sur le front on voit quelques feuilles de laurier, fortans d'entre la coëffure, & au bas du cou une draperie. Sur *cornaline* de même hauteur que la précédente.

7 G. CORNELIA SUPERA AUG. La Tête de *Cornelie Supera*, avec cheveux relevés en treffes & diadême. Cette tête a une draperie au bas du cou. Sur *cornaline* de même hauteur que la précédente.

8 ALBIA TERENTIA OTHONIS MATER. La Tête de *Térentia*, *mere d'Othon*, avec les cheveux extrêmement arrangés & ornés de trois rangs de perles, en forme de bandeau. Sur le front, autour

& fur le derriere de la tête les cheveux font
raffemblés & liés. Cette tête a une draperie au bas
du cou. Sur *cornaline* d'un pouce du haut.

9 MAGNIA URBICA AUG. Le Bufte de *Magnia
Urbica*, avec cheveux relevés en treffes, & un
croiffant fur le front, dont les cornes fortent d'entre
la coëffure. Ce bufte a une draperie. Sur *cornaline*
de un & un huit de pouce de haut.

10 LIVIA MÉDULLINA. La Tête de *Livie Médul-
line*, avec cheveux en partie retrouffés & en partie pendans par derriere. Cette tête a une draperie au bas du cou. Sur *cornaline* d'un pouce de
haut.

11 JULIA SOÆMIAS AUG. Le Bufte de *Soemie*,
ayant les cheveux retrouffés avec des rubans &
entrelaffés de perles. Ce bufte a la tête ceinte
d'un diadême & une draperie. Sur *cornaline* de
un & un huit de pouce de haut.

12 ANTONIA CLAUDII MATER. La Tête d'*Antonie, mere de Claude*, avec cheveux courts & couronne d'épis de blé. Cette tête a une draperie
au bas du cou. Sur *fardonix* d'environ un pouce
de haut.

13 Une Tête, avec cheveux en partie retrouffés &
en partie pendans jufqu'au bas du cou. Au deffus
de l'oreille eft une corne, qui defcend en fe retournant vers la joue. Cette tête eft ceinte du

diadême. Sur *agate brune & marbrée* de un & trois-huit de pouce de haut.

14 SCRIBONIA AUG. UXOR. La Tête de *Scribonia*, *femme d'Augufte*, couverte de treffes, entrelaffées de perles, & ayant une draperie au bas du cou. Sur *agate blanche & tranfparente* d'environ un pouce de haut.

15 JULIA AQUILIA SEVERA AUG. Le Bufte d'*Aquilia Severa*, avec cheveux relevés en treffes & diadême. Ce Bufte a une draperie. Sur *cornaline* de un & un huit de pouce de haut.

16 GALERIA VALERIA AUG. Le Bufte de *Galeria Valeria*, ayant les cheveux retrouffes & attachés avec un ruban, orné de perles, diadême & draperie. Sur *cornaline* de même hauteur que la pré cédente.

17 AELIA FLACCILLA AUG. Le Bufte de *Flaccille*, avec cheveux retrouffés, bandeau orné de deux rangs de perles, & une draperie. Sur *cornaline* de un & un quart de pouce de haut.

18 AGRIPPINA MATER NERONIS. Le Bufte d'*Agrippine, mère de Néron*, avec cheveux relevés & treffe pendante le long du cou, bandeau & draperie. Sur *fardonix* de fept-huit de pouce de haut.

19 SEPTIMIA ZENOBIA AUG. Le Bufte de *Zéno-*

bie, *femme d'Odenath*, avec cheveux courts, diadême & draperie. Sur *cornaline* de un & un huit de pouce de haut.

20 G. S. H. SALL. BARBIA ORBIANA AUG. Le Buste d'*Orbiana*, *femme d'Alexandre Sévère*, avec cheveux courts, diadême & draperie. Sur *cornaline* de même hauteur que la précédente.

21 PETRONIA AUG. Le Buste de *Pétronie, femme de Vitellius*, avec cheveux courts, quelques boucles pendantes, tête toute ornée de perles & une draperie. Sur *cornaline* d'un pouce de haut.

22 DRUSILLA FILIA CÆSONIÆ. Le Buste de *Drusille, fille de Césonie*, avec cheveux courts, noués en partie par derriere, & draperie. Sur *agate blanche, transparente & tachetée*, de sept-huit de pouce de haut.

23 JULIA CORNELIA PAULA AUG. Le Buste de *J. C. Paula*, avec les cheveux relevés en tresses, qui forment un bourlet derriere la tête & sont garnis de rubans. Ce buste est ceint du diadême & a une draperie. Sur *cornaline* d'environ un & un quart de pouce de haut.

24 EMILIA LEPIDA. Le Buste d'*Emilia Lepida*, avec cheveux retroussés & attachés derriere la tête en forme de bourlet, orné de perles, à l'exception d'une boucle qui pend sur le cou. Ce

buſte a une draperie. Sur *agathe blanche & tranſ-*
parente d'environ un pouce de haut.

25 DIDIA CLARA AUG. Le Buſte de *Didia Clara*,
avee cheveux relevés en treſſes , qui forment un
bourlet derriere la tête. Ce buſte a une draperie.
Sur *cornaline* de un & un huit de pouce de
haut.

T I R O I R N°. XXXIV.

Contenant XXV Cornalines & autres Pierres
gravées en creux.

N° 1 Une Tête de femme, avec cheveux relevés en
treſſes & diadême orné de perles. Cette tête a une
draperie au bas du cou. Sur *agathe ſardonix* de un
& un huit de pouce de haut.

2 Un Buſte de femme, avec les cheveux retrouſſés,
couronne de laurier & draperie. Sur *agate ſar-*
donix de même hauteur que la précédente.

3 ACHILLES. Le Buſte d'*Achille*; avec cheveux pendans & caſque ſurmonté d'un panache. Sur *corna-*
line de un & trois huit de pouce de haut.

4 Une Tête de femme, avec voile pendant des deux
côtés juſqu'au bas du cou. Sur *agathe ſardonix* de
un & un huit de pouce de haut.

5 Une Tête de femme, ayant les cheveux ornés de
fleurs & relevés en tresses, dont une lui pend sur
le cou, avec voile derrière la tête & draperie au bas
du cou. Sur *agate sardonix* d'environ un & un
quart de pouce de haut.

6 La Tête nue de Pierre Aretin, barbue & frisée.
Cette tête a une petite draperie ou espece de collet
au bas du cou. Sur *cornaline* de un & un huit de
pouce de haut.

7 LUC. ANN. SENECA. La Tête nue de *Sénèque*.
Sur *cornaline* de même hauteur que la précédente.

8 PSYCHE. Le Buste de *Psyché*, avec cheveux courts
& frisés, voile qui lui tombe jusqu'au bas du cou,
& draperie. Ce buste a sur une épaule un papillon, symbole de l'ame. Sur *agate sardonix* de même
hauteur que la pierre précédente.

9 Le Buste du Poëte Scarron. La tête est nue, avec
petite barbe & cheveux courts. Ce buste a une
espece de juste-au-corps. Sur *cornaline* de même
hauteur que la précédente.

10 Une Tête frisée & coëffée d'un mufle de taureau,
dont la peau pend jusqu'au bas du cou. Sur *cornaline jaune* d'un pouce de haut.

11 La Tête d'Anne de Bretagne, coëffée à la maniere de son tems. Sur *cornaline sardonix* de un &
trois huit de pouce de haut.

12 Le Portrait de Michel Ange Buonarota en buste, avec tête nue, barbe & cheveux courts. Sur *cornaline* d'environ un pouce de haut.

13 REGINA AMAZONUM. Le Buste d'une *Reine des Amazones*, avec cheveux retroussés & noués par derriere, & bandeau. Ce buste a une hache sur l'épaule. Dans le champ de la pierre on apperçoit une proue de navire. Sur *cornaline* de un & trois huit de pouce de haut.

14 Le Portrait de Raphaël d'Urbin en buste, avec cheveux pendans, bonnet & draperie. Sur *cornaline* d'environ un pouce de haut.

15 LUCRETIA. Le Buste de *Lucrece*, avec cheveux retroussés & pendans en partie sur le dos. Ce buste a un poignard dans le sein & une draperie au bas de l'épaule. Sur *cornaline* de un & trois huit de pouce de haut.

16 La Tête de Vondel, fameux Poëte hollandois, avec cheveux frisés, & ayant au bas du cou une draperie. Sur *cornaline* d'environ un pouce de haut.

17 Le Portrait du Titien en buste, vu par le dos, avec barbe longuette, bonnet & draperie, ou espece de manteau fourré. Sur *cornaline* de même hauteur que la précédente.

18 Une Tête de femme, avec cheveux retroussés &
formant

formant un bourlet par derriere, & une espece de petite coëffure platte, ornée de perles. Sur *agathe sardonix* d'un peu plus d'un pouce de haut.

19 Le Portrait d'Annibal Carrache en buste, avec cheveux courts, petite barbe & habit. Sur *cornaline* d'environ un pouce de haut.

20 La Tête de Socratine, avec casque surmonté d'un panache : sur le haut du casque est un visage & sur le derriere un autre, avec longue barbe. Sur *cornaline* de un & un huit de pouce de haut.

21 Un Buste de femme, avec cheveux pendans & attachés par derriere, d'entre lesquels on voit sortir plusieurs serpens, dont un rampe sur le cou. Ce buste a une petite draperie au bas du sein. Sur *agathe sardonix* de un & un quart de pouce de haut.

22 Un Buste de femme, avec cheveux retroussés, bandeau orné de perles & une espece de coëffure enchassée entre les cheveux : ce buste a une draperie. Sur *agathe sardonix* de un & un huit de pouce de haut.

23 THESEUS. Le Buste de *Théfée, Roi d'Athenes*, avec forte barbe, casque surmonté d'un panache & orné d'un taureau couché, cuirasse & draperie. Sur *cornaline* de un & trois-huit de pouce de haut.

K

24 Un Bufte de femme, ayant les cheveux renfer-
més dans une efpece de raifeau, attaché avec diverfes bandes fur la tête : ce bufte a une draperie.
Sur *agathe-fardonix* d'un pouce de haut.

25 Un Bufte de femme, avec cheveux relevés en
treffes, diadême & draperie. Sur *agathe-fardonix*.
de un & un huit de pouce de haut.

TIROIR N°. XXXV.

Contenant XIII Cornalines & autres Pierres
gravées en creux.

N°. 1 Un Bufte d'homme inconnu, avec barbe, longue chevelure, bandeau & draperie. Sur *fardonix*
de un & cinq huit de pouce de haut.

2 Le Bufte de Saint Pierre, avec tête nue & draperie. Sur *fardonix* de deux & un huit de pouce
de haut.

3 Un Bufte d'homme inconnu, avec barbe très-lon-
gue, le deffus de la Tête chauve & draperie. Sur
cornaline prefque blanche, de un & trois-quarts de
pouce de haut.

4 ANTONIUS ET CLEOPATRA. Deux Têtes accolées.
Celle d'*Antoine*, avec cheveux courts, & ornée
de feuilles de vigne. La tête de *Cléopatre* a une pe-

tite draperie au bas du cou. Sur *fardonix* de un &
un quart de pouce de haut.

5 ODENATHUS ET ZENOBIA. Deux Buftes accolés
d'*Odenath* & de *Zénobie*; celle-ci a les cheveux
retrouffés, & la tête en partie couverte d'un mufle
de lion, dont la peau lui defcend jufques fur l'épaule.
Ces deux Buftes ont des cuiraffes. Sur *cornaline*
de un & trois-huit de pouce de haut.

6 Un Bufte, vu par devant, avec la tête de profil, &
entourée d'un voile en forme de bonnet orné d'un
panache. Ce bufte a une draperie. Sur *fardonix*
d'environ un & trois-quarts de pouce de haut.

6 Deux Buftes en regard, de Sainte Anne & de S.
Joachim. La Sainte a la tête couverte d'un voile
qui lui defcend jufques fur l'épaule, & le Saint
a une petite barbe & des cheveux courts. Ces deux
buftes font drapés. Sur *cornaline* de un & demi-
pouce de haut.

8 MILTIADES. Le Bufte de *Miltiade*, avec cheveux
courts & frifés, forte barbe & draperie. Sur *cornaline* de un & trois quarts de pouce de haut.

9 FLORA. Le Bufte de *Flore*, avec cheveux retrouffés & noués par derriere, dont une boucle ornée
de fleurs, lui pend fur le cou. Ce bufte a un ruban autour de la tête, & une draperie. Sur *fardonix* d'environ un & demi pouce de haut.

10 FLORA. Le Bufte de *Flore*, vu de l'autre fens,

avec cheveux retrouſſés & noués par derriere, or‑
nés de perles & garnis de fleurs. Ce buſte a une
draperie. Sur *ſardonix* de même hauteur que le
précédent.

11 FAUNUS. La Tête d'un *Faune*, environnée de
pampre, avec peau de mulet autour du cou. Sur
ſardonix de même hauteur que le précédent.

12 Le Buſte de S. Paul, avec draperie. Sur *cornaline-*
ſardonix, de deux pouces de haut.

13 L. AEL AUREL. COMMODUS AUG. La Tête de
Commode, couverte d'un mufle de lion, dont la
peau lui deſcend juſqu'au bas du cou. Sur *Jaſpe*
de un & demi-pouce de haut.

TIROIR N°. XXXVI.

Contenant XXV Cornalines & autres Pierres
gravées en creux.

N° 1 SABINUS COS. Le Buſte du *Conſul Sabinus*,
avec cheveux courts, forte barbe & draperie. Sur
cornaline de un & un quart de pouce de haut.

2 Une Tête de femme, avec cheveux pendans, &
bonnet de forme triangulaire, ſingulierement ou‑
vragé. Sur *cornaline* d'un pouce de haut.

3 Une Tête couverte d'un caſque, ſurmonté d'une

partie de mafque foutenant un panache. Au bas
du cou fe voient quatre boules. Sur *cornaline*
blanchâtre, de un & trois-huit de pouce de haut.

4 PRIAMUS. La Tête de *Priam*, *Roi de Troyes*, avec
cheveux courts, barbe longue, & bonnet, auquel
eft attachée une draperie qui lui tombe fur le devant
& le derriere du cou. Sur *cornaline* de fept-huit de
pouce de haut.

5 M. JUN. BRUTUS. La Tête nue de *Brutus*, avec
cheveux courts & forte barbe. Sur *cornaline* de un
& un huit de pouce de haut.

6 Un Bufte d'homme, avec tête barbue & frifée, &
draperie. Sur *criftal de roche*, d'environ un pouce
de haut.

7 Une Tête nue & chauve, avec forte barbe, & ayant
une draperie au bas du cou. Sur *cornaline* d'un
pouce de haut.

8 Deux Buftes d'homme & de femme en regard.
L'homme avec forte barbe, cheveux courts & couronne de laurier. La femme avec cheveux retrouffés & diadême. Sur *cornaline* d'un pouce en travers.

9 ARISTOTELES. Le Bufte d'*Ariftote*, avec barbe
longue, cheveux pendans, bonnet & draperie. Sur
cornaline d'un pouce de haut.

10 Un Bufte, avec tête nue, cheveux courts & dra-

perie. Sur *cornaline blanche*, de même hauteur que la précédente.

11 M. T. CICERO. La Tête nue de *Ciceron*, avec cheveux fort courts. Sur *criftal de roche*, de un & un huit de pouce de haut.

12 L. AEL. AUREL. COMMODUS AUG. La Tête de *Commode*, avec forte barbe & mufle de lion, dont la peau lui defcend jufqu'au bas du cou. Sur *fardonix* de fept-huit de pouce de haut.

13 L. AUREL. VERUS AUG. Le Bufte *L Verus*, avec barbe, cheveux courts, couronne de laurier & draperie. Sur *Sardonix* de un & trois-huit de pouce de haut.

14 EPICURUS. Le Bufte d'*Epicure*, vu par le dos, avec tête nue & en partie chauve, barbe longue, & une petite draperie. Sur *cornaline* de trois-quarts de pouce de haut.

15 Une Tête nue, barbue & frifée. Cette tête a une draperie au bas du cou. Sur *Sardonix* de un & un huit de pouce de haut.

16 AFRICANUS. La tête nue d'un *Afriquain*. Sur *cornaline* d'un pouce de haut.

17 HERCULES OLIVARIUS. La Tête d'*Hercule*, avec cheveux courts, & entourée d'une branche d'olivier. Cette Tête a une draperie au bas du

cou. Sur *cornaline* de même hauteur que la précédente.

18 Deux Têtes d'homme & de femme en regard.
Celle de l'homme eft avec forte barbe , & coëffée
d'un mufle de Taureau , dont la peau lui couvre
le cou. Celle de la femme a les cheveux relevés
en partie en treffes & en partie pendants, un diadême & un bouclier. Sur *agathe blanche* de fept-
huit de pouce en travers.

19 Un Bufte de Guerrier, avec forte barbe, cafque fur le devant duquel l'on voit un mafque,
& au milieu un oifeau, ce Bufte a une draperie.
Sur *cornaline* de un & un huit de pouce de
haut.

20 La Tête d'un Philofophe en partie chauve ;
avec forte barbe & cheveux courts. Sur *cornaline* d'un pouce de haut.

21 Un Bufte de Guerrier, avec forte barbe, cafque
orné d'un mafque fur le devant & furmonté d'un
panache : ce bufte a une draperie. Sur *cornaline*
de un & un huit de pouce de haut.

22 PLATO. La Tête de *Platon*, avec cheveux courts
& pendants, barbe longue & bandeau. Sur *cornaline* d'un pouce de haut.

23 Une Tête de femme, avec cheveux pendants en
boucles derriere le cou & diadême, au bas duquel, fur le front, font quatre boules ; dans le

champ gauche de la pierre font quatre autres boules un peu plus grandes que celles qui font au bas du diadême. Sur *fardonix* de un & un quart de pouce de haut.

24 SACERDOS. La Tête d'un *Prêtre*, avec barbe longue, & voile qui lui pend jufqu'au bas du cou. Sur *cornaline* de fept - huit de pouce de haut.

25 Un Bufte, vu par le dos, avec forte barbe, bonnet en forme de turban & draperie. Sur *agathe noire* d'un peu plus d'un pouce de haut.

TIROIR N°. XXXVII.

Contenant XXV Cornalines & autres Pierres gravées en creux.

N°. 1 Un Bufte de femme, avec cheveux relevés en treffes, voile pendant par derriere, & une draperie fur les épaules. Sur *cornaline* de un & trois-huit de pouce de haut.

2 Un Bufte d'homme avec tête nue, cheveux pendants & forte barbe. Sur *fardonix* de cinq-huit de pouce de haut.

3 Une Tête de femme, avec une coëffure fingulie-

re, ornée de perles. Sur *cornaline* de un & trois-huit de pouce de haut.

4 Une Tête ceinte d'un bandeau, avec cheveux courts & pendants, & forte barbe. Sur *Chalcédoine* de trois-quarts de pouce de haut.

5 Un Bufte de femme, avec les cheveux relevés en trefles ornées de fleurs & formant par derriere un bourlet : ce bufte a une draperie. Sur *cornaline* de un & trois-huit de pouce de haut.

6 Une Tête de femme, avec les cheveux relevés en trefles & formant comme un bandeau : cette tête a un petit voile pendant par derriere & une draperie au bas du cou. Sur *fardonix* de cinq-huit de pouce de haut,

7 Un Bufte de femme, ayant les cheveux relevés en trefles & noués par derriere avec un ruban, dont un des bouts lui tombe fur l'épaule : ce bufte a une draperie. Sur *cornaline* de un & trois-huit de pouce de haut.

8 Un Bufte de femme, avec les cheveux retrouffés, diadème & draperie ; derriere la nucque l'arc & le carquois. Sur une belle *Aiguemarine* de forme octogone, d'un peu plus de trois-quarts de pouce de haut.

9 Un Bufte de femme, avec les cheveux retrouffés & frifés, bandeau orné de perles & draperie. Sur

cornaline de un & trois-huit de pouce de haut.

10 SOCRATES. La Tête de *Socrate*. Sur *cornaline* d'un peu plus d'un demi pouce de haut.

11 Un Bufte de femme, avec cheveux retrouffés & boucle pendante fur les épaules. Sur *cornaline* de un & un quart de pouce de haut.

12 Une Tête avec cafque fur lequel eft couché un mafque, & dont le derriere fe termine en une efpece de trompe retournée fur le cou. Sur *cornaline* de un & un huit de pouce de haut.

13 Un Bufte de femme, avec cheveux en partie relevés en treffes & en partie pendants, diadême, bandelette & draperie. Sur un beau *Jafpe fleuri* d'environ un & demi pouce de haut.

14 Un Bufte de femme, avec cheveux courts & treffes, dont l'une forme comme une efpece de couronne. Sur *cornaline* d'un pouce de haut.

15 Un Bufte de femme, avec cheveux retrouffés & treffes qui forment par derriere un bourlet, boucle pendante fur le cou & draperie. Sur *cornaline* de un & trois huit de pouce de haut.

16 Un Bufte de femme, avec les cheveux relevés en treffes & draperie. Sur *fardonix* de cinq huit de pouce de haut.

17 Un Bufte de femme, ayant les cheveux en partie relevés en treffes & en partie pendants, petit

bonnet ou coëffure attaché avec un ruban orné
de perlés. Ce Buſte a une draperie ſur les épaules.
Sur *cornaline ſardonix* de un & trois huit de pouce
de haut.

18 ROMA. La Ville de *Rome*, repréſentée par une
Tête de femme, avec les cheveux pendants & le
caſque orné d'une aile. Cette Tête a une rangée
de perles au bas du cou. Sur *Amétiſte* de ſept huit
de pouce de haut.

19 Un Buſte de femme, vu de face, ayant les cheveux friſés, treſſe pendante le long du cou, &
un bandeau orné de perles. Ce Buſte eſt vêtu. Sur
cornaline de un & trois huit de pouce de haut.

20 Une Tête de femme, ayant les cheveux retrouſſés
& attachés avec un ruban. Sur *ſardonix* d'environ
trois quarts de pouce de haut.

21 Un Buſte de femme, avec de longs cheveux
pendants, voile qui lui couvre en partie la tête,
& une draperie. Sur *cornaline blanchâtre* de un
& trois huit de pouce de haut.

22 Une Tête nue avec cheveux très-courts, &
ayant une petite draperie au bas du cou. Sur
cornaline de trois quarts de pouce de haut.

23 Un Buſte de femme, avec cheveux retrouſſés &
friſés, bandeau orné de perles, & draperie. Sur
cornaline de un & trois huit de pouce de haut.

24 Une Tête, avec forte barbe, cafque orné d'un mafque & furmonté d'un panache. Cette Tête a une petite draperie au bas du cou. Sur *cornaline* de trois quarts de pouce de haut.

25 Un Bufte de femme, avec les cheveux retrouf-fés & bourlet derriere la tête, bandelette & draperie. Sur *cornaline blanchâtre* de un & trois huit de pouce de haut.

TIROIR N°. XXXVIII.

Contenant XXV Cornalines & autres Pierres gravées en creux.

N° 1 NERVA CÆSAR AUG. La Tête de *Nerva*, avec cheveux courts & couronne de laurier. Sur *cornaline* d'un pouce de haut.

2 ULP. NERVA TRAJANUS AUG. Le Bufte de *Trajan*, avec cheveux courts, couronne de laurier & draperie. Sur *cornaline* de un & un huit de pouce de haut.

3 TRAIANUS ET PLOTINA. Deux Buftes en regard. *Trajan* avec cheveux courts, & *Plotine*, avec les cheveux relevés en treffes & un bandeau. Sur *cornaline* de un & trois huit de pouce de haut.

4 NERVA TRAIANUS ADRIANUS AUG. La Tête

d'*Adrien*, nue & ayant une petite draperie au bas du cou. Sur *cornaline* d'un pouce de haut.

5 L. AELIUS CÆSAR. La Tête nue de L. *Aelius César*, avec cheveux courts & frifés & forte barbe. Sur *cornaline* de même hauteur que la précédente.

6 T. AEL. ADR. ANTONINUS P. AUG. Le Bufte d'*Antonin lé Pieux*, avec cheveux courts, forte barbe, couronne de laurier & cuiraffe. Sur *cornaline* de un & un huit de pouce de haut.

7 AURELIUS CÆSAR. La Tête d'*Auréle Céfar*, avec cheveux courts & frifés. Sur *cornaline* d'un pouce de haut.

8 L. AUREL. VERUS AUG. Le Bufte de L. *Vérus*, vu par le dos, avec tête fort barbue & frifée, & cuiraffe. Sur *cornaline* de même hauteur que la précédente.

9 L. AEL. AUREL. COMMODUS AUG. Le Bufte de *Commode*, vu par le dos, avec cheveux courts & frifés, barbe bouclée, couronne de laurier & draperie. Sur *cornaline* de un & un huit de pouce de haut.

10 P. HELV. PERTINAX AUG. La Tête de *Pertinax*, avec cheveux courts & frifés, barbe longuette & couronne de laurier. Sur *fardonix* de un & un huit de pouce haut.

11 M. Did. Sev, Julianus Aug. La Tête de *Julien*, avec cheveux, barbe, & couronne de laurier. Sur *Jaspe* d'un pouce de haut.

12 C. Pesc. Niger Justus Aug. La Tête de *P. Niger*, avec cheveux courts, barbe frisée & couronne de laurier. Sur *cornaline* de un & un huit de pouce de haut.

13 Ptolemæus. Le Buste de *Ptolemée*, avec cheveux pendants, bandeau & draperie. Sur *cornaline sardonix* de un & demi pouce de haut.

14 D. Clod. Sept. Albinus Aug. Le Buste d'*Albin*, avec cheveux courts, forte barbe & draperie. Sur *cornaline* de un & un huit de pouce de haut.

15 L. Sept. Severus Pertinax Aug. Le Buste de *Septime Sévère*, avec cheveux un peu pendans, forte barbe & couronne de laurier. Sur *cornaline* de même hauteur que la précédente.

16 M. Aurel. Sev. Antoninus Caracalla Aug. Le Buste d'*Antonin Caracalla*, avec cheveux courts & frisés, barbe, couronne de laurier & cuirasse. Sur *cornaline* de même hauteur que la précédente.

17 L. Sept. Geta P. Aug. Le Buste de *Géta*, vu par le dos, avec cheveux courts, couronne

de laurier & draperie. Sur *cornaline* de un & un huit de pouce de haut.

18 M. OPEL. SEVER. MACRINUS AUG. Le Buſte de *Macrin*, avec cheveux courts, barbe, couronne de laurier & cuiraſſe. Sur *ſardonix* de un & un quart de pouce de haut.

19 M. OPEL. ANTON. DIADUMENIANUS CÆSAR. Le Buſte de *Diaduménien*, avec cheveux très-courts & draperie. Sur *cornaline* d'un peu plus d'un pouce de haut.

20 M. AUREL. ANTON. ELAGABALUS AUG. Le Buſte d'*Elagabale*, vu par le dos, avec cheveux courts & couronne de laurier. Sur *cornaline* de même hauteur que la précédente.

21 M. AUREL. SEVER ALEXANDER AUG. Le Buſte d'*Alexandre Sévère*, avec cheveux pendans, caſque & draperie. Sur *cornaline* de un & un huit de pouce de haut.

22 C. JUL. VERUS MAXIMINUS AUG. Le Buſte de *Maximin*, vu par le dos, avec cheveux très-courts, barbe, couronne radiée & draperie. Sur *cornaline* d'un pouce de haut.

23 NERO ET AGRIPPINA. Deux Têtes en regard. Celle de *Néron* eſt nue avec cheveux courts & friſés, & celle d'*Agrippine* a les cheveux relevés en treſſes, & une draperie au bas du cou. Sur *cornaline* de un & demi pouce en travers.

24 C. Jul. Verus Maximus Cæsar. Le Buste de *Maxime*, vu par le dos, avec cheveux très-courts & frisés & draperie. Sur *cornaline* de un & un huit de pouce de haut.

25 M. Ant. Gordianus Africanus. Aug. Filius. Le Buste de *Gordien d'Afrique*, *le fils*, vu de même, avec cheveux très-courts, couronne de laurier & draperie.. Sur *cornaline* de même hauteur que la précédente.

TIROIR N°. XXXIX.
Contenant XVII Cornalines & autres Pierres gravées en creux.

1 Sabina Aug. Le Buste de *Sabine*, *femme d'Adrien*, avec cheveux relevés en tresses, diadème & draperie. Sur *cornaline* de un & un huit de pouce de haut.

2 Sole Oriente. Le Buste du *Soleil Levant*, avec tête radiée, aile dans la coëffure, cheveux retroussés & boucles pendantes sur le cou, couronne de laurier & draperie. Sur *cornaline* de un & un quart de pouce de haut.

3 Sabina Aug. Le Buste de *Sabine*, *femme d'Adrien*, avec cheveux retroussés & pendans en partie en boucles derriere le cou, couronne d'épis

de

de blé & draperie. Sur *cornaline* de un & un huit
de pouce de haut.

4 DIANA. Le Bufte de *Diane*, avec les cheveux
retrouffés & treffe qui environne la tête. Ce bufte
a l'arc & le carquois derriere le cou, & une draperie au deffous de l'épaule. Sur *cornaline* de un
& un quart de pouce de haut.

4 VENUS. La Tête de *Vénus*, avec cheveux en partie
relevés & en partie pendans. Cette tête eft ceinte
du diadême & a une draperie au bas du cou.
Sur *cornaline* de un & un huit de pouce de
haut.

6 JUSTITIA. Le Bufte de la *Juftice*, avec cheveux
retrouffés, diadême & draperie. Sur *cornaline* de
un & un quart de pouce de haut.

7 VICTORIA. Le Bufte de la *Victoire*, avec treffes
qui forment un bourlet derriere la tête. Ce bufte
a une draperie. Sur *cornaline* de un & un huit
de pouce de haut.

8 CLEMENTIA. Le Bufte de la *Clémence*, avec
cheveux retrouffés, diadême & draperie. Sur *cornaline* de même hauteur que la précédente.

9 GERMANICUS CÆSAR TIBERII AUG. FIL. La
Tête nue de *Germanicus Céfar*, *fils de Tibère*,
avec cheveux courts & frifés. Sur *cornaline fardonix* de deux pouces de haut.

L

10 VENUS. La Tête de *Vénus*, avec les cheveux retrouffés & noués par derriere, & ayant une draperie au bas du cou. Sur *cornaline* de un & un huit de pouce de haut.

11 PIETAS. Le Bufte de la *Piété*, avec cheveux en partie retrouffés & en partie pendans, diadême, couronne de laurier & draperie. Sur *cornaline* de même hauteur que la précédente.

11 LIBERTAS. Le Bufte de la *Liberté*, avec les cheveux en partie retrouffés & en partie liés & pendans par derriere. Sur *cornaline* de même hauteur que la précédente.

13 DIANA. Le Bufte de *Diane*, avec cheveux en partie retrouffés, & attachés au-deffus de la tête, & en partie pendans fur le dos, diadême & draperie. L'arc & le carquois derriere le cou. Sur *cornaline jaune* de même hauteur que la précédente.

14 VICTORIA. Le Bufte de la *Victoire*, avec cheveux fort arrangés & noués derriere la tête, & draperie. Sur *cornaline jaune*, de même hauteur que la précédente.

15 LIBERTAS ET PIETAS. *La Liberté & la Piété*, repréfentées par un bufte de femme, avec les cheveux retrouffés & pendans en partie, & une couronne de laurier. Sur *cornaline jaune*, de un & un quart de pouce de haut.

16 VENUS. La Tête de *Vénus*, avec cheveux retrouſſés & diadême. Sur *cornaline jaune*, de même hauteur que la précédente.

17 PAX. Le Buſte de la *Paix*, avec cheveux en partie pendans, diadême & draperie. Sur *cornaline jaune* de un & un huit de pouce de haut.

TIROIR N°. XL.

Contenant XIX Cornalines & autres Pierres gravées en creux.

N° 1 PORCIUS CATO COS. Le Buſte du *Conſul Caton*, avec cheveux extrêmement arrangés & pendans en boucles le long du cou. Sur *cornaline* de un & trois-huit de pouce de haut.

2 Une Tête de femme, avec cheveux retrouſſés & un petit voile, dont un des bouts pend le long du cou, au bas duquel eſt une petite draperie. Sur *agathe* de sept-huit de pouce de haut.

3 Un Buſte de femme, avec les cheveux relevés en treſſes, une eſpece de diadême & draperie. Sur *cornaline* de sept-huit de pouce de haut.

4 ALEXANDER MAGNUS. La Tête d'*Alexandre le grand*, avec de longs cheveux qui lui tombent juſqu'au bas du cou, casque panaché, sur lequel on

voit un gryphon. Sous le cou, le foudre de Jupiter.
Sur *cornaline* de un & trois-huit de pouce de haut.

5 JUBA REX MAURITANIÆ. Le Buste de *Juba, Roi
de Mauritanie*, avec cheveux tressés en forme de
bonnet, longue barbe pointue & draperie. De la
partie inférieure du buste s'éleve un sceptre tranf-
verfal. Sur *cornaline* de même hauteur que la précédente.

6 Une Tête de femme, avec les cheveux retrouffés
& attachés par deffus un petit voile qui eft fur
le derriere de la téte, & qui defcend jufques au
au bas du cou. Sur *cornaline jaunâtre*, d'un pouce
de haut.

7 Une Tête de femme coëffée en cheveux, avec
double bandeau, voile autour de la tête & draperie
au bas du cou. Sur *fardonix* de fept-huit de pouce
de haut.

8 Une Pierre gravée des deux côtés. De l'un on voit
une femme debout, avec les cheveux retrouffés &
découverte jufqu'au bas du fein, tenant de la
main droite des grappes de raifins, & s'appuyant
de la gauche fur une corne d'abondance, de l'ex-
trêmité de laquelle s'éleve une branche de laurier.
De l'autre côté, qui paroît être le revers de la pierre,
font deux figures debout & en regard, dont l'une
eft une femme avec les cheveux retrouffés & jouant
de la trompette ; l'autre un Cupidon qui femble

vouloir décocher une fleche vers le ciel. Cette pierre
eft un *fardonix* de forme ronde, de un & trois-
huit de pouce de diametre.

9 Un Bufte de femme, vu par le dos, avec les cheveux retrouffés & ornés de fleurs. Ce Bufte a une
draperie. Sur *Jafpe* d'environ un pouce de haut.

10 Une Tête de femme, avec les cheveux retrouffés & formant un bourlet par derriere, d'où pend
un voile. Cette tête eft ceinte d'un bandeau, & a
une draperie au bas du cou. Sur *Jafpe-fleuri* d'un
peu plus d'un pouce de haut.

11 Un Bufte de femme, avec les cheveux retrouffés
& attachés fur le haut de la tête. Ce Bufte a une
draperie. Sur *cornaline* de même hauteur que la
pierre précédente.

12 Un Bufte de femme, coëffée en cheveux très-
ornés de treffes, dont une lui pend fur le cou. Ce
bufte a une draperie. Sur *cornaline* de même hauteur que la précédente.

13 Une Tête de femme, avec les cheveux en partie
retrouffés, & en partie pendans fur le cou. Cette
tête eft ceinte d'un bandeau. Sur *cornaline* de même
hauteur que la précédente.

14 Un Bufte de jeune homme, avec tête nue & frifée, & un grand rabat. Ce bufte eft vêtu. Sur
agathe blanche & opaque en partie, de un & un
hnit de pouce de haut.

15 PHILIPPUS REX MACEDONIÆ. La Tête de *Philippe, Roi de Macédoine*, avec cheveux frifés, barbe, cafque ailé & furmonté d'une tête d'oifeau. Derriere le cou, eft une épée. Sur *cornaline* de un & trois-huit de pouce de haut.

16 DEMETRIUS. La Tête de *Démétrius*, avec cheveux courts & bandeau. Sur *cornaline* de même hauteur que la précédente.

17 Une Tête de femme, avec cheveux relevés & pendans en partie en treffes, bandelette, & voile tombant par derriere. Sur *agathe blanche* de fept huit de pouce de haut.

18 Un Bufte de femme, vu par le dos, avec les cheveux relevés en treffes & formant un bourlet derriere la tête. Ce bufte a une draperie. Sur *jafpe fleuri* de même hauteur que la pierre précédente.

19 HEROSTRATES. La Tête nue d'*Héroftrate* barbue & frifée. Devant lui fe voit une torche ardente. Sur *cornaline* de un & trois huit de pouce de haut.

TIROIR Nº. XLI.

Contenant XXV Pierres, dont vingt-quatre font
Cornalines * & une Amétifte, gravées en
creux.

Les Têtes des XII premiers Empereurs Romains.

1 C. Julius Cæsar. *Jule-Céfar.*

2 Augustus. *Augufte.*

3 Tiberius. *Tibère.*

4 Caligula. *Caligula.*

5 Claudius. *Claude.*

6 Nero. *Néron.*

7 Galba. *Galba.*

8 Otho. *Othon.*

9 Vitellius. *Vitellius.*

---

* Ces douze premieres Cornalines & Amétifte font à-peu-près
de même grandeur ; favoir, d'un peu plus d'un pouce de haut, &
gravées par le fameux Chriftian, Graveur très renommé & connu à
Londres. Les douze Cornalines fuivantes font de trois-quarts
& de fept-huit de pouce de haut, & gravées par le même. Toutes
ces Têtes & Buftes font d'une grande beauté.

L 4

10 VESPASIANUS. *Vespasien.*

11 TITUS. *Titus.*

12 DOMITIANUS. *Domitien.*

Les Bustes des XII premieres Impératrices Romaines.

1 POMPEIA. *Pompeïa*, femme de Jule-César.

2 LIVIA DRUSILLA. *Livie Drusille*, femme d'Auguste.

3 AGRIPPINA. *Agrippine*, femme de Tibère.

4 CÆSONIA. *Césonie*, femme de Caligula.

5 ÆLIA PETINA. *Ælia Petina*, femme de Claude.

6 STATILIA MESSALINA. *Statilie Messaline*, femme de Néron.

7 LEPIDA SERGII. *Lépida*, femme de Galba.

8 ALBIA TERENTIA OTHONIS MATER. *Albia Térentia*, mere d'Othon.

9 PETRONIA. *Petronie*, femme de Vitellius.

10 FLANIA DOMITILLA. *Flavie Domitilla*, femme de Vespasien.

11 MARTIA FULVIA. *Martia Fulvia*, femme de Titus.

12 DOMITIA LONGINA. *Domitia Longina*, femme de Domitien.

Ce qui fait enfemble 24 cornalines.

25 LUC. ANN. SENECA. Le Bufte de *Sénèque*, vû prefque de face, avec tête nue & draperie. Ce bufte eft gravé par *L. Lambert*. Sur *ameti/te* de un & trois quarts de pouce de haut.

TIROIR Nº. XLII.

Contenant XXI Cornalines & autres Pierres gravées en creux.

---

1 DIVUS ROMULUS MAXENTII FILIUS. La Tête de *Romulus, fils de Maxence*, avec de longs cheveux pendans le long du cou, barbe longue & bouclée, & couronne de laurier. Sur *cornaline* de un & un huit de pouce de haut.

2 SABINUS COS. La Tête nue du *Conful Sabinus*, avec cheveux courts & forte barbe. Sur *cornaline* de même hauteur que la précédente.

3 NUMA POMPILIUS. La Tête de *Numa Pompilius, fecond Roi de Rome*, avec cheveux courts, barbe fort longue, terminée en pointe, & bandeau. Sur *cornaline* de même hauteur que la précédente.

4 TULLUS HOSTILIUS. Le Bufte de *Tullus Ho/tilius*,

troifieme Roi de Rome, avec cheveux longs & pendans, forte barbe, bandeau & draperie. Sur *cornaline* de même hauteur que la précédente.

5 ANCUS MARTIUS. La Tête d'*Ancus Martius*, quatrieme *Roi de Rome*, avec cheveux courts, &
ceinte d'une bandelette. Sur *cornaline* d'un pouce
de haut.

6 SERVIUS HOSTILIUS COS. La Tête du *Conful
Servius Hoftilius*, avec de très-longs chevéux pendans en boucles, barbe courte & bandeau. Sur
cornaline de un & un huit de pouce de haut.

7 M. JUN. BRUTUS. La Tête nue de *Brutus*, avec
cheveux courts. Sur *cornaline* de même hauteur
que la précédente.

8 C. SERVILIUS AHALA COS. La Tête nue du
Conful Servilius Ahala, avec cheveux courts &
barbe. Sur *cornaline* de même hanteur que la
précédente.

9 L. CORN. SYLLA COS. La Tête nue du *Conful
Sylla*, avec cheveux courts & frifés. Sur *cornaline* de même hauteur que la précédente.

10 Q. POMPEIUS RUFUS COS. La Tête du *Conful
Pompée Rufus* nue & avec cheveux courts. Sur
cornaline de un & un huit de pouce de haut.

11 C. PESC. NIGER JUSTUS AUG. La Tête de *P.
Niger*, avec cheveux courts, barbe épaiffe &

couronne de laurier. Sur *sardonix* de un & cinq-huit de pouce de haut.

12 HERCULES. La Tête d'*Hercule* coëffée d'un mufle de Lion, dont la peau lui couvre le cou. Sur *cornaline* de un & un huit de pouce de haut.

13 M. JUN. BRUTUS. La Tête nue de *Brutus*, avec cheveux courts & forte barbe. Sur *cornaline* de même hauteur que la précédente.

14 PANSA COS. La Tête du *Conful Panfa*, avec cheveux courts, forte barbe & bandeau, orné de perles. Sur *cornaline* d'environ même hauteur que la précédente.

15 HIRTIUS COS. La Tête du *Conful Hirtius*, couverte d'un cafque ailé. Sur *cornaline* d'un pouce de haut.

16 MARC. ANTONIUS LEPIDUS COS. La Tête nue du *Conful Lépidus*, avec cheveux courts. Sur *cornaline* d'un peu plus d'un pouce de haut.

17 JOVIS AMMONIS. La Tête de *Jupiter Ammon*, Sur *cornaline* de même hauteur que la précédente.

18 DECIMUS BRUTUS COS. La Tête nue du *Conful Décimus Brutus*, avec cheveux courts. Sur *cornaline* de même hauteur que la précédente.

19 POSTHUMIUS. La Tête nue de *Pofhumius*, le.

Dictateur, avec cheveux courts. Sur *cornaline* de
un & un huit de pouce de haut.

20 AUGUSTUS La Tête *d'Augufte*, avec couronne
radiée. Sur *cornaline* de même hauteur que la
précédente.

21 GERMANICUS CÆSAR. La Tête de *Germanicus*
Céfar, avec cheveux courts & frifés, & couronne de laurier. Sur *cornaline* de même hauteur
que la précédente.

TIROIR No. XLIII.

Contenant XXV Cornalines & autres Pierres
gravées en creux.

Nº. 1 Un Bufte de Bacchante, avec cheveux retrouffés & pendants en partie, couronne de lierre
& draperie. Sur *cornaline* de un & un huit de
pouce de haut.

2 Un Bufte de Bacchante, ayant les cheveux relevés
avec un bandeau & pendants en partie, couronne de
pampre garnie de raifins, & peau de Chevre en
forme de draperie. Sur *cornaline* de même hauteur que la précédente.

3 FAUNUS. Le Bufte d'un *Faune*, vu par le dos,

avec tête nue, cheveux courts & frifés, & peau
de Mulet. Sur *cornaline-fardonix* de même hauteur que la précédente.

4 Un Bufte de Bacchante, avec cheveux en partie
retrouffés & en partie pendants fur le cou., bandelette & draperie. Sur *cornaline* de même hauteur que la précédente.

5 Une Tête de Bacchante, avec les cheveux en partie
retrouffés & en partie pendants en boucles,
dont une entourre le cou. Cette Tête eft ceinte
de lierre. Sur *cornaline* de même hauteur que la
précédente.

6 Une Tête de Bacchante à peu près femblale à celle
ci - deffus. Sur *cornaline* de même hauteur que
la précédente.

7 Une Tête couverte d'un cafque panaché, fur le
devant & le derriere duquel font repréfentées deux
têtes de vieillard, avec de longues barbes. Sur
cornaline de même hauteur que la précédente.

8 Un Bufte de Bacchante, avec cheveux retrouffés
& pendans en partie. Ce bufte a une draperie au bas
du fein, & un Thyrfe derriere l'épaule. Sur *cornaline* d'un pouce de haut.

9 Une Tête couverte d'un cafque panaché, fur le
derriere duquel fe voit une face de vieillard, avec
forte barbe qui fert de cheveux à la tête. Sur *cornaline* de un & un huit de pouce de haut.

10 Un Buſte de Bacchante, avec cheveux en partie retrouſſés & en partie pendans, couronne de lierre, ornée de perles, & draperie. Sur *cornaline claire*, un peu plus petite que la précédente.

11 Hippa Nutrix Bacchi. Le Buſte de *Hippa*, *nourrice de Bacchus*, avec cheveux retrouſſés en partie, qui forment un bourlet ſur le devant de la tête, & quelques boucles pendantes ſur le cou. Ce buſte a une petite draperie qui lui couvre un côté du ſein. Sur *jaſpe jaunâtre*, de un & un huit de pouce de haut.

12 Bacchus Dictus Dionysius. La Tête de *Bacchus*, ſurnommé *Dionyſius*, avec cheveux en partie relevés par derriere, & en partie pendans en longues boucles le long du cou. Cette tête a le front ceint d'un double bandeau & une couronne de pampre garnie de grappes de raiſins. Sur *cornaline ſardonix* un peu plus petite que la pierre précédente.

13 Bacchus Indicus. Le Buſte de *Bacchus Indien*, avec cheveux courts & friſés, dont deux boucles lui pendent ſur le cou, forte barbe, couronne de laurier & draperie. Sur *cornaline* de un & demi pouce de haut.

14 Bacchus Hederigerus. Le Buſte de *Bacchus*, avec cheveux friſés & pendans le long du cou, bandeau, orné de perles, & couronne de lierre,

garnie de grappes de raifins. Ce bufte a une partie de la poitrine couverte d'une peau de Panthere. Sur *cornaline* de un & un huit de pouce de haut.

15 SACERDOS BACCHI. Le Bufte d'un *Prêtre de Bacchus*, avec barbe longue & épaiffe, bandeau orné de lierre, voile & toge. Sur *cornaline* de même hauteur que la précédente.

16 Un Bufte de Bacchante, avec cheveux, en partie retrouffés & en partie pendans en boucles fur l'épaule, couronne de lierre & draperie. Sur *cornaline* de même hauteur que la précédente.

17 Une Tête à deux faces, dont l'une repréfente un jeune homme & l'autre un vieillard chauve, avec barbe longue & bouclée. Au deffus de cette tête fe voit la flûte à plufieurs tuyaux, furmontée du baton paftoral. Sur *cornaline fardonix* de même hauteur que la précédente.

18 Un Bufte de Bacchante, avec les cheveux en partie relevés en treffes & formant un bourlet derrière la tête, & en partie pendans en boucles fur le cou. Ce bufte a une draperie au deffous du fein & le thyrfe derriere l'épaule. Sur *cornaline fardonix* de même hauteur que la précédente.

19 Une Tête à quatre faces, dont l'une repréfente une femme & l'autre un vieillard avec barbe. Sur le deffus de la tête & au bas du cou font deux

autres faces. Sur *cornaline sardonix* de même hauteur que la précédente.

20 Un Bufte de Bacchante, vu par le dos, avec cheveux longs & bouclés, qui defcendent derriere le cou, bandeau orné de lierre, bonnet & peau de Panthere. Sur *cornaline sardonix* de même hauteur que la précédente.

21 Un Bufte de Bacchante, avec les cheveux en partie retrouffés & en partie pendans fur le fein, bandelette & peau de Panthere. Sur *cornaline fardonix* de même hauteur que la précédente.

22 Un Bufte de Bacchante, avec cheveux en partie retrouffés & en partie pendans le long du cou, ornés de pampre. Ce bufte a une draperie qui lui couvre une partie du fein. Sur *cornaline fardonix* de même hauteur que la précédente.

23 PAN. Le Bufte de *Pan*, avec tête chauve & barbe longue & épaiffe. Dans le champ de la pierre derriere le cou on voit la flûte à plufieurs tuyaux. Sur *cornaline fardonix* de même hauteur que la précédente.

24 Un Bufte de Bacchante, avec cheveux en partie retrouffés & en partie pendans, ornés de pampre. Ce bufte eft couvert d'une peau de Panthere & a le caducée derriere l'épaule. Sur *cornaline fardonix* de même hauteur que la précédente.

25 Un Buste de Bacchante, avec cheveux en partie
retroussés & en partie pendans en boucles, ornés
de pampre & de grappes de raisins. Ce buste a
une peau de Panthere. Sur *cornaline* de un &
un huit de pouce de haut.

TIROIR Nº. XLIV.

Contenant XXX Cornalines & autres Pierres
gravées en creux.

Les Têtes des XII premiers Empereurs Romains.

1 JULIUS CÆSAR. *Jule Céfar.*

2 AUGUSTUS. *Augufte.*

3 TIBERIUS. *Tibére.*

4 CALIGULA. *Caligula.*

5 CLAUDIUS. *Claude.*

6 NERO. *Néron.*

7 GALBA. *Galba*

8 OTHO. *Othon.*

9 VITELLIUS. *Vitellius.*

10 VESPASIANUS. *Vefpafien.*

11 TITUS. *Titus.*

12 DOMITIANUS. *Domitien.*

Les Têtes des XII premieres Impératrices Romaines.

1 POMPEIA. *Pompeïa*, femme de Jule-Céfar.

2 LIVIA DRUSILLA. *Livie Drufille*, femme d'Augufte.

3 AGRIPPINA. *Agrippine*, femme de Tibere.

4 CÆSONIA. *Céfonie*, femme de Caligula.

5 ÆLIA PETINA. *Ælia Petina*, femme de Claude.

6 STATILIA MESSALINA. *Statilie Meffaline*, femme de Néron.

7 LEPIDA SERGII. *Lépida*, femme de Galba.

8 ALBIA TERENTIA OTHONIS MATER. *Albia Térentia*, mere d'Othon.

9 PETRONIA. *Petronie*, femme de Vitellius.

10 FLAVIA DOMITILLA. *Flavie Domitilla*, femme de Vefpafien.

11 MARTIA FULVIA. *Martia Fulvia*, femme de Titus.

12 DOMITIA LONGINA. *Domitia Longina*, femme de Domitien.

Ces XXIV. Têtes font toutes fur cornalines. Celles des

Empereurs ont environ un & un huit de pouce de haut, & celles des Impératrices un pouce ou un peu moins.

25 Le Portrait de la Reine Elifabeth d'Angleterre, coëffée & habillée à la maniere de fon tems. Le vifage eft refervé blanc, & les cheveux & l'habillement font bruns, fur un fond un peu tranfparent. Sur *onix* de deux couleurs, de fept-huit de pouce de haut, avec garniture d'or émaillée très-proprement, & dans un goût antique.

26 AUGUSTUS ET LIVIA. Deux Têtes accolées. Celle d'*Augufte*, eft ceinte de laurier, & refervée de couleur de chair. La Tête de *Livie* eft toute blanche, avec une draperie au bas du cou. Cet excellent morceau qui a un fond noirâtre, eft fur *onix* d'environ trois-quarts de pouce de haut, monté en or émaillé & garni de quatre diamans & de quatre rubis.

27 Une Tête de More, vue prefque de face, avec une petite draperie au bas du cou. La Tête eft refervée noire fur un fond blanchâtre. Sur *onix* d'environ trois-quarts de pouce de haut.

28 FL. VESPASIANUS AUG. La Tête de *Vefpafien*, ceinte de laurier. Cette tête eft de couleur tirant un peu fur lé brun, & fur un fond blanc. Sur *fardonix* d'environ un pouce de haut.

29 DEMOCRITUS. La Tête nue de *Démocrite*, vue prefque de face, ayant une draperie au bas du

cou. Cette tête eſt reſervée toute noire ſur un fond bleuâtre. Sur *onix-ſardonix*, de cinq-huit de pouce de haut.

30 A. VITELLIUS GERMANICUS IMP. AUG. Le Buſte de *Vitellius*, avec couronne de laurier & draperie. Ce buſte eſt très-relevé, & preſque de ronde boſſe. La tête eſt d'un brun noirâtre, & la draperie qui couvre eutierement le cou, eſt toute blanche, de même que le fond. Sur *onix* d'un pouce de haut.

TIROIR N°. XLV.

Contenant XXV Cornalines & autres Pierres gravées en creux.

N°. 1 LE Buſte d'un guerrier, avec forte barbe, caſque panaché & draperie. Sur *cornaline* d'environ un & un quart de pouce de haut.

2 Un Buſte de femme, avec les cheveux retrouſſés, diadème & robe. Sur *cornaline* d'un pouce de haut.

3 JUPITER. Le Buſte de *Jupiter*, avec cheveux en partie retrouſſés, & en partie pendans ſur l'épaule, forte barbe & draperie. Sur *cornaline* de même hauteur que la précédente.

4 VESTALIS. Un Buſte de *Veſtale*, avec voile pen-

dant fur les épaules, & draperie. Sur *cornaline* de même hauteur que la précédente.

5 Un Bufte avec tête nue, cheveux courts, barbe & draperie. Sur *fardonix blanc*, d'un peu plus d'un pouce de haut.

6 MERCURIUS. La Tête de *Mercure*, avec le caducée derriere le cou. Sur *cornaline* d'un pouce de haut.

7 DIVO MARCO AUREL ANTONINO. La Tête de *Marc-Aurele*, avec une couronne radiée. Sur *cornaline* de un & un huit de pouce de haut.

8 Un Bufte de femme, avec tête levée, cheveux en partie retrouffés & en partie pendans. Ce bufte a une draperie. Sur *fardonix* d'un pouce de haut.

9 AGRIPPA CÆSAR. La Tête d'*Agrippa Céfar*, petit fils d'*Augufte*, avec cheveux courts, & ceinte de laurier. Sur *cornaline* de un & un huit de pouce de haut.

10 CLEOPATRA. Le Bufte de *Cléopatre*, avec cheveux en partie retrouffés & en partie pendans, ornés de perles, & draperie ornée de même. Sur *cornaline-fardonix*, d'environ même hauteur que la précédente.

11 Un Bufte de Chrift, avec tête nue, cheveux pendans en boucles fur les épaules, barbe un peu terminée en pointe & draperie. Sur *agate blanche & tranfparente*, de un & demi-pouce de haut.

12 Un Bufte de femme, avec cheveux retrouffés &
formant un bourlet derriere la tête; diadême &
draperie. Sur *cornaline* de fept-huit de pouce de
haut.

13 Une Tête de Guerrier, avec forte barbe &
cafque panaché, orné d'un mafque & d'une aile.
Sur *Agathe blanche & tranfparente* de un & demi
pouce de haut.

14 Un Bufte de femme, avec cheveux retrouffés,
diadême & draperie. Sur *cornaline* d'un pouce de
haut.

15 Un Bufte de la Ste. Vierge, avec la tête couverte d'un voile, qui lui tombe fur les épaules,
& une draperie. Sur *fardonix blanc & tranfparent*
de un & demi pouce de haut.

16 Un Bufte de Guerrier, avec barbe épaiffe, cafque
panaché & cuiraffe. Sur *cornaline* d'un pouce de
haut.

17 ALEXANDRIA. La Ville d'*Alexandrie*, repréfentée par une Tête de femme couronnée de Tours,
avec les cheveux retrouffés & partie d'un voile
qui lui tombe derriere le cou. Sur *cornaline* de
un & un huit de pouce de haut.

18 PRIAMUS. La Tête de *Priam*, *Roi de Troyes*,
avec forte barbe & cafque, derriere lequel prend
un voile. Sur *fardonix* d'environ un pouce de
haut.

19 THEANO. La Tête de *Theano*, *Philofophe Py-*
thagoricienne, avec cheveux retrouffés, voile qui
tombant par derriere, lui couvre en partie le cou,
& couronne murale. Sur *cornaline* de un & un
huit de pouce de haut.

20 Un petit Bufte de femme, avec cheveux pendants autour du cou & draperie. Sur *cornaline*
fardonix d'un pouce de haut.

21 Un Bufte de femme, avec cheveux retrouffés,
voile attaché & formant un bourlet derriere la
tête, orné de perles, & robe. Sur *Agathe noire*
de un & un huit de pouce de haut.

22 Un Bufte de femme, avec les cheveux relevés
en treffes, diadême & draperie. Sur *cornaline* d'un
pouce de haut.

23 HERCULES. La Tête d'*Hercule agé*, avec forte
barbe & couverte d'un mufle de Taureau avec
les cornes, dont la peau lui pend jufqu'au bas
du cou. Sur *cornaline* de un & un huit de pouce
de haut.

24 Un Bufte de femme, avec les cheveux en partie retrouffés & en partie pendants fur le cou,
diadême & draperie de pellice. Sur *cornaline* d'un
pouce de haut.

25 Uc Bufte d'homme, avec tête nue & frifée. Ce
Bufte eft armé d'une cuiraffe & a le bouclier

M 4

paſſé dans le bras. Sur *cornaline ſardonix* de un & un huit de pouce de haut.

TIROIR N°. XLVI.

Contenant XXXI Cornalines & autres Pierres gravées en creux.

---

1 ROMA GALEATA. La Tête de la Ville de *Rome*, avec cheveux pendants derriere le cou & caſque ailé. Par derriere on voit deux Sceptres poſés en ſautoir. Sur *cornaline* d'un pouce de haut.

2 FLORA. La Tête de *Flore*, avec les cheveux retrouſſés & ornés de fleurs. Cette Tête a une draperie au bas du cou. Sur *cornaline* de même hauteur que la précédente.

3 JUNO. La Tête de *Junon* couverte de la dépouille d'une Chevre, attachée au bas du cou. Sur *cornaline ſardonix* de même hauteur que la précédente.

4 Une Tête de femme, avec les cheveux retrouſſés, ſés, bandeau orné de perles, voile ſur le derriere de la tête, formant une eſpece de bonnet, & une draperie au bas du cou, enrichie de perles. Sur *cornaline* de même hauteur que la précédente.

5 DIANA. La Tête de *Diane*, avec les cheveux

retrouffés, diadême orné de perles, & un croiffant fur le front. Sur *cornaline* de même hauteur
que la précédente.

6 ROMA. La Tête de la Ville de *Rome*, avec
cafque panaché. Sur *cornaline jaune* de même
hauteur que la précédente.-

7 Une Tête de femme, avec les cheveux en partie
retrouffés & en partie pendants, diadême &
voile qui forme une efpèce de coëffure fur le derriere de la tète. Sur *cornaline* de même hauteur que
la précédente.

8 VICTORIA. Le Bufte de la *Victoire ailée*, avec
cheveux retrouffés & bourlet, orné de perles,
fur le derriere de la tête. Sur *cornaline* de même
hauteur que la précédente.

9 CALLIOPE. La Tète de *la Mufe Calliope*, avec
cheveux retrouffés & couronne de laurier. Sur
cornaline de même hauteur que la précédente.

10 APOLLO. La Tète d'*Apollon*, avec cheveux pendants en boucles, & ceinte d'un ruban. Sur *cornaline* de même hauteur que la précédente.

11 CLIO. La Tête de *la Mufe Clio*, avec cheveux
retrouffés & couronne de laurier. Sur *cornaline*
de même hauteur que la précédente.

12 SIBYLLA HELLESPONTIA. La Tête de la *Sy-
bille de l'Hellefpont*, ornée de bandes entrelaffées

de perles. Sur *cornaline* d'environ même hauteur que la précédente.

13 VENUS. La Tête de *Vénus*, avec une treffe par derriere. Sur *cornaline* de même hauteur que la précédente.

14 URANIA. La Tête de la *Mufe Uranie*, avec les cheveux relevés par derriere & couronne de laurier. Derriere le cou une étoile. Sur *cornaline* de même hauteur que la précédente.

15 ATALANTE. Le Bufte d'*Atalante*, vu par le dos, avec treffes pendantes, diadème & draperie. Sur *jafpe* d'un peu plus d'un pouce de haut.

16 ERATO. La Tête de la *Mufe Erato*, avec cheveux retrouffés & couronne de laurier. Derriere le cou deux fceptres pofés en fautoir. Sur *cornaline* d'un pouce de haut.

17 CUPIDO. Le Bufte de *Cupidon* aîlé, avec cheveux retrouffés, ornés de perles, & le carquois derriere l'épaule. Sur *agathe* d'un pouce de haut.

18 TERPSICHORE. La Tête de *la Mufe Terpfichore*, avec cheveux retrouffés & couronne de laurier. Dans le champ gauche de la pierre fe voit une petite guirlande de fleurs. Sur *cornaline* d'un pouce de haut.

19 EUTERPE. La Tête de *la Mufe Euterpe*, avec cheveux retrouffés & couronne de laurier. Cette

tête a un caducée derriere le cou. Sur *cornaline*
de même hauteur que la précédente.

20 THALIA. La Tête de *la Muse Thalie*, avec cheveux retrouſſés & couronne de laurier. Dans le
champ de la pierre derriere le cou, ſe voit une
palme. Sur *cornaline* de même hauteur que la précédente.

21 POLYMNIA. La Tête de *la Muse Polymnie*, avec
cheveux retrouſſés & couronne de laurier. Dans
le champ de la pierre on voit une Tortue. Sur
cornaline de même hauteur que la précédente.

22 MELPOMENE. La Tête de *la Muse Melpomène*,
coëffée & couronnée de même que l'antécédente.
Cette tête a un caducée derriere le cou. Sur *cornaline*
de même hauteur que la précédente.

23 CENSORINUS. La Tête de *Cenſorin*, couverte d'un
voile qui deſcend juſqu'au bas du cou, & ceinte
du diadême. Sur *cornaline* de même hauteur que
la précédente.

24 Un Buſte, avec cheveux courts, & ayant un voile
autour de la tête. Ce buſte eſt vêtu. Sur *cornaline*
de même hauteur que la précédente.

25 CN. DOMITIA AUG. La Tête de *Domitia*, avec
les cheveux retrouſſés & diadême. Sur *cornaline*
de même hauteur que la précédente.

26 C. AUR. COTTA COS. La Tête du *Conſul Cotta*,

avec cheveux retrouſſés & couronne de laurier.
Sur *cornaline* de même hauteur que la précédente.

27 Un Buſte, avec cheveux pendans en boucles,
caſque panaché & orné de laurier, & draperie.
Ce buſte a une aile & derriere l'épaule une lance.
Sur *cornaline* de même hauteur que la précédente.

28 Un Buſte avec cheveux pendans, caſque & draperie. Sur *cornaline* de même hauteur que la précédente.

29 Une Tête de femme, avec cheveux retrouſſés &
friſés ſur le front, & un double bandeau. Par
derriere dans le champ de la pierre ſe voit un
trident. Sur *cornaline* de même hauteur que la précédente.

30 Une Tête de femme, avec cheveux en partie retrouſſés & en partie derriere le cou, triple diadême
& draperie. Sur *cornaline* de même hauteur que
la précédente.

31 Une Tête de femme, avec cheveux retrouſſés &
bandelette. Sur *cornaline* de même hauteur que la
précédente,

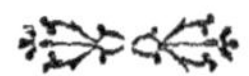

TIROIR N°. XLVII.

Contenant XXI Cornalines & autres Pierres
gravées en creux.

---

1 JULIA AQUILIA SEVERA AUG. Le Bufte d'*A-*
quilia Sévéra, avec cheveux retrouffés & draperie.
Sur *jafpe* d'un peu plus d'un pouce de haut.

2 M. CASS. LAT. POSTUMUS AUG. PATER. Le
Bufte de *Poftume*, *le pere*, vu par le dos, avec
cheveux courts, forte barbe, couronne de laurier
& draperie. Sur *cornaline* de un & un quart de
pouce de haut.

3 DIDIA CLARA AUG, Le Bufte de *Didia Clara*,
avec cheveux fort arrangés & draperie. Sur *jafpe*
de un & un huit de pouce de haut.

4 DIVA DOMITILLA VESPAS. FIL. Le Bufte de
Domitilla, *fille de Vefpafien*, avec cheveux relevés
en treffes & draperie. Sur *cornaline* de un & un
huit de pouce de haut.

5 MAGNIA URBICA AUG. Le Bufte de *Magnia
Urbica*, avec cheveux retrouffés & draperie. Sur
cornaline de un & un quart de pouce de haut.

6 HERCULES. La Tête d'*Hercule*. Sur *cornaline* de
même hauteur que la précédente.

7 Un bufte de Guerrier, vu par le dos, avec tête couverte d'un mufle de lion, cuiraffe & draperie. Sur *agathe fardonix* de un & fept huit de pouce de haut.

8 PORCIUS CATO COS. Le Bufte du *Conful Porcius Caton*, avec tête nue & en partie chauve. Sur *cornaline* de un & un quart de pouce de haut.

9 GALERIA VALERIA AUG. Le Bufte de *Valérie*, avec cheveux retrouffés, bandeau & draperie. Ce bufte a un collier de perles autour du cou. Sur *cornaline* de un & un huit de pouce de haut.

10 ANTINOUS. La Tête nue *d'Antinoüs, favori d'Adrien.* Sur *cornaline* de même hauteur que la précédente.

11 FUR. SABINIA TRANQUILLINA AUG. Le Bufte de *Tranquilline, femme de Gordien le jeune,* coëffée en cheveux relevés en treffes, diadême & draperie. Sur *cornaline* de un & un quart de pouce de haut.

12 AURELIUS CÆSAR. Le Bufte *d'Aurele Céfar,* avec couronne de laurier & cuiraffe. Sur *cornaline* d'un peu plus de un & un quart de pouce de haut.

13 JULIA SOŒMIAS AUG. Le Bufte de *Soémie,* avec cheveux retrouffés & arrangés, diadême & draperie. Sur *amétifte* de un & un quart de pouce de haut.

Les huit Cornalines suivantes sont blanches & mar-brées, & d'environ cinq-huit de pouce de haut.

14 Une Tête de femme, coëffée en cheveux, & avec ruban. Cette tête a une draperie au bas du cou.

15 ATALANTE. Le Buste d'*Atalante*, vu par le dos.

16 Une Tête de femme avec cheveux en partie re-troussés & en partie pendans, & une espece de corne qui descend derriere l'oreille.

17 Une Tête de jeune homme . avec cheveux courts, & ayant au bas du cou une draperie.

18 Une Tête de guerrier, avec forte barbe & casque panaché. Cette tête a une petite draperie au bas du cou.

19 Une Tête, avec cheveux courts & frisés, & une espece de chapeau. Cette tête a une draperie au bas du cou.

20 HERCULES. Le Buste d'*Hercule*, vu par le dos, avec tête nue.

21 Un Buste de femme, avec cheveux en partie re-troussés & en partie pendans. Ce buste a le sein découvert.

TIROIR N°. XLVIII.

Contenant XXV Cornalines & autres Pierres
gravées en creux.

———

N°. 1 LIVIA AUG. Le Buſte de *Livie*, avec les
cheveux, en partie retrouſſés & en partie pendans,
& diadême. Ce buſte a ſur le derrière de la tête
un voile qui le couvre preſqu'entierement. Sur
cornaline de un & un quart de pouce de haut.

2 Un Buſte, avec cheveux flottans, bandeau & draperie. Sur *cornaline* d'un pouce de haut.

3 TETHYS. Le Buſte de *Thétys*, vu par le dos,
avec cheveux longs & pendans, qui tombent en
ondes par derriere. Sur *cornaline* de un & un huit
de pouce de haut.

4 Un Buſte de femme, avec cheveux relevés en
treſſes, diadême & draperie. Sur *cornaline* d'un
pouce de haut.

5 ANNIA FAUSTINA TERTIA AUG. Le Buſte de
Fauſtine, *femme d'Elagabale*, avec cheveux retrouſſés, diadême & draperie. Sur *cornaline* de un
& un huit de pouce de haut.

6 ALEXANDER. La Tête d'*Alexandre*, avec cheveux
longs & pendans juſqu'au bas du cou, & caſque
ſurmonté

surmonté d'un panache. Sur *cornaline* d'un pouce de haut.

7. LEANDER. Le Buste de *Léandre*, vu par le dos, avec tête nue, cheveux longs & pendans en ondes par derriere. Sur *cornaline* de trois-quarts de pouce de haut.

8. SCIPIO AFRICANUS. Le Buste de *Scipion l'Afriquain*, vu par le dos, avec la tête couverte d'un mufle de taureau. Sur *cornaline* d'environ même hauteur que la précédente.

9. Une Tête de femme avec les cheveux retroussés, couronne de laurier, draperie & collier de perles. Sur *cornaline* de trois-quarts de pouce de haut.

10. FAUNUS. Un Buste de *Faune*, ayant la tête ornée de pampre & peau de mulet au bas du cou. Sur *cornaline* d'un pouce de haut.

11. JUPITER. La Tête nue de *Jupiter*, avec draperie. Sur *cornaline* de même hauteur que la précédente.

12. JULIA AUGUSTI FILIA. La Tête de *Julie, fille d'Auguste*, avec les cheveux retroussés & formant un bourlet par derriere. Cette tête est ceinte d'une bandelette, & a au bas du cou une draperie. Sur *cornaline* de sept-huit de pouce de haut.

13. PROBUS ET UNILA. Deux Bustes accolés. *Probus*, avec cheveux courts, petite barbe, couronne de laurier, cuirasse & bouclier. *Unila* est ceinte du

N

diadême. Sur *cornaline* d'environ un & trois-quarts de pouce de haut.

14 ANNIA FAUSTINA AUG. Le Buſte de *Fauſtine, Femme de Marc-Aurele*, avec cheveux retrouſſés & ornés de perles. Ce buſte a une draperie. Sur *cornaline* de ſept-huit de pouce de haut.

15 Une Tête nue de vieillard, barbue & friſée. Cette tête a une draperie au bas du cou. Sur *cornaline* d'un pouce de haut.

16 Un Buſte de femme, avec les cheveux en partie retrouſſés & en partie pendans, & une petite draperie qui lui couvre la moitié du ſein. Sur une très-belle *chryſolite* de forme octogone & d'un peu moins de trois-quarts de pouce de haut.

17 VESTALIS. Le Buſte d'une *Veſtale*, avec voile pendant ſur l'épaule & draperie. Sur *cornaline* de trois quarts de pouce de haut.

18 PTOLEMÆUS. Le Buſte de *Ptolémée*, avec cheveux courts, bandeau & draperie. Sur *cornaline* de cinq-huit de pouce de haut.

19 MARIAMNE. La Tête de *Mariamne, femme d'Hérode le Tétrarque*, coëffée en cheveux. Sur *cornaline* d'un peu plus d'un demi pouce de haut.

28 VESTALIS. La Tête d'une *Veſtale*, couverte d'un voile qui lui tombe ſur le cou. Sur *cornaline* de trois quarts de pouce de haut.

21 AFRICA. *L'Afrique*, coëffée d'une dépouille d'E-
léphant, & ayant les cheveux pendans en boucles. Ce bufte a une draperie. Sur *cornaline* d'environ un & un quart de pouce de haut.

22 SABINA AUG. La Tête de *Sabine, femme d'A-
drien*, avec les cheveux retrouffés & pendans en
partie autour du cou, couronne d'épis de blé &
draperie. Sur *chalcédoine* d'un pouce de haut.

23 Une Tête de femme, avec les cheveux retrouffés & formant un gros bourlet de treffes fur la
tête : elle a une draperie au bas du cou. Sur *cornaline* de un & un huit de pouce de haut.

24 Un Bufte de femme, avec cheveux relevés en
treffes & draperie. Sur *chalcédoine* d'un pouce de
haut.

25 Un Bufte, avec cheveux retrouffés, ruban noué
derriere la tête & draperie. Sur *cornaline* de un
& un huit de pouce de haut.

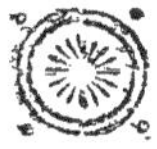

TIROIR N°. XLIX.

Contenant XXV Cornalines & autres Pierres
gravées en creux.

1 Un Buſte de femme , avec cheveux relevés en
treſſes, diadême & voile qui deſcend juſques ſur
l'épaule. Ce buſte a une draperie. Sur *cornaline
en partie blanche* de un & trois-huit de pouée
de haut.

2 PERGAMUS. Le Buſte de *Pergamus*, avec tête nue
cheveux épais & forte barbe, bandelette & draperie. Sur *ſardonix* de ſept-huit de pouce de
haut.

3 Un Buſte de femme , avec tête penchée en avant.
cheveux en partie retrouſſés & en partie pendans
ſur l'épaule, voile qui lui couvrant une partie
de la tête, tombe à côté du viſage , & draperie.
Sur *cornaline blanche* de un & trois-huit de pouce
en travers.

4 AGIS. La Tête d'*Agis*, *Roi de Lacédémone*, couverte d'un caſque ſurmonté d'un panache. Sur
ſardonix de ſept-huit de pouce de haut.

5 Un Buſte de femme vétue , avec les cheveux relevés en treſſes & voile ſur le derriere de la tête,

lequel defcend jufques fur l'épaule. Sur *cornaline fardonix* de un & trois-huit de pouce de haut.

6 Un Bufte de femme, avec les cheveux en partie relevés en treffes & en partie pendans en boucles derriere le cou, diadême & draperie. Sur *cornaline fardonix* de même hauteur que la précédente.

7 Un Bufte de femme, avec cheveux relevés en treffes, bandeau, voile qui couvrant une partie de la tête, lui tombe fur l'épaule, & draperie. Sur *cornaline* de même hauteur que la précédente.

8 Un Bufte de femme nue, vu par le dos, avec la tête entierement couverte d'un voile, qui forme une efpece de coëffure. Sur *fardonix* de un & trois-huit de pouce de haut.

9 Un Bufte de femme, coëffée en cheveux avec treffes, & ceinte d'un bandeau, orné de perles. Ce bufte a une draperie. Sur *cornaline* de même hauteur que la pierre précédente.

10 Un Bufte de femme, avec les cheveux relevés en treffes & ornés de feuilles de laurier. Ce bufte a une draperie. Sur *cornaline fardonix* de même hauteur que la précédente.

11 Un Bufte de femme vétue, avec tête penchée en avant, cheveux relevés en partie en treffes & en partie pendans derriere le cou, & coëffure atta-

chée avec un ruban. Sur *cornaline sardonix* de un & un quart de pouce en travers.

11 Une Tête de femme, avec cheveux en partie retrouffés & en partie pendans, & formant un petit bourlet par derriere. Sur *cornaline* de fept-huit de pouce de haut.

13 Un Bufte de femme, avec les cheveux en partie relevés en treffes & en partie pendans en boucles, couronne de laurier & petit bandeau orné de perles. Ce bufte a une draperie. Sur *cornaline* de un & demi pouce de haut.

14 Un Bufte de femme, vu par le dos, avec les cheveux relevés en treffes, & une couronne fur le derriere de la tête. Ce bufte a une draperie. Sur *cornaline* de fept-huit de pouce de haut.

15 Un Bufte de femme, avec tête penchée en avant, cheveux en partie retrouffés & en partie pendans en boucles, voile qui lui couvre un côté de la tête & draperie. Sur *cornaline sardonix* de un & un quart de pouce en travers.

16 Un Bufte de femme, avec cheveux retrouffés & treffes pendantes derriere la tête, voile qui tombe fur l'épaule, & draperie. Sur *cornaline sardonix* de un & trois huit de pouce de haut.

17 Un Bufte de femme, avec cheveux retrouffés & treffes pendantes derriere le cou, le devant de la

tête orné de fleurs, & draperie. Sur *cornaline sar-donix* de même hauteur que la précédente.

18 Une Tête de femme, avec cheveux, dont une partie eft relevée en treffes & l'autre pend en boucles autour du cou. Cette tête eft ceinte d'un ruban. Sur *cornaline en partie blanche* de même hauteur que la précédente.

19 Un Bufte de femme, avec les cheveux en partie relevés & en partie pendants en treffes, petit voile qui tombe jufqu'au bas de l'épaule, & draperie. Sur *cornaline fardonix* de même hauteur que la précédente.

20 Un Bufte de femme, avec les cheveux en partie retrouffés & en partie pendants en treffes fur le devant & le derriere du cou. Ce Bufte a une draperie. Sur *cornaline fardonix* de même hauteur que la précédente.

21 Un Bufte de femme, avec les cheveux relevés en partie, & treffes qui forment un bourlet derriere la tête qui eft ceinte du diadême. Ce Bufte a une draperie. Sur *cornaline* de même hauteur que la précédente.

22 AMYNTHAS PATER PHILIPPI. La tête d'*A-mintas, Pere de Philippe de Macédoine*, barbue & couverte d'un mufle de Lion. Sur *cornaline* d'un pouce de haut.

23 Un Bufte de femme vêtue, vu par le dos, avec

les cheveux relevés en treffes, diadéme, & voile
qui lui tombe derriere les épaules. Sur *cornaline*
de un & trois huit de pouce en travers.

24 TIMOLEON. La Tête de *Timoléon*, avec forte
barbe, & entortillée d'un voile. Sur *cornaline
jaune* d'environ un pouce de haut.

25 Un Bufte de jeune homme, vu par derriere,
avec cheveux frifés fur le devant de la tête &
pendants en boucles fur le dos, bandeau orné
de perles, & draperie. Sur *cornaline fardonix* de
un & trois huit de pouce de haut.

N B. *Tous ces Morceaux font d'un travail exquis.*

TIROIR N°. L.

Contenant XXIII Cornalines & autres Pierres
gravées en creux.

---

1 MARCUS AURELIUS ANTON. AUG. La Tête de
Marc-Auréle. Sur *fardonix* de deux pouces de
haut.

2 CLEOPATRA. Le Bufte de *Cléopatre*, avec tête
penchée en avant, cheveux retrouffés, dont une
partie eft attachée par derriere & l'autre pend en
boucles fur le dos. Ce Bufte a une draperie qui
lui couvre une partie du fein. Sur *agathe noire* de
un & un quart de pouce de haut.

3 PRUTTIA CHRISPINA AUG. Le Bufte de *Crifpine*, *Femme de Commode* , avec cheveux retrouffés & formant un bourlet derriere la tête. Ce Bufte a une draperie. Sur *cornaline* de un & un quart de pouce de haut.

4 Une Tête de femme inconnue, avec les cheveux retrouffés & couronne de laurier. Sur *Agathe noire* d'environ même hauteur que la pierre précédente.

5 Une Tête d'homme inconnu , avec cheveux courts & frifés. Sur *cornaline fardonix* de deux pouces de haut.

6 JULIA TITI FILIA. Le Bufte de *Julie , Fille de Titus* , avec cheveux fort frifés fur le front & arrangés en treffes , bourlet derriere la tête & draperie. Sur *cornaline* de un & un huit de pouce de haut.

7 FL. MAXIMIANA THEODORA AUG. Le Bufte de *Théodora* , avec cheveux retrouffés, couronne de laurier & draperie. Sur *cornaline* de même hauteur que la précédente.

8 Un Bufte de Guerrier inconnu , ayant un bras étendu , forte barbe , cafque furmonté d'un panache , cuiraffe cifelée & draperie. Sur *fardonix* prefque rond, de deux pouces de haut.

9 OCTAVIA NERONIS UXOR. Le Bufte d'*Octavie* , *Femme de Néron* , avec cheveux retrouffés & for-

mant un bourlet derriere la tête. Ce Buſte a une draperie qui lui couvre la moitié du ſein. Sur *cornaline* de un & un huit de pouce de haut.

10 JULIA CORNELIA PAULA AUG. Le Buſte de *Cornélie Paula*, avec les cheveux retrouſſés, bandelette, diadême & draperie. Sur *cornaline* de même hauteur que la précédente.

11 Une Tête inconnue, nue, barbue & friſée. Sur *ſardonix* de deux pouces de haut.

12 STATILIA MESSALINA NERONIS UX. Le Buſte de *Meſſalina*, *Femme de Néron*, avec cheveux friſés en boucles pendantes ſur le cou, voile qui lui couvre une partie de la tête & tombe ſur l'épaule. Ce Buſte a une draperie. Sur *cornaline* de un & un huit de pouce de haut.

13 G. S. H. SALL. BARBIA ORBIANA AUG. Le Buſte d'*Orbiana*, *Femme d'Alexandre Sévère*, avec cheveux retrouſſés, diadême & draperie. Sur *cornaline* de un & un quart de pouce de haut.

14 POPPEA NERONIS UXOR. Le Buſte de *Poppée*, *Femme de Néron*, avec cheveux friſés ſur le front, treſſe pendante & draperie. Sur *cornaline* de un & un huit de pouce de haut.

15 M. JUN. BRUTUS. La tête nue de *Brutus*, avec cheveux courts & un peu friſés. Sur *ſardonix* de deux pouces de haut.

16 LUC. ANN. SENECA. La Tête de *Séneque*. Sur une belle *cornaline* d'un peu plus d'un demi pouce de haut.

17 MONIMA. Le Buste de *Monime*, *Femme de Mithridate*, avec cheveux, dont une partie est retroussée & l'autre pendante. Ce Buste est vêtu. Sur *cornaline* d'un demi pouce de haut.

18 PLUTO. La Tête de *Pluton* couverte d'un voile. Sur *cornaline blanche* de même hauteur que la précédente.

19 Deux Figures d'hommes & une de femme debout qui s'embrassent. A côté on voit Pan assis & jouant de la Flute à plusieurs tuyaux. Sur *sardonix* d'un peu plus de cinq-huit de pouce de haut.

20 Une Tête de More. Sur *cornaline* de cinq-huit de pouce de haut.

21 Une Figure nue & debout, ayant le casque en tête & s'appuyant de la main droite sur un bouclier ; de la gauche elle tient une Enseigne ou Etendard. Sur *cornaline* d'un demi pouce de haut.

22 VENUS. La Tête de *Vénus*, ceinte du diadême. Sur *cornaline* de cinq-huit de pouce de haut.

23 Un Sacrifice composé de trois figures. Sur *cornaline* d'un demi pouce de haut.

TIROIR N°. LI.

Contenant XLV Cornalines & autres Pierres
gravées en creux.

N°. 1 SABINA AUG. Le Bufte de *Sabine*, *femme
d'Adrien*, avec cheveux retrouffés & formant un
bourlet. Ce Bufte a la tête ceinte du diadème &
une draperie. Sur *Jafpe jaunâtre* d'environ fept-
huit de pouce de haut.

2 Une Tête de femme, avec cheveux retrouffés
qui forment une efpece de coëffure. Cette Tête
a une draperie au bas du cou & par derriere un
Carquois. Sur *agate tranfparente* d'environ trois-
quarts de pouce de haut.

3 Un Bufte de femme, coëffée en cheveux avec
treffe & ruban. Ce Bufte a une draperie. Sur *cornaline* de trois quarts de pouce de haut.

4 Une Tête de femme, ayant les cheveux frifés,
diadème & bandeau. Cette Tête a une draperie
au bas du cou. Sur *agate-onix* d'environ trois
quarts de haut. Le deffous de la pierre eft chevé.

5 SABINA AUG. Le bufte de *Sabine*, *femme d'A-
drien*, avec cheveux en partie retrouffés & en
partie pendants en boucles, treffe fur la tête &
draperie. Sur *jafpe rougeâtre* d'un pouce de haut.

6 MERCURIUS. La tête de *Mercure*, couverte d'un casque ailé & ayant par derriere le Caducée. Sur *cornaline blanche* d'un peu plus d'un demi pouce de haut.

7 JUPITER. La Tête de *Jupiter*. Sur *sardonix* de même hauteur que la pierre précédente.

8 Une Tête, avec forte barbe & couronne de laurier. Sur *agate transparente* de trois quarts de pouce de haut.

9 Une Tête nue, avec cheveux courts & frisés. Sur *agate transparente* de même hauteur que la précédente.

10 Une Tête fort barbue & ceinte de laurier. Sur *cornaline* d'un peu plus d'un demi pouce de haut.

11 Une Tête nue & en partie chauve, avec barbe qui se termine un peu en pointe. Cette Tête a au bas du cou une espece d'aile. Sur *jaspe* de même hauteur que la pierre précédente.

12 MERCURIUS. Le Buste de *Mercure*, avec cheveux courts, bonnet & draperie. Sur *cornaline* de sept-huit de pouce de haut.

13 Un Buste de jeune homme, avec tête nue & frisée. Ce Buste a une draperie. Sur *agate blanche* de cinq huit de pouce de haut.

14 Une Tête de femme, avec les cheveux relevés

en treffes, diadême & draperie. Sur *cornaline* de fept-huit de pouce de haut.

15 L. AEL. AUREL. COMMODUS AUG. La Tête de *Commode*, coëffée d'un mufle de Lion. Sur *cornaline* de cinq-huit de pouce de haut.

16 Une Tête de femme ; avec les cheveux relevés en treffes & ayant une draperie au bas du cou. Sur *cornaline* de trois quarts de pouce de haut.

17 ABUNDANTIA. Le Bufte de l'*Abondance*, avec cheveux en partie retrouffés & en partie pendants en boucles, diadême & draperie. Devant elle fe voit une Corne d'abondance remplie de fleurs & de fruits. Sur *fardonix* de un & un quart de pouce de haut.

18 Le portrait de Henri quatre, avec draperie & couronne de laurier. Sur *Jafpe* d'un demi pouce de haut.

19 Une Tête de Guerrier, avec cafque furmonté d'un panache. Sur *cornaline* d'un demi pouce de haut.

20 Une Tête avec barbe, cheveux courts & couronne de laurier. Sur *agate-onix* d'un demi pouce de haut.

21 SPHINX. Un *Sphinx* couché. Sur *Jafpe jaunâtre* d'environ cinq-huit de pouce en travers.

22 FLORA. Une Tête de *Flore.* Sur *cornaline blanche* d'un demi pouce de haut.

23 Une Tête nue de vieillard. Sur *agate-onix* d'un demi pouce de haut.

24 Une Tête nue, fort barbue & frifée. Sur *onix* d'un peu plus d'un demi pouce de haut.

25 Une Tête nue, avec cheveux courts & frifés. Sur *onix* d'un demi pouce de haut.

26 AUGUSTUS. La Tête nue d'*Augufte*, avec cheveux courts. Sur *cornaline* de cinq-huit de pouce de haut.

27 JULIA AUGUSTI FILIA. La Tête de *Julie, fille d'Augufte*, avec cheveux frifés & bandeau. Sur *agate-onix* d'un peu plus d'un demi pouce de haut. Le deffous de la pierre eft chevé.

28 SOCRATES. La Tête de *Socrate.* Sur *onix* d'environ un demi pouce de haut. Cette pierre eft chevée par deffous.

29 AFRICANUS. La Tête d'un *Afriquain.* Sur *Jafpe* d'un demi pouce de haut.

30 AUGUSTUS. La Tête d'*Augufte*, ceinte de laurier. Sur *cornaline* de trois-quarts de pouce de haut.

31 SOCRATES. La Tête de *Socrate.* Sur *amétifte* d'un demi pouce de haut.

32 AUGUSTUS JUVENIS. La Tête d'*Augufte jeune.* Sur *cornaline* de trois quarts de pouce de haut.

33 Une Tête de jeune homme, nue & frifée. Sur *amétifte* d'un demi pouce de haut.

34 CN. POMPEIUS MAGNUS. La Tête du *Grand Pompée.* Sur *cornaline blanche* de trois-quarts de pouce de haut.

35 Un Bufte d'homme, avec tête nue & cheveux courts & frifés. Sur *Jafpe* d'un demi pouce de haut.

36 MECENAS. La Tête de *Mécene.* Sur *cornaline* de cinq-huit de pouce de haut.

37 SOCRATES. La Tête de *Socrate.* Sur *Jafpe* d'un demi pouce de haut.

38 HERCULES JUVENIS. La Tête nue d'*Hercule jeune.* Sur *agate* d'environ trois-quarts de pouce de haut.

39 Une Tête fort barbue & coëffée d'un turban. Sur *agate-onix* d'un demi pouce de haut.

40 La Tête d'un Empereur, avec cheveux courts, petite barbe & couronne de laurier. Sur *cornaline* d'environ trois quarts de pouce de haut.

41 JULIA TITI FILIA. La Tête de *Julie, fille de Titus,* avec cheveux frifés fur le front & formant un bourlet par derriere. Cette tête a une drape-

perie

perie au bas du cou. Sur *cornaline* d'un demi pouce
de haut.

42 SOCRATES. La Tête de *Socrate.* Sur *agate blanche*
& *transparente* de trois-quarts de pouce de haut.

43 Une Tête de Guerrier, avec forte barbe & casque
panaché. Sur *amétiste* d'un demi pouce de hant.

44 PALLAS. Le Buste de *Pallas*, avec cheveux retroussés, casque surmonté d'un panache & cuirasse écaillée. Sur *sardonix* d'environ trois-quarts
de pouce de haut.

45 EPICURUS. Le Buste d'*Epicure*, vu par le dos,
avec tête chauve & barbe longue. Sur *sardonix*
d'un demi pouce de haut.

TIROIR n°. LII.

Contenant XXV Cornalines & autres Pierres
gravées en creux.

1 OCTAVIUS AUG. La Tête d'*Octave*, avec cheveux
courts & couronne radiée. Sur *cornaline* de un &
un huit de pouce de haut.

2 Une Tête nue, avec cheveux courts & ayant au
bas du cou une draperie. Sur *cornaline* d'un pouce
de haut.

3 MARCUS ANTONIUS. La Tête nue de *Marc-An-*

O

toine, avec cheveux courts & frifés. Sur *fardonix* de fept-huit de pouce de haut.

4 MARCUS ANTONIUS HERCULES. La Tête de *Marc-Antoine*, furnommé l'*Hercule*, avec cheveux frifés & draperie. Sous le cou fe voit une maffue. Sur *fardonix* de même hauteur que le précédent.

5 CICINIUS. La Tête de *Cicinius*, *le Triumvir*, ceinte d'une bandelette. Sur *cornaline* d'un pouce de haut.

6 FELIX. La Tête d'un Romain nommé *Félix*, avec cheveux courts & bandelette. Cette tête a une pellice au bas du cou. Sur *Jafpe* d'un pouce de haut.

7 AEMILIUS PAULUS COS. La Tête nue du *Conful Paul Emile*, fort barbue & frifée. Sur *cornaline* de fept-huit de pouce de haut.

8 Deux Buftes en regard. L'un de Pallas, ayant la tête couverte d'un cafque; & l'autre d'une femme avec les cheveux retrouffés, & bandelette ouvragée. Sur *cornaline-fardonix* de un & un huit de pouce en travers.

9 Une Tête nue, avec cheveux courts & frifés. Sur *cornaline* d'un pouce de haut.

10 CLAUDIUS MARCELLUS COS. La Tête du *Conful Marcellus*, avec cheveux courts & frifés. Sur

agathe tranfparente, de fept-huit de pouce de haut.

11 Deux Buftes accolés. Le premier avec forte barbe, bandelette & draperie. L'autre avec cafque. Sur *cornaline-fardonix*, d'un peu plus d'un pouce de haut.

12 T. AEL. ADR. ANTONINUS P. AUG. Le bufte d'*Antonin le pieux*, avec couronne de laurier & cuiraffe. Sur *cornaline* d'un pouce de haut.

13 AUGUSTUS, ANTONIUS ET LEPIDUS. Trôis Têtes accolées d'*Augufte*, d'*Antoine* & de *Lépidus*, avec cheveux courts & friſés. Sur *cornaline-fardonix*, de un & un huit de pouce en travers.

14 L. FORIA LABEO. La Tête de *Foria Labeo*, le *Triumvir*, avec cheveux courts & couronne radiée. Sur *cornaline* de fept-huit de pouce de haut.

15 L. SEPT. SEVERUS PERTINAX AUG. Le Bufte de *Septime Sévere*, avec couronne de laurier & draperie. Sur *cornaline* d'un pouce de haut.

16 L. ÆL. AUREL. COMMODUS AUG. Le Bufte de *Commode*, vu par le dos, avec couronne de laurier, & portant une peau de lion fur l'épaule. Sur *cornaline* d'environ un pouce de haut.

17 Une Tête cafquée. Sur *cornaline-fardonix*, d'un pouce de haut.

18 Deux Têtes de femmes en regard. Toutes deux

coëffées en cheveux, avec des rubans. Sur *cornaline* de un & un huit de pouce en travers.

19 REGULUS P. R. COS. La Tête du *Conful Régulus*, nue & frifée. Sur *cornaline* de fept-huit de pouce de haut.

20 HOMERUS. Le Bufte d'*Homere*, avec la tête ceinte d'une bandelette & draperie. Sur *cornaline* d'un peu plus d'un pouce de haut.

21 POPPEA NERONIS UXOR. La Tête de *Poppée*, *femme de Néron*, avec cheveux retrouffés en partie, & treffe pendante fur le cou. Cette tête a au bas du cou une draperie. Sur *agathe tranfparente*, de fept-huit de pouce de haut.

22 ROMA. La Tête de la ville de *Rome*, coëffée d'un mufle de louve. Sur *fardonix* de fept-huit de pouce de haut.

23 Une Tête peu barbue & couverte d'un cafque panaché. Sur *cornaline* d'un pouce de haut.

24 Une Tête, avec cheveux retrouffés & couronne ornée de perles. Sur *agathe tranfparente*, de fept-huit de pouce de haut.

25 ÆLIA EUDOXIA AUG. Le Bufte d'*Eudoxie*, *femme de l'Empereur Théodofe le jeune*, ayant les cheveux retrouffés avec un ruban orné de perles, & des feuilles de laurier dans la coëffure. Ce bufte a une draperie garnie de perles. Sur *amétifte* de

forme octogone, d'un peu plus de sept-huit de pouce de haut.

TIROIR N°. LIII.

Contenant XXXIII Cornalines & autres Pierres gravées en creux.

N°. 1 VENUS. La Tête de *Vénus.* Sur *cornaline blanche*, de cinq-huit de pouce de haut.

2 PALLAS. Le Buste de *Pallas* : avec casque surmonté d'un panache, & draperie. Sur *cornaline blanche*, de même hauteur que la précédente.

3 Une Tête de vieille inconnue, avec voile en forme de bonnet, & ayant une draperie au bas du cou. Sur *sardonix* de trois-quarts de pouce de haut.

4 FLORA. La Tête de *Flore.* Sur *jaspe jaunâtre*, de cinq-huit de pouce de haut.

5 Un Buste inconnu, avec cheveux courts & frisés, deux aîles dans la coëffure, & draperie. Sur *cornaline blanche*, de cinq-huit de pouce de haut.

6 SOCRATES. La Tête de *Socrate.* Sur *jaspe* d'environ même hauteur que la pierre précédente.

7 Un Buste de femme inconnue, avec les cheveux pendans en ondes sur le cou, diadème & draperie. Sur *cornaline* de trois-quarts de pouce de haut.

O 3

8 Une Tête inconnue, avec les cheveux retroussés, &
ayant une draperie au bas du cou. Sur *agathe* d'environ cinq-huit de pouce de haut.

9 Une Tête de femme inconnue, avec les cheveux
relevés en tresses, diadème & draperie. Sur *corna-*
line blanche, de cinq-huit de pouce de haut.

10 Une Tête de femme inconnue, avec les cheveux
retroussés & noués par derriere. Cette tête a une
draperie au bas du cou. Sur *sardonix* de cinq-huit
de pouce de haut.

11 FLORA. La Tête de *Flore*, avec voile qui la couvre par derriere, & une draperie au bas du cou.
Sur *cornaline blanche*, de même hauteur que la
pierre précédente.

12 SOCRATES. La Tête de *Socrate*. Sur *cornaline* de
sept-huit de pouce de haut.

13 HORATIUS. Le Buste d'*Horace*, avec tête nue
& frisée. Ce buste a une draperie qui forme
comme une espece de robe. Sur *cornaline* d'environ même hauteur que la précédente.

14 COMMODUS ET CRISPINA. Deux Bustes en
regard. *Commode* est vu par le dos & ceint de laurier. *Crispine* a les cheveux très arrangés, bourlet
derriere la tête, & draperie. Sur *cornaline fort*
brune de un & un quart de pouce en travers.

15 JULIA AUGUSTI FILIA. La Tête de *Julie*, *fille*

d'Augufte, avec les cheveux fort frifés & arrangés, diadême & bandeau. Cette tête a au bas du cou une draperie. Sur *cornaline* de fept-huit de pouce de haut.

16 LUC. ANN. SENECA. La Tête de *Sénéque*. Sur *cornaline* de même hauteur que la précédente.

17 CERES. Le Bufte de *Cérès*, avec voile qui lui couvre une partie de la tête & tombe fur les épaules, couronne d'épis de blé & draperie. Sur *cornaline* d'un pouce de haut.

18 SAPHO. La Tête de *Sapho*, prefque entierement couverte d'un voile & ayant une draperie au bas du cou. Sur *agate* de cinq huit de pouce de haut.

19 Jefus-Chrift faifant la Céne avec fes Difciples. Très-beau morceau, dont les figures, quoique petites, repréfentent avec beaucoup d'art, par leurs attitudes & le caractère des têtes, cette augufte cérémonie. Sur *lapis-laʒuli* de fept-huit de pouce de haut, fur deux pouces de large, garni d'argent doré.

20 Un Bufte d'homme inconnu, avec tête barbue & frifée, & draperie. Sur *agate tranfparente* d'environ trois quarts de pouce de haut.

21 CLEOPATRA. La Tête de *Cléopatre*, avec les cheveux en partie retrouffés & en partie pendans en boucles, bandeau & draperie. Sur *cornaline* de un & un huit de pouce de haut.

22 MEDUSA. Le Bufte de *Médufe*, vu par le dos. Sur *cornaline* de fept-huit de pouce de haut.

23 VESTALIS. La Tête d'une *Veftale*, couverte en partie, d'un voile qui lui pend jufqu'au bas du cou. Sur *cornaline* d'environ un pouce de haut.

24 CARACALLA ET GETA. Deux Buftes en regard, de *Caracalla & Géta*, vus par le dos. L'un avec tête nue & frifée. L'autre avec couronne de laurier. Sur *cornaline* de un & trois-huit de pouce en travers.

25 Un Bufte de femme inconnue, avec cheveux retrouffés & quelques boucles pendantes : ce Bufte eft drapé. Sur *cornaline* d'un pouce de haut.

26 D. CLOD. SEPT. ALBINUS AUG. Le Bufte d'*Albin*, vu par le dos, avec cheveux courts & frifés, forte barbe, couronne de laurier' & draperie. Sur *cornaline* de trois-quarts de pouce de haut.

27 Un Bufte de femme inconnue, coëffée en cheveux avec beaucoup de treffes tortillées fur la tête, & ayant une draperie. Sur *cornaline* de un & un huit de pouce de haut.

28 JULIA TITI FILIA. Le Bufte de *Julie, fille de Titus*, avec toupet frifé, bourlet derriere la tête, & draperie. Sur *agate blanche* de cinq-huit de pouce de haut.

29 Un Buſte de femme inconnue, avec les cheveux
retrouſſés, diadême, couronne de laurier & draperie. Sur *cornaline blanche* de cinq-huit de pouce
de haut.

30 VESTALIS. Le Buſte d'une *Veſtale*, avec voile qui
lui couvrant entierement la tête, lui tombe ſur les
épaules, & une draperie. Sur *cornaline* d'un pouce de haut.

31 Un Buſte de femme inconnue, avec cheveux retrouſſés & une eſpece de cercle ſur la tête : ce
Buſte a une draperie. Sur *agate tranſparente* de
cinq-huit de pouce de haut.

32 Un Buſte de femme inconnue, avec cheveux retrouſſés, diadême & draperie. Sur *agate tranſparente* de même hauteur que la précédente.

33 Un Buſte inconnu, avec de longs cheveux tom-
bants en ondes derriere le cou, bandeau & draperie. Sur *cornaline* de un & un huit de pouce
de haut.

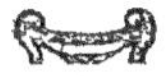

TIROIR Nº. LIV.

Contenant XXI Cornalines & autres Pierres
gravées en creux.

Nº. 1 PTOLEMÆUS SOTER REX I. La tête de
Ptolemée Soter I. Roi, avec cheveux un peu frifés,
bandeau & draperie. Sur *cornaline* de un & un
huit de pouce de haut.

2 PTOLEMÆUS PHILADELPHUS R. II. La Tête de
Ptolemée Philadelphe II R., avec les cheveux
frifés & bandeau. Sur *cornaline* de même hauteur
que la précédente.

3 ARSINOE. La Tête d'*Arfinoë, fille de Ptolemée,
Roi d'Egypte XI*, ceinte d'un bandeau, & couverte en partie d'un voile qui lui tombe jufqu'au
bas du cou. Sur *cornaline* de même hauteur que
la précédente.

4 PTOLEMÆUS EVERGETES R. III. La Tête de
Ptolemée Evergetes III R., avec les cheveux frifés & bandeau : cette Tête a une petite draperie
ou pellice autour du cou. Sur *cornaline* de même
hauteur que la précédente.

5 PTOLEMÆUS SOTER ET BERENICE. Deux Têtes
accolées. Celle de *Ptolemée Soter*, avec cheveux

frifés & bandeau. Toutes deux ont une draperie au bas du cou. Sur *cornaline* de même hauteur
que la précédente.

6 PTOLEMÆUS PHILADELPHUS ET ARSINOE.
Deux Têtes accolées , & femblables aux antécé-
dentes. Sur *cornaline* de même hauteur que la
précédente.

7 PTOLEMÆUS PHILOPATER R. IV. La Tête de
Ptolémée Philopater IV. R., femblable à l'antécédente. Sur *cornaline* de même hauteur que la
précédente.

8 PTOLEMÆUS EPIPHANES R. V. La Tête de
Ptolomée Epiphane V. R., avec cheveux frifés &
bandeau. Cette Tête a une efpece de collet d'habit au bas du cou. Sur *fardonix* d'un pouce de
haut.

9 PTOLEMÆUS PHILOMETOR R. VI. La Tête de
Ptolémée Philométor VI. R., femblable à l'antécédente. Sur *cornaline* de un & un huit de pouce
de haut.

10 PTOLEMÆUS EVERGETES R. VII. La Tête de
Ptolémée Evergete VII. R., femblable à l'antécédente. Sur *amétifte* d'un pouce de haut.

11 PTOLEMÆUS SOTER II. REX VIII. La Tête
de *Ptolémée Soter II. VIII. R.* femblable à l'antécédente. Sur *cornaline* d'environ un & un quart
de pouce de haut.

12 PTOLEMÆUS ALEXANDER R. IX. La Tête de *Ptolemée Alexandre IX. R.* femblable à l'antécé-cédente. Sur *cornaline* de un & un huit de pouce de haut.

13 CLEOPATRA. La Tête de *Cléopâtre* , coëffée d'une dépouille d'Elephant. Sur *cornaline* de même hauteur que la précédente.

14 CLEOPATRA SELENES. Le Bufte de *Cléopatre* , *fille de Sélene* , avec cheveux retrouffés & for-mant un bourlet derriere la tête , bandeau & dra-perie. Sur *cornaline* de même hauteur que la pré-cédente.

15 BERENICE. La Tête de *Bérénice* , *Reine de Pa-leftine* , couverte en partie d'un voile qui lui tombe fur les épaules. Sur *agate blanche & tranfparente* de fept-huit de pouce de haut.

16 PTOLEMÆUS ALEXANDER R. X. La Tête de *Ptolemée Alexandre X. R.* , couverte de la dé-pouille d'un Lion , attachée au bas du cou. Sur *cornaline* de un & un quart de pouce de haut.

17 PTOLEMÆUS AULETES R. XI. Le Bufte de *Ptolemée Aulete XI. R.* , avec couronne radiée & draperie. Ce Bufte a un Trident derriere le cou. Sur *cornaline* de un & un huit de pouce de haut.

18 PTOLEMÆUS DIONYSIUS R. XII. Le Bufte de *Ptolemée Dionyfius XII. R.* , avec cheveux frifés ,

bandeau, orné de pampre, & draperie. Derriére l'épaule un Thyrfe. Sur *cornaline* de même hauteur que la précédente.

19 PTOLEMÆUS JUNIOR R. XIII. Le Bufte de *Ptolemée le jeune XIII. R.*, avec cheveux courts, bandeau noué & pendant par derriere & une draperie. Sur *cornaline* de même hauteur que la précédente.

20 CLEOPATRA ULTIMA. Le Bufte de la derniere *Cléopatre*, avec cheveux courts & frifés, bandeau & draperie ; ornée de perles. Sur *cornaline* de même hauteur que la précédente.

21 Une Tête, avec cheveux frifés & couronne de feuilles de chêne. Sur *fardonix* de cinq-huit de pouce de haut.

TIROIR N°. LV.

Contenant XXV Cornalines & autres Pierres gravées en creux.

N°. 1 MINERVA AUXILIARIS. Le Bufte de *Minerve Secourable*, avec cheveux retrouffés, cafque panaché & cuiraffe écaillée. Sur *cornaline* de un & un huit de pouce de haut.

2 MINERVA BELLATRIX. Le Bufte de *Minerve*

Guerriere, avec cafque furmonté d'un panache &
cuiraffe écaillée, de deffous laquelle on voit for-
tir des ferpens. Sur *cornaline* de un & un quart
de pouce de haut.

3 MINERVA. Le Bufte de *Minerve*, avec de longs
cheveux pendants en ondes fur l'épaule, cafque
furmonté d'une tête de belier foutenant un panache, & draperie. Sur *cornaline* de un & demi
pouce de haut.

4 MINERVA CUSTOS. Le Bufte de *Minerve Gar-
dienne*, vu par le dos, avec la tête couverte d'un
cafque panaché & une draperie fur l'épaule. Sur
cornaline d'un peu plus d'un pouce de haut.

5 MINERVA ÆGIDE ORNATA. Le Bufte de *Minerve, avec fon Egide* ; la tête a de longs cheveux pendants & un cafque panaché, fur le devant duquel fe voit un mafque. Ce Bufte eft armé d'une cuiraffe écaillée. Sur *cornaline* de un &
un huit de pouce de haut.

6 MINERVA ARMIPOTENS. Le Bufte de *Minerve,
vaillante en guerre*, avec cheveux en partie retrouffés & en partie pendants, cafque panaché,
cuiraffe écaillée & bouclier. Sur *cornaline* d'environ même hauteur que la précédente.

7 MINERVA STRATEGOS. Le Bufte de *Minerve
Guerriere*, avec les cheveux pendants, cafque panaché & cuiraffe écaillée, de deffous laquelle

fortent trois ferpens. Sur *cornaline* de même hauteur que la précédente.

8 MINERVA PLACIDA. La Tête de *Minerve paifible*, avec cheveux pendans & cafque panaché , orné d'un mafque. Sur *cornaline* de même hauteur que la précédente.

9 MINERVA. Le Bufte de *Minerve*, vu par le dos, avec cheveux retrouffés & cafque furmonté d'un panache. Sur *cornaline* de même hauteur que la précédente.

10 MINERVA ARTIA. Le Bufte de *Minerve*, furnommée *Artia*, avec cheveux pendans , cafque panaché & orné d'un mafque, & une cuiraffe écaillée. Sur *cornaline* de même hauteur que la précédente.

11 MINERVA. Le Bufte de *Minerve*, avec les cheveux pendans en ondes , cafque orné de quatre mafques & furmonté d'une petite tête de femme foutenant un panache. Ce bufte a une draperie & deux mafques avec forte barbe, l'un fur, & l'autre fous l'épaule. Sur la poitrine on apperçoit une petite tête de Médufe. Sur *cornaline* de un & un quart de pouce de haut.

12 Une Tête de femme, avec cheveux courts & cafque entouré de deux épis de blé. Sur *cornaline* d'un pouce de haut.

13 PALLAS VICTRIX. Le Bufte de *Pallas victorieufe*, avec cheveux en partie retrouffés & en partie pen-

dans, aîles & draperie. Sur *cornaline* de un & cinq huit de pouce de haut.

14 Une Tête, avec de longs cheveux pendans en ondes jufqu'au bas du cou & cafque ailé. Sur *cornaline* d'un pouce de haut.

15 MINERVA. La Tête de *Minerve*, avec de longs cheveux attachés par le bas, cafque furmonté d'un panache & orné d'un mafque. Sur *cornaline* de un & trois huit de pouce de haut.

16 MINERVA CHLAMIDE ORNATA. Le Bufte de *Minerve*, parée d'un manteau, avec les cheveux pendans, cafque furmonté d'un panache, & ayant fur le devant un mafque. Sur *cornaline* d'un pouce de haut.

17 MINERVA SERVATRIX. La Tête de *Minerve con-fer-vatrice*, avec cheveux pendans & cafque pana-ché, fur lequel fe voit un cheval-marin. Sur *cornaline* de un & un huit de pouce de haut.

18 MINERVA INUSITATA GALEA. Le Bufte de *Mi-nerve*, avec cheveux pendans, cafque extraordinaire & cuiraffe à écailles. Sur *cornaline* de même hauteur que la précédente.

19 Un Bufte, avec cheveux en partie retrouffés & en partie pendans, cafque panaché & cuiraffe écail-lée. Sur *cornaline* de même hauteur que la précé-dente.

20 MINERVA CUM CHLAMIDE. Le Bufte de *Minerve* parée d'un manteau, avec cheveux pendans, cafque panaché, & ayant un mafque. Sur *cornaline* d'un peu plus d'un pouce de haut.

21 MINERVA STRATEGOS Le Bufte de *Minerve* guerriere, avec cheveux retrouffés cafque furmonté d'un panache & cuiraffe écaillée, de deffous laquelle fortent deux ferpens. Sur *cornaline* de un & un huit de pouce de haut.

22 MINERVA SAPIENS. La Tête de *Minerve la Sage*, avec cheveux longs & pendants jufqu'au bas du cou & cafque orné d'un mafque. Sur *cornaline* de même hauteur que la précédente.

23 MINERVA TRITONIA. Le Bufte de *Minerve*, furnommée *Tritonia*, avec de longs cheveux pendants fur les épaules, cafque panaché & orné d'un mafque ; fur le milieu duquel fe voit un centaure-marin : ce Bufte eft armé d'une cuiraffe à écailles. Sur *cornaline* de un & cinq-huit de pouce de haut.

24 MINERVA. La Tête de *Minerve*, avec les cheveux en partie retrouffés & en partie pendant, le long du cou, cafque panaché & orné d'un mafque. Sur *cornaline* d'un peu plus d'un pouce de haut.

25 MINERVA CUM ÆGIDE. Le Bufte de *Minerve* avec fon *Egide* : la Tête a de longs cheveux pendants & un cafque panaché orné d'un mafque :

ce Bufte eft armé d'une cuiraſſe écaillée. Sur cornaline de même hauteur que la précédente.

N. B. *Toutes ces Pierres ſont artiſtement travail-
lées & d'une grande perfection.*

TIROIR N°. LVI.

Contenant XVII Cornalines & autres Pierres
gravées en creux.

N°. 1 M. ANT. GORDIANUS AFRICANUS AUG. FIL.
Le Bufte de *Gordien d'Afrique*, *le fils*, avec cheveux courts, couronne radiée, laurier & draperie.
Sur *cornaline* d'environ un & un huit de pouce
de haut.

2 M. ANT. GORDIANUS TERTIUS P. AUG. Le
Bufte de *Gordien trois*, avec cheveux courts, couronne de laurier & draperie. Sur *cornaline-ſardonix* de un & un huit de pouce de haut.

3 M. CLAUD. PUPIENUS MAX. AUG. Le Bufte de
Pupien, vu par le dos, avec tête barbue & frifée, couronne radiée & draperie. Sur *ſardonix*
tranſparent de un & trois-huit de pouce de haut.

4 M. JUL. PHILIPPUS AUG. PATER. Le Bufte de
Philippe, *le pere*, vu par le dos, avec cheveux
courts, peu de barbe, couronne radiée & draperie.
Sur *ſardonix* d'un pouce de haut.

5 D. CÆLIUS BALBINUS AUG. Le Buste de *Balbin*,
avec cheveux courts, peu de barbe, couronne de
laurier & draperie. Sur *cornaline* d'un pouce de
haut.

6 M. JUL. PHILIPPUS AUG. FIL. Le Buste de *Philippe*, *le fils*, avec tête nue, cheveux courts, bouclier & draperie. Sur *sardonix* d'un pouce de haut.

7 C. M. Q. TRAJANUS DECIUS AUG. La Tête de
Trajan Déce, avec cheveux courts, peu de barbe,
couronne radiée & draperie. Cette tête a des perles
au bas du cou. Sur *cornaline* d'environ un & un
quart de pouce de haut.

8 Q. HERENN. ETRUSC. MESS. DECIUS AUG. JUV.
Le Buste de *Messius Décius*, *le jeune*, vu par le
dos, avec cheveux courts, couronne radiée & draperie. Sur *cornaline* d'un peu plus d'un pouce de
haut.

9 P. LICIN. VALERIANUS AUG. FIL. Le Buste de
Valerien, *le fils*, avec cheveux courts & frisés, couronne de laurier, cuirasse & draperie. Sur une belle
cornaline blanche, de un & demi-pouce de haut.

10 C. VALENS HOSTILIANUS MESS. QUINT. AUG.
Le Buste d'*Hostilien*, vu par le dos, avec tête nue,
cheveux courts & draperie. Sur *cornaline* d'un peu
plus d'un pouce de haut.

11 C. VIB. TREBONIANUS GALLUS AUG. Le Buste

de *Trébonien Galle*, avec cheveux courts, peu de barbe, couronne de laurier & draperie. Sur *cornaline* de même hauteur que la précédente.

12 C. TIB. VOLUSIANUS AUG. Le Buſte de *Voluſien*, ſemblable à l'antécédent. Sur *cornaline-ſardonix*, de même hauteur que la précédente.

13 P. LICIN. VALERIANUS AUG. FIL. Le Buſte de *Valérien le jeune*, vu par le dos, avec cheveux courts & friſés, couronne de laurier & draperie. Sur *cornaline* d'un pouce de haut.

14 C. JUL. ÆMIL. ÆMILIANUS AUG. Le Buſte d'*Emilien*, avec cheveux courts, peu de barbe, & couronne radiée. Sur *cornaline* de même hauteur que la précédente.

15 P. LICIN. VALERIANUS AUG. PATER. Le Buſte de *Valérien le pere*, avec cheveux courts, couronne radiale & draperie. Sur *Cornaline* de même hauteur que la précédente.

16 P. LICIN. EGNAT. GALLIENUS AUG. La Tête de *Gallien*, coëffée d'un mufle de lion & ayant une draperie au bas du cou. Sur *cornaline* de même hauteur que la précédente.

17 M. CASS. LAT. POSTUMUS AUG. PATER. Le Buſte de *Poſtume, le pere*, avec cheveux friſés, forte barbe, couronne radiée & draperie. Sur *cornaline-ſardonix*, de même hauteur que la précédente.

TIROIR N°. LVII.

Contenant XXX Agates-Sardonix & autres Pierres
gravées en creux.

Toutes ces Pierres ont environ un pouce de haut.

N°. 1 SELEUCUS I. La Tête de *Séleucus, I.* couverte
d'un mufle de lion. Sur *fardonix.*

2 SELEUCUS II. La Tête de *Séleucus II.* avec cheveux courts & un peu frifés. Cette tête eft ceinte
d'une bandelette. Sur *fardonix.*

3 SELEUCUS III. La Tête de *Séleucus III.* femblable à l'antécédente. Sur *fardonix.*

4 ANTIOCHUS I. La Tête d'*Antiochus I.* avec cheveux courts & un peu frifés. Cette tête eft ceinte
d'un bandeau & a une aîle dans la chevelure. Sur
fardonix.

5 ANTIOCHUS II. La Tête d'*Antiochus II.* avec cheveux & bandeau femblables. Sur *agate.*

6 ANTIOCHUS III. La Tête d'*Antiochus III.* avec
cheveux & bandeau femblables. Sur *fardonix,*

7 SELEUCUS IV. La Tête de *Séleucus IV,* avec cheveux femblables, & bandelette. Sur *Jafpe rougeâtre.*

P 3

8 ANTIOCHUS IV. La Tête d'*Antiochus IV*, avec cheveux courts & un peu frisés. Cette tête est ceinte d'un bandeau, & a une draperie au bas du cou. Sur *sardonix*.

9 ANTIOCHUS V. La Tête d'*Antiochus V*, avec cheveux & bandeau semblables. Sur *sardonix*.

10 DEMETRIUS I. La Tête de *Démétrius I*, avec cheveux & bandeau semblables. Sur *agate*.

11 ALEXANDER I. La Tête d'*Alexandre I*, avec cheveux & bandeau semblables. Cette tête a une draperie au bas du cou. Sur *sardonix*.

12 DEMETRIUS II. La Tête de *Démétrius II*, avec cheveux, bandeau & draperie semblables. Sur *agate*.

13 ANTIOCHUS VI. La Tête d'*Antiochus VI*, avec cheveux semblables, & bandelette. Sur *agate*.

14 TRYPHON. La Tête de *Tryphon*, avec cheveux semblables & bandeau. Sur *sardonix*..

15 ANTIOCHUS VII. La Tête d'*Antiochus VII*, avec cheveux & bandeau semblables. Sur *agate*.

16 DEMETRIUS REDUX. La Tête de *Démétrius de retour de l'expédition des Grecs*, avec cheveux frisés, longue barbe & bandeau. Sur *sardonix*.

17 ALEXANDER. La Tête d'*Alexandre*, avec cheveux & bandeau semblables. Sur *sardonix*.

18 ANTIOCHUS VIII. La Tête d'*Antiochus VIII*,

avec cheveux & bandeau femblables. Sur *far-donix.*

19 ANTIOCHUS VIII. ET CLEOPATRA. Deux têtes accolées. Celle de *Cléopatre*, avec cheveux frifés, diadême & voile qui la couvre en partie , & qui defcend jufqu'au bas du cou. La Tête d'*An-tiochus* , eft ceinte d'un bandeau. Sur *fardonix.*

20 ANTIOCHUS IX. La Tête d'*Antiochus IX*, avec cheveux frifés , barbe courte & bandeau. Sur *far-donix.*

21 SELEUCUS VI. La Tête de *Séleucus VI*, avec cheveux courts & frifés & bandeau. Sur *Sar-donix.*

22 ANTIOCHUS X. La Tête d'*Antiochus X* , avec cheveux & bandeau femblables. Sur *fardonix.*

23 ANTIOCHUS XI. La Tête d'*Antiochus XI* , avec cheveux & bandeau femblables. Sur *Sar-donix.*

24 PHILIPPUS. La Tête de *Philippe*, avec cheveux & bandeau femblables. Sur *fardonix.*

25 DEMETRIUS III. La Tête de *Démétrius III* , avec cheveux & bandeau femblables, mais barbe courte. Sur *fardonix.*

26 ANTIOCHUS XII. La Tête d'*Antiochus XII*, avec cheveux femblables & couronne à rayons. Sur *fardonix.*

P 4

27 TIGRANES. La Tête de *Tigrane*, *Roi d'Arménie*, avec un bonnet fingulier qui s'allonge par derriere & lui couvre prefque entierement le cou. Cette tête a par deffus le bonnet une couronne radiale. Sur *cornaline*.

28 REGINÆ SELENES. La Tête de *Sélene*, *Reine Grecque*, avec les cheveux relevés en treffes & formant un bourlet par derriere. Sur *fardonix*.

29 ANTIOCHUS XIII. La Tête d'*Antiochus XIII*, avec cheveux courts & frifés, bandeau & petite draperie. Sur *fardonix*.

30 CLEOPATRA REGINA SYRIÆ. La Tête de *Cléopatre*, *Reine de Syrie*, avec cheveux retrouffés, diadème & draperie. Sur le derriere de la tête un voile, qui tombe jufqu'au bas du cou. Sur *agate*.

TIROIR Nº. LVIII.

Contenant XXX Cornalines & autres Pierres gravées en creux.

Nº. 1 EUCLIDES. La Tête d'*Euclide*, avec longue barbe & voile qui pend jufqu'au bas du cou. Sur *Cornaline* de un & un huit de pouce de haut.

2 POSIDONIUS. La Tête nue du *Philofophe Pofido-*

nius, avec cheveux courts, barbe & draperie.
Sur *cornaline* de même hauteur que la précédente.

3 DIOGENES. Le Bufte de *Diogène le cinique*, avec
le deffus de la tête chauve, cheveux frifés, longue barbe & draperie. Sur *cornaline* de même hauteur que la précédente.

4 AESCHINES. La Tête nue d'*Efchine*, avec cheveux courts & frifés. Sur *cornaline* de même hauteur que la précédente.

5 ARISTOTELES. Le Bufte d'*Ariftote*, avec tête
nue, cheveux courts & frifés & draperie. Sur
cornaline de même hauteur que la précédente.

6 CHILON. Le Bufte de *Chilon*, avec tête nue,
cheveux courts & frifés, barbe & draperie. Sur
cornaline de même hauteur que la précédente.

7 ATTILIUS REGULUS COS. Le Bufte du *Conful
Attilius Régulus*, avec barbe épaiffe, cafque &
partie d'un bouclier qui lui couvre l'épaule. Sur
fardonix de fept-huit de pouce de haut.

8 PERSEUS REX MACEDONIÆ. La Tête de *Per-
fée, Roi de Macédoine*, avec cheveux courts &
frifés, petite barbe & couronne de pampre.
Sur *fardonix* de même hauteur que le précédent.

9 MAGO ET DIONISIUS. Deux Têtes accolées. L'une
& l'autre fort barbues & frifées. Celle de *Mago*

est en partie couverte d'un voile qui lui pend jusqu'au bas du cou. Sur *sardonix* de même hauteur que la précédente.

10 HORATIUS. Le Buste d'*Horace*, avec tête nue & une espece de manteau. Sur *sardonix* de même hauteur que le précédent.

11 ZENON. La Tête nue de *Zénon*, *chef des Stoïques*; avec cheveux courts & frisés. Cette tête a une petite draperie au bas du cou. Sur *cornaline* de un & un huit de pouce de haut.

12 THEOPHRASTUS. La Tête nue de *Théophraste*, barbue & frisée. Sur *cornaline* de même hauteur que la précédente.

13 MENANDER. La Tête nue de *Ménandre*, *Athénien célebre par ses Comédies*, avec cheveux courts & frisés. Cette tête a une draperie au bas du cou. Sur *cornaline* d'un pouce de haut.

14 CHRYSIPPUS. Le Buste de *Chrysippe*, avec tête nue & presque chauve, barbe épaisse & longue & draperie. Sur *cornaline* de un & un huit de pouce de haut.

15 EURIPIDES. La Tête nue d'*Euripide*, fort barbue & frisée. Sur *cornaline* de même hauteur que la précédente.

16 LUC. ANN. SENECA. La Tête nue de *Séneque*. Sur *cornaline* d'un pouce de haut.

17 ANTISTHENES. La Tête nue d'*Antifthene*, *Dif-ciple de Socrate*, en partie chauve & avec cheveux courts. Cette Tête a au bas du cou une draperie. Sur *cornaline* de même hauteur que la précédente.

18 TERENTIUS. La Tête nue de *Térence*, avec cheveux courts & frifés, peu de barbe, & ayant une draperie au bas du cou. Sur *fardonix* de fept-huit de pouce de haut.

19 OVIDIUS NASO. La Tête du *Poëte Ovide*, avec cheveux courts & frifés & couronne de laurier. Sur *cornaline* d'environ un pouce de haut.

20 THEOCRITUS. Le Bufte de *Théocrite*, avec cheveux courts, forte & longue barbe, & couronne de laurier. Sur *cornaline fardonix* de un & un huit de pouce de haut.

21 M. VARRO. Le Bufte de *Varron*, vu par le dos, avec tête nue & cheveux courts. Sur *agate* de fept-huit de pouce de haut.

22 L. CORN. SYLLA COS. La Tête nue du *Conful Sylla*, avec cheveux courts & frifés. Sur *fardonix* de fept-huit de pouce de haut.

23 T. QUINTIUS FLAMINIUS COS. La Tête nue du *Conful Flaminius*. Sur *fardonix* de même hauteur que le précédent.

24 L. ANN. LUCANUS. La tête nue de *Lucain*, le *Poëte*, avec cheveux courts & frifés. Sur *fardonix* de même hauteur que le précedent.

25 JUNIUS RUSTICUS. La Tête nue de *J. Ruſticus*, avec barbe. Sur *cornaline* d'un pouce de haut.

26 XENOCRATES. La Tête nue du *Philoſophe Xéno-crate*, en partie chauve & avec forte barbe. Sur *cornaline* de un & un huit de pouce haut.

27 PINDARUS. La Tête du *Poëte Pindare*, avec cheveux courts, forte barbe & bandelette. Sur *ſardo-nix* de un & un huit de pouce de haut.

28 ZALEUCUS. La Tête de *Zaleucus*, *le Légiſlateur*, avec cheveux courts & friſés, forte barbe & cou-ronne de laurier : cette Tête a une draperie au bas du cou. Sur *cornaline* de un & un huit de pouce de haut.

29 RITEUS. Le Buſte de *Ritéus*, avec tête friſée & draperie. Sur *cornaline* de même hauteur que la précédente.

30 ERATOSTHENES. Le Buſte d'*Eratoſthène*, avec tête nue & en partie chauve, barbe épaiſſe & dra-perie. Sur *cornaline* de même hauteur que la pré-cédente.

TIROIR Nº. LIX.

Contenant XXI Cornalines & autres Pierres
gravées en creux.

Nº. 1 Un Bufte de femme inconnue, avec les cheveux
relevés en treffes & une draperie. Sur *fardonix* de
un & un quart de pouce de haut.

2 ARRICIDIA TITI UXOR I. La Tête d'*Arricidie*,
premiere femme de Titus, avec les cheveux relevés
en treffes. Cette tête a une draperie au bas du cou.
Sur *fardonix* de un & un huit de pouce de haut.

3 Un Bufte de femme inconnue, avec les cheveux
en partie retrouffés & en partie pendans derriere le
cou. Ce Bufte eft drapé. Sur *fardonix* de un & un
quart de pouce de haut.

4 OCTAVIA AUGUSTI SOROR. Le Bufte d'*Octavie*,
fœur d'Augufte, vu par le dos, avec cheveux re-
trouffès, & bandelette. Sur *cornaline blanchâtre*
de un & un huit de pouce de haut.

5 VALERIA MESSALINA AUG. Le Bufte de *Valérie
Meffaline, femme de Claude*, avec cheveux retrouffés, & une treffe autour de la tête. Ce bufte a une
draperie. Sur *cornaline blanchâtre*, de même hauteur que la précédente.

6 ÆLIA PETINA CLAUDII UXOR. Le Bufte de *Pé-tine, femme de Claude*, avec cheveux relevés en treffes, diadême & draperie. Sur *cornaline blanche*, de même hauteur que la précédente.

7 PLAUTILLA HERCULANIA. Le Bufte de *Plautille Herculanie*, avec cheveux retrouffés, ruban & draperie. Sur *cornaline blanche*, de même hauteur que la précédente.

8 LOLLIA PAUSINA CALIGULÆ UX. III. Le Bufte de *Lollie Paufine, troifieme femme de Caligula.* avec cheveux retrouffés, petite coëffure fur le derriere de la tête & bandelette. Ce bufte a une draperie. Sur *cornaline blanche*, de même hauteur que la précédente.

9 STATILIA MESSALINA NERONIS UX. Le Bufte de *Meffaline, femme de Néron*, avec cheveux en partie retrouffés, & en partie pendans, diadême, orné de perles & draperie. Sur *cornaline blanche*, de même hauteur que la précédente.

10 LIVILLA CALIGULÆ SOROR. Le Bufte de *Liville, fœur de Caligula*, avec cheveux relevés en treffes, bandeau & draperie. Sur *cornaline blanche*, de même hauteur que la précédente.

11 TITIANA PERTINACIS UXOR. Le Bufte de *Titiana, femme de Pertinax*, avec cheveux relevés en treffes, bandelette & draperie. Sur *cornaline blanche*, de même hauteur que la précédente.

12 JULIA CÆSARIS FILIA. Le Bufte de *Julie, fille d'Augufte*, avec cheveux en partie retrouffés & en partie pendans derriere le cou , diadème & draperie. Sur *cornaline blanche* , de même hauteur que la précédente.

13 DRUSILLA CALIGULÆ FIL. Le Bufte de *Dru-fille, fille de Caligula* , avec cheveux retrouffés & fort ornés de treffes. Ce Bufte eft drappé. Sur *cornaline blanche* , de même hauteur que la pré-cédente.

14 LEPIDA UXOR GALBÆ. Le Bufte de *Lépida , femme de Galba* , ayant les cheveux relevés en treffes & attachés avec un ruban, orné de perles. Ce Bufte eft drappé. Sur *cornaline blanche* , de même hauteur que la précédente.

15 JULIA AUGUSTI FILIA. Le Bufte de *Julie, fille d'Augufte* , avec les cheveux relevés en treffe & formant un bourlet derriere la tête. Ce Bufte eft drappé. Sur *cornaline blanche* , de même hauteur que la précédente.

16 OCTAVIA NERONIS UXOR. Le Bufte d'*Octavie , femme de Néron* , avec les cheveux retrouffés & une groffe treffe qui lui paffe fur la tête. Ce Bufte a une draperie. Sur *cornaline blanche* , de même hauteur que la précédente.

17 LIVIA ORESTILLA CALIGULÆ UX. II. Le Bufte de *L. Oreftille, feconde femme de Caligula* ,

avec les cheveux relevés en treffes & draperie. Sur
cornaline blanche, de même hauteur que la précédente.

18 MUMMIA ACHAIA GALBÆ MAT. La Tête de
Mummia Achaïa, mere de Galba, avec les cheveux
retrouffés, treffes arrangées, & voile qui lui couvre
une partie de la tête & du cou. Sur *cornaline
blanche*, de même hauteur que la précédente.

19 Une Tête de femme inconnue , avec une groffe
treffe qui defcend le long du vifage & tombe fur
le cou. Sur *fardonix* de un & un quart de pouce
de haut.

20 FLAV. DOMITILLA VESPASIANI UX. Le bufte
de *Fl. Domitilla, femme de Vefpafien*, avec les
cheveux retrouffés, treffe arrangée autour du front
& draperie. Sur *fardonix* de un & un huit de
pouce de haut.

21 Un Bufte de femme inconnue , avec cheveux
relevés en treffes & formant un gros bourlet fur
la tête. Ce Bufte a une draperie. Sur *fardonix* de
un & un quart de pouce de haut.

TIROIR

TIROIR N°. LX.

Contenant XXI Cornalines & autres Pierres
gravées en creux.

N°. 1 Une Tête nue, fort barbue & frifée, dont
une partie eft chauve. Sur *cornaline* de un & un
quart de pouce de haut.

2 PRUSIAS. La Tête de *Prufias, Roi de Bithynie*,
avec cheveux en partie retrouffés & en partie pendans. Cette Tête eft ceinte de laurier. Sur *cornaline* d'un pouce de haut.

3 JANUS BICEPS. La Tête de *Janus à deux faces*,
dans le milieu defquelles fur les cheveux, fe voit
un crâne de bélier. Cette tête eft couverte d'un
bonnet. Sur *cornaline* de un & trois huit de pouce
de haut.

4 JUBA JUNIOR REX MAURITANIÆ. La Tête de
Juba le jeune, Roi de Mauritanie, avec cheveux
courts & bandeau. Sur *cornaline* d'un pouce de
haut.

5 Une Tête nue, avec cheveux courts. Sur *cornaline*
de un & trois huit de pouce de haut.

6 Un Bufte, avec cheveux frifés, forte barbe &
couronne de laurier. Sur *agathe blanche & tranfparente* d'un pouce de haut.

Q

7 TARSIS. La Ville de *Tarfe*, repréfentée par un Bufte de femme couronnée de tours, avec voile qui couvrant en partie la tête lui tombe fur les épaules. Ce bufte a une draperie. Sur *cornaline fardonix* de un & un huit de pouce de haut.

8 URBS ROMA. Le Bufte de la Ville de *Rome*, avec les cheveux retrouffés, cafque panaché & une efpece de robe. Sur *cornaline fardonix* de même hauteur que la précédente.

9 MITHRIDATES EUPATOR. La Tête de *Mithridate Eupator*, avec cheveux courts & frifés, & bandeau. Sur *cornaline - fardonix* d'un pouce de haut.

10 Une Tête avec cheveux courts & frifés, forte barbe & draperie : cette Tête eft couverte par-derriere d'une efpece de bonnet en forme de corne, qui defcend en fe retournant fur l'oreille. Sur *cornaline-fardonix* de un & trois huit de pouce de haut.

11 FL. VESPASIANUS AUG. Le Bufte de *Vefpafien*, vu par le dos, avec cheveux courts & couronne de laurier. Sur *cornaline-fardonix* de un & fept huit de pouce de haut.

12 Une Tête avec cheveux frifés & pendants le long du cou, longue barbe fort garnie, & bandeau orné de perles : cette Tête a une draperie au bas

du cou. Sur *cornaline* de un & trois-huit de pouce de haut.

13. SABINA AUG. Le Buſte de *Sabine*, *femme d'A-
drien*, avec les cheveux en partie retrouſſés, & en
partie pendans en boucles, groſſe treſſe autour de
la tête, & draperie. Sur *cornaline* d'un pouce de
haut.

14 CILICIA Le Buſte de la *Cilicie*, vue par le dos,
& repréſentée avec bonnet & draperie. Sur *Cornaline* de un & un huit de pouce de haut.

15 CONSTANTINOPOLIS. Le Buſte de la *ville de
Conſtantinople*, avec les cheveux retrouſſés, caſque
panaché & orné de laurier. Ce buſte a une eſpece
de robe. Sur *cornaline* de même hauteur que la
précédente.

16 NICOMEDES, Rex BITHYNIÆ. La Tête de *Ni-
comede*, *Roi de Bithynie*, avec cheveux courts &
bandeau. Sur *cornaline* d'un pouce de haut.

17 NERO CLAUDIUS CÆSAR AUG. La Tête de *Néron*, radiée, avec cheveux courts, peu de barbe &
couronne de laurier. Sur *agate ſardonix*, d'environ
un & trois-huit de pouce de haut.

18 AUGUSTUS. La Tête d'*Auguſte*, avec cheveux
courts & couronne de laurier. Sur *cornaline* de ſept-
huit de pouce de haut.

19 D. CLOD. SEPT. ALBINUS AUG. La Tête d'*Al-*

bin, avec cheveux courts & frifés, forte barbe &
couronne de laurier. Sur *cornaline-fardonix* de un
& trois-huit de pouce de haut.

20 SABINA AUG. Le Bufte de *Sabine*, *femme d'A-*
drien, avec cheveux retrouffés, & treffe autour de
la tête. Sur *cornaline* de un & trois-huit de pouce
de haut.

21 Une Tête, avec cheveux courts & frifés, & une
couronne de laurier. Cette tête a une draperie au
bas du cou. Sur *cornaline* de un & trois-huit de
pouce de haut.

TIROIR N°. LXI.

Contenant XXX Cornalines & autres Pierres
gravées en creux.

N°. 1 ARCHYTAS. La Tête nue d'*Archytas*, *philo-*
fophe pythagorien, avec cheveux retrouffés, forte
barbe & draperie. Sur *agathe-fardonix* de un &
un huit de pouce de haut.

2 ALCÆUS MIT. La Tête nue du *Poëte Alcée de Mi-*
tilene, avec cheveux frifés, forte barbe & draperie. Sur *cornaline* de un & un huit de pouce de
haut.

3 DEMOCRITUS. La Tête nue de *Democrite*, avec

cheveux courts & frifés , & barbe épaiffe. Sur *cornaline* de même hauteur que la précédente.

4 ARISTOPHANES. La Tête nue du *poëte Ariftophane,* avec cheveux frifés & pendans derriere le cou , & barbe. Sur *agate-fardonix ,* de même hauteur que la précédente.

5 HOMERUS. La Tête d'*Homere ,* ceinte d'une bandelette, & ayant une draperie au bas du cou Sur *cornaline-fardonix ,* de même hauteur que la pierre précédente.

6 PYTHAGORAS. La Tête du *philofophe Pythagore ,* avec cheveux courts , forte barbe & bandeau Sur *cornaline-fardonix ,* de même hauteur que la précédente.

7 VIRGILIUS MARO. Le Bufte de *Virgile ,* vu par le dos, avec longue chevelure pendante en ondes , & couronne de laurier. Sur *cornaline* d'un pouce de haut.

8 CALISTHENES. La Tête du *philofophe Califthène ,* nue & fans cou, avec de longs cheveux pendans en partie en boucles, & en partie retrouffes autour de la tété, & barbe. Sur *fardonix* d'un pouce de haut.

9 PITTACUS. La Tête nue de *Pittacus ,* avec cheveux frifés, & barbe. Cette Tête a une draperie au bas du cou. Sur *cornaline* d'un pouce de haut.

Q 3

10 ASCLEPIADES La Tête nue d'*Asclépiade*, *médecin Grec méthodicien*, avec cheveux courts & trisés, & peu de barbe. Cette tête est en partie chauve, & a une draperie au bas du cou. Sur *cornaline* de même hauteur que la précédente.

11 EPICURUS. La Tête nue d'*Epicure*, avec le dessus en partie chauve, cheveux courts & barbe assez longue. Cette tête a une draperie au bas du cou. Sur *cornaline-sardonix*, de un & un huit de pouce de haut.

12 HERACLITUS. La Tête nue d'*Héraclite*, fort barbue & frisée, & ayant une draperie au bas du cou. Sur *cornaline-sardonix*, de même hauteur que la précédente.

13 MARCION. La Tête nue de *Marcion*, avec cheveux frisés, barbe & draperie. Sur *agathe* d'un pouce de haut.

14 LEODAMAS. La Tête nue de *Léodamas*, avec cheveux courts & barbe. Sur *cornaline* d'un pouce de haut.

15 ARCHIMIA. La Tête d'*Archimia*, avec cheveux courts, forte barbe & bandeau. Cette tête a une draperie au bas du cou. Sur *cornaline* de un & un huit de pouce de haut.

16 HESIODUS La Tête nue d'*Hésiode*, avec cheveux pendans & barbe. Sur *cornaline* de même hauteur que la précédente.

17 ARISTIDES. La Tête nue d'*Ariftide*, barbue &
frifée. Sur *agate* d'un pouce de haut.

18 POSIDIPPUS. La Tête de *Pofidippus*, nue & frifée. Cette Tête a une draperie au bas du cou. Sur
cornaline de un & un huit de pouce de haut.

19 ARISTOMACHUS. Le Bufte d'*Ariftomache*, avec
tête barbue & frifée. Ce Bufte eft drappé. Sur *cornaline* de un & un huit de pouce de haut.

20 HIPPOCRATES. La Tête nue d'*Hippocrate*, avec
cheveux courts & barbe épaiffe. Le deffus de cette
tête eft chauve. Sur *cornaline* de même hauteur que
la précédente.

21 APULEJUS. La Tête d'*Apulée*, avec longue chevelure pendante en ondes le long du cou bandeau &
draperie. Sur *cornaline* d'un pouce de haut.

22 CARNEADES. La Tête nue du *Philofophe Car-
néade*, barbue & frifée, & ayant une draperie au
bas du cou. Sur *agate fardonix* d'un pouce de
haut.

23 THALES La Tête de *Thalès*, femblable à l'antécédente, mais fans draperie. Sur *agate fardonix* de
même hauteur que la précédente.

24 APOLLONIUS TYANEUS. La Tête nue d'*Apollonius de Tyane*, avec cheveux en partie relevés &
partie pendants en boucles le long du cou, barbe
longue & draperie. Sur *cornaline* d'environ un
pouce de haut.

Q 4

25 SOPHOCLES. La Tête nue de *Sophocle*, *Poëte tragique*, fort barbue & frifée, & ayant une draperie au bas du cou. Sur *cornaline* de un & un huit de pouce de haut.

26 PLATO. La Tête de *Platon*, avec les cheveux en partie retrouffés & en partie pendants en boucles le long du cou, barbe épaiffe & longue, bandelette & draperie. Sur *cornaline* de même hauteur que la précédente.

27 CHRYSIPPUS. La Tête nue de *Chryfippe* avec cheveux retrouffés & frifés, forte barbe & draperie. Sur *cornaline* de même hauteur que la précédente.

28 ANACREON. Le Bufte du *Poëte Anacréon*, ayant les cheveux en partie retrouffés & en partie pendants en boucles le long du cou, longue & forte barbe, couronne de laurier & draperie. Sur *cornaline* de même hauteur que la précédente.

29 SAPHO. Le Bufte de *Sapho*, avec les cheveux frifés fur le front, retrouffés par derriere, & pendants en partie le long du cou. Sur *agate fardonix* de un & un huit de pouce de haut.

30 ISOCRATES. La Tête nue d'*Ifocrate*, avec cheveux courts & barbe. Sur *cornaline fardonix* de un & un huit de pouce de haut.

TIROIR N°. LXII.

Contenant XXI Cornalines & autres Pierres
gravées en creux.

N°. 1 MATIDIA AUG. Le Buste de *Matidie*, *niece
de Trajan*, coëffée en cheveux avec tresses, ceinte
d'un double diadême & ayant une draperie. Sur
cornaline d'un pouce de haut.

2 MARCIA OCTACILIA SEVERA AUG. Le Buste
d'*Octacilie*, ayant les cheveux relevés en tresses,
diadême & draperie. Sur *cornaline* de un & un
huit de pouce de haut.

3 HER. CUP. ETRUSCILLA AUG. Le Buste d'*Etrus-
cille*, *femme de Trajan Déce*, avec cheveux fort
arrangés & tresse qui forme une espece de bonnet. Sur *cornaline* de même hauteur que la précédente.

4 DIVA MARINIANA AUG. Le Buste de *Mariniane*,
femme de l'Empereur Valérien, avec cheveux retroussés & arrangés, tresse sur le front, & voile
qui couvrant en partie la tête, lui tombe sur les
épaules. Sur *cornaline* de même hauteur que la
précédente.

5 MANLIA SCANTILLA AUG. Le Buste de *Manlia*

Scantilla, ayant les cheveux retrouffés & bourlet de treffes derriere la tête. Sur *agate fardonix* d'un pouce de haut.

6 JULIA MAMÆA AUG. Le Bufte de *Mamée*, *Mere d'Alexandre Sévère*, avec les cheveux applatis & retrouffés, & diadême. Sur *cornaline* d'un pouce de haut.

7 PLOTINA AUG. Le Bufte de *Plotine*, *femme de Trajan*, ayant les cheveux retrouffés, treffe formant une coëffure finguliere, diadême & bandeau. Sur *agate fardonix* d'un pouce de haut.

8 JUL. CORN. SALONINA CHRYS. Le Bufte de *Salonine*, *femme de l'Empéreur Gallien*, ayant les cheveux relevés en treffes & diadême. Sur *cornaline* de un & un quart de pouce haut.

9 ULPIA SEVERINA P. F. AUG. Le Bufte de *Sévérine*, femblable à l'antécedent. Sur *fardonix* de un & un huit de pouce de haut.

10 Un Bufte inconnu, avec les cheveux retrouffés & groffe treffe autour de la tête. Sur *cornaline jaune* de trois quarts de pouce de haut.

11 Un très-beau Bufte, ayant les cheveux frifés, longue treffe pendante & diadême. Sur *fardonix* d'environ un & demi pouce de haut.

12 Un Bufte inconnu, coëffé à peu près de même que celui du N°. 10. Sur *cornaline jaune* de trois quarts de pouce de haut.

13 Diva Faustina Aug. Le Bufte de *Fauftine*, ayant les cheveux retrouffes avec un ruban, une petite couronne de perles, & un voile qui couvrant en partie la téte lui tombe fur les epaules Sur *cornaline* de un & un huit de pouce de haut.

14 Fl. Jul. Helena Aug. Le Bufte d'*Helene*, avec les cheveux retrouffes & ornés de perles, au deffus & autour de la téte. Sur *agate noire* d'un peu plus d'un pouce de haut.

15 Julia Domna. P. F. Aug. Le Bufte de *Julie*, *femme de Septime Sévère*, ayant les cheveux relevés en treffes. Sur *agathe-fardonix* de un & un huit de pouce de haut.

16 Justa Fulvia Plautilla Aug. Le Bufte de *Plautille*, avec les cheveux frifés, bourlet de treffes derriere la téte, & bandelette. Sur *cornaline* d'un pouce de haut.

17 Julia Mæsa Aug. Le Bufte de *Méfa*, avec les cheveux un peu applatis, & retrouffes par derriere. Sur *agathe-fardonix* d'un pouce de haut.

18 Faustina Aug. Le Bufte de *Fauftine*, ayant les cheveux retrouffés, petit bourlet & bandelette. Sur *cornaline* de un & un huit de pouce de haut.

19 Lucilla Aug. Le Bufte de *Lucille*, *femme de L. Vérus*, ayant les cheveux retrouffés & treffe

qui forme un bourlet derriere la tête. Sur *cornaline* de même hauteur que la précédente.

20 DIVA PAULINA AUG. Le Buſte de *Pauline*, avec les cheveux retrouſſés & voile, qui couvrant une partie de la tête lui tombe ſur les épaules. Sur *cornaline* d'un pouce de haut.

21. FAUSTINA AUG. Le Buſte de *Fauſtine*, ayant les cheveux retrouſſés & entrelaſſés de perles, & une treſſe. Sur *cornaline* de un & un huit de pouce de haut.

T I R O I R Nº. LXIII.

Contenant XIX Cornalines & autres Pierres gravées en creux.

---

1 Un Buſte, avec cheveux friſés, corne de helier retournée ſur l'oreille, petite barbe & draperie. Sur *cornaline* de un & demi pouce de haut.

2 Un Buſte, vu par le dos, avec tête couverte d'un bonnet en forme de turban, barbe épaiſſe & bandelette. Sur *Jaſpe* d'un peu plus de un & demi pouce de haut.

3 Un Buſte de Guerrier, vu par le dos, avec barbe épaiſſe, caſque panaché & draperie. Sur *cornaline* d'un peu moins de un & demi pouce de haut.

4 Un Buſte de femme vêtue, ayant l s cheveux
en partie retrouſſés & en partie pendans le long
du cou, & attachés derriere la tête. Sur *cornaline*
d'un peu plus d'un pouce de haut.

5 Un Buſte de femme, ayant les cheveux retrouſſés
avec bandelette, & une draperie qui lui couvre
une partie du ſein. Sur *cornaline* de un & demi
pouce de haut.

6 Un Buſte de femme, avec les cheveux retrouſſés,
couronne murale, voile attaché derriere la tête
& tombant ſur l'épaule, & draperie. Sur *cornaline* de même hauteur que la précedente.

7 Un Buſte de femme, avec longue chevelure pendante en ondes ſur le cou, & draperie. Sur *agathe
noire* d'un pouce de haut.

8 Un Buſte, vu par le dos & preſque nu, avec
forte barbe & caſque à la grecque, ſur lequel
eſt repréſenté le combat d'un centaure avec cupidon. Sur *cornaline-ſardonix* de un & demi pouce
de haut.

9 Un Buſte de femme, ayant les cheveux retrouſſés
& treſſe pendante par derriere. Ce Buſte a la tête
ceinte du diadême & une draperie. Sur *cornaline*
d'un pouce de haut.

10 CLEOPATRA MORIENTE. Le Buſte de *Cléopatre mourante*, avec les cheveux en partie relevés

en treſſes & en partie pendans ſur un côté du ſein, & ornés de perles, voile qui deſcend à côté du viſage & tombe ſur l'épaule. Sur *agathe-onix blanchâtre* de deux pouces de haut.

11 La Téte du Génie de la Santé, ayant de groſſes boucles qui lui pendent juſqu'au bas du cou, & ailes dans la chevelure. Sur *cornaline* d'un pouce de haut.

12 PYRRHUS. Le Buſte de *Pyrrhus, Roi d'Epire*, avec forte barbe, caſque très-orné & ſurmonté d'un panache, & une cuiraſſe ornée de deux maſques. Sur *cornaline-ſardonix* de un & cinq-huit de pouce de haut.

13 CUPIDO VENERIS VICTOR. *Cupidon vainqueur de Venus*, repréſenté par un buſte de femme, avec les cheveux en partie retrouſſés & en partie pendans le long du cou. Ce buſte a une draperie. Sur *cornaline ſardonix* de un & un huit de pouce de haut.

14 Un Buſte de Guerrier, avec barbe épaiſſe, caſque panaché, ayant la forme d'une coquille de limaçon & un maſque ſur le devant. Ce buſte a une draperie. Sur *cornaline* de un & trois-huit de pouce de haut.

15 SCIPIO AFRICANUS. Le Buſte de *Scipion l'Afriquain* vu par le dos, avec cheveux courts & friſés, peu de barbe, mufle de taureau qui lui

couvre la tète, & draperie. Sur une belle *corna-line* de un & trois-huit de pouce de haut.

16 VENUS AMORUM MATER. Le Bufte de *Venus*, *mere des Amours*, ayant les cheveux en partie re-trouffes & en partie pendans, bandeau & dra-perie. Sur *cornaline-fardonix* de un & un huit de pouce de haut.

17 Un Bufte d'homme, avec cheveux courts, cou-ronne radiale, & draperie en partie de pellice. Sur *cornaline fardonix* de un & demi pouce de haut.

18 FLORA. Le Bufte de *Flore*, vu par le dos, avec les cheveux retrouffés, tortillés derrriere la tête & ornés de fleurs. Ce bufte a un bandeau & une draperie. Sur *jafpe* de un & demi pouce de haut.

19 Un Bufte, avec cheveux courts & frifés, corne de belier retournée fur l'oreille, forte barbe & draperie. Sur *cornaline fardonix* d'environ mème hauteur que la pierre précédente.

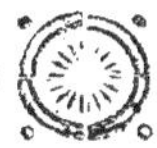

T I R O I R Nº. LXIV.

Contenant **XXXI** Agathes tranſparentes & autres Pierres gravées en creux.

Les Buſtes de trente & un Empereurs Turcs.

Nº. 1 OTHOMAN.	17 MAHOMET III.
2 ORCANES.	18 ACHMET I.
3 SOLIMAN.	19 MUSTAPHA I.
4 AMURAT.	20 OSMAN.
5 BAJAZET I.	21 AMURAT IV.
6 ISA.	22 IBRAHIM.
7 SOLIMAN I.	23 MAHOMET. IV.
8 MUSA.	24 SOLIMAN III.
9 MAHOMET I.	25 ACHMET II.
10 AMURAT.	26 MUSTAPHA II.
11 MAHOMET II.	27 INCERTAIN.
12 BAJAZET II.	28 INCERTAIN.
13 SELIM I.	29 INCERTAIN.
14 SOLIMAN II.	30 INCERTAIN.
15 SELIM II.	31. BAJAZET III.
16 AMURAT III.	

*Toutes ces Pierres ſont d'environ ſept-huit de pouce de
haut, à la reſerve de la dernière qui eſt de un &
trois-huit de pouce de haut.*

TIROIR.

TIROIR Nº. LXV.

Contenant XVII Cornalines & autres Pierres
gravées en creux.

Nº. 1 C. JUN. CASS. POSTUMUS AUG. FIL. Le
Buſte de *Poſtume, le fils*, avec barbe aſſez longue,
caſque panaché & cuiraſſe. Sur *amétiſte* de ſept
huit de pouce de haut.

2 M. FULV. MACRIANUS AUG. PATER. Le Buſte
de *Macrin, le pere*, avec cheveux courts, peu de
barbe, couronne radiée & draperie. Sur *cornaline*
d'un pouce de haut.

3 F. FULV. JUNIUS MACRIANUS AUG. FIL. Le
Buſte de *Macrin, le fils*, avec cheveux courts,
couronne radiée & draperie. Sur *cornaline* de même
hauteur que la précédente.

4 FULVIUS QUIETUS AUG. Le Buſte de *Quietus*,
vû par le dos, avec cheveux courts, couronne radiée & draperie. Sur *cornaline* de un & un huit de
pouce de haut.

5 M. PIAW. VICTORINUS AUG. PATER. La Tête de
Victorin, barbue & friſée, & ceinte de laurier.
Sur *jaſpe* de un & un huit de pouce de haut.

6 M. AUREL. MARIUS AUG. Le Buſte de *Marius*,

R

avec cheveux courts, couronne radiale & draperie.
Sur *cornaline* d'un pouce de haut.

7 MAN. ACIL. AUREOLUS AUG. Le Buſte d'*Auréole*, avec cheveux très-courts, peu de barbe,
couronne radiée & draperie. Sur *cornaline* de un
& un huit de pouce de haut.

8 ÆLIANUS. La Tête d'*Elien*, avec cheveux courts,
barbe épaiſſe & couronne à rayons. Sur *cornaline*
d'un pouce de haut.

9 Un Buſte d'homme, avec cheveux fort courts &
bonnet. Ce buſte eſt vêtu à la moderne. Sur *cornaline ſardonix* de un & cinq huit de pouce de
haut.

10 L. DOMIT. DOMITIANUS AUG. La Tête de *D.
Domitien*, avec cheveux courts, peu de barbe, &
couronne de laurier. Sur *cornaline* d'un pouce de
haut.

11 TETRICI PATER ET FILIUS. Les Buſtes des deux
Tetricus, *pere & fils*, accolés. L'un & l'autre ont
les cheveux courts, barbe épaiſſe, couronne de
laurier & draperie. Sur *cornaline* de même hauteur que la précédente.

12 HEROIAS VABALATHUS AUG. Le Buſte de *Vabalathus*, vu par le dos, avec cheveux courts, peu
de barbe, couronne de laurier & draperie. Sur
cornaline de même hauteur que la précédente.

13 CLAUDIUS GOTHICUS AUG. Le Buste de *Claude
le Gothique*, vu par le dos, avec tête barbue &
frifée, couronne de laurier, & draperie. Sur *cornaline* de un & un huit de pouce de haut.

14 M. AUREL. CLAUD. QUINTILLUS AUG. Le Buste
de *Quintillus*, *fils de Claude le Gothique*, vu par
le dos, avec tête barbue & frifée, couronne radiale & draperie. Sur *cornaline* de même hauteur
que la précédente.

15 M. CLAUD. TACITUS AUG. Le Buste de *l'Empereur Tacite*, avec cheveux courts & frifés, couronne de laurier & draperie. Sur *cornaline jaune*,
de même hauteur que la précédente.

16 VAL. AURELIANUS. Le Buste de *Valere Aurélien*, avec tête barbue & frifée, couronne radiée
& cuiraffe. Sur *cornaline* d'un pouce de haut.

17 M. ANN. FLORIANUS AUG. Le Buste de *Florien*,
avec tête barbue & frifée, couronne de laurier &
draperie. Sur *cornaline* de un & un quart de pouce
de haut.

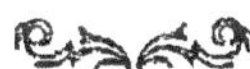

TIROIR N°. LXVI.

Contenant XXI Cornalines & autres Pierres gravées en creux.

N°. 1 VERTUMNUS. Le Buſte de *Vertomne*, avec de longs cheveux, barbe épaiſſe & draperie. Ce buſte a la tête entourée de roſeaux. Sur *cornaline* de un & un quart de pouce de haut.

2 LISIMACHUS. La Tête de *Liſimachus*, *Roi de Pont & de Thrace*, avec de longs cheveux friſés, pendans le long du cou, corne de belier & bandelette. Sur *cornaline* de un & un huit de pouce de haut.

3 ALEXANDER. La Tête d'*Alexandre*, coëffée de la dépouille d'un lion. Sur *cornaline* de un & trois-huit de pouce de haut.

4 MARCUS AURELIUS ANTON. AUG. Le Buſte de *Marc-Aurele*, avec tête barbue & friſée, couronne de laurier & draperie. Sur *cornaline* d'un pouce de haut.

5 TRIPTOLEMUS. La Tête de *Triptoléme, fils de Célée, Roi d'Eluſis*, avec cheveux courts & friſés, & couronne de laurier. Sur *cornaline* de un & un quart de pouce de haut.

6 PHILIPPUS ARIDÆUS. La Tête de *Philippe d'Ari-*

dée, couverte d'un mufle de lion. Cette tête a le cou fort court. Sur *cornaline* d'environ même hauteur que la précédente

7 PHILÆTERUS. La Tête de *Philétérus Roi d'Egypte*, avec cheveux courts & frifés, & couronne de laurier. Sur *cornaline* d'un pouce de haut.

8 GELON REX SICILIÆ. La Tête de *Gélon , Roi de Sicile*, avec de longs cheveux pendans, & bandeau. Sur *cornaline* de même hauteur que la précédente.

9 SELEUCUS II. La Tête de *Séleucus II* , avec cheveux courts & bandelette. Sur *cornaline* de un & un huit de pouce de haut.

10 Un Bufte, avec tête en partie chauve, fort barbue & frifée. Ce bufte eft drapé. Sur *cornaline* de un & trois-huit de pouce de haut.

11 Un bufte de femme, coëffée en cheveux , avec diadême orné de perles , & corne de belier. Sur *cornaline* de un & cinq-huit de pouce de haut.

12 Une Tête barbue & frifée. Sur *cornaline* de un & trois huit de pouce de haut.

13 L. ÆL. AUREL. COMMODUS AUG. Le Bufte de *Commode*, avec cheveux courts & frifés, couronne de laurier & draperie. Sur *cornaline* de un & un huit de pouce de haut.

14 PTOLEMÆUS JUBÆ FIL. La Tête de *Ptolemée , fils de Juba*, avec cheveux courts, couronne de

laurier & draperie. Sur *cornaline* d'un pouce de haut.

15 ARSACES. Le Buſte d'*Arſace* , *Roi de Perſe* , avec cheveux friſés & fort arrangés, barbe terminée en pointe, & bandeau. Ce buſte eſt vêtu, & a une étoile ſur l'épaule. Sur *cornaline* de même hauteur que la préccdente.

16 L. ÆL. AUREL. COMMODUS AUG. Le Buſte de *Commode* , avec tête fort barbue & friſée , & ceinte de laurier Ce buſte eſt drapé. Sur *cornaline* de un & un huit de pouce de haut.

17 VULCANUS. La Tête de *Vulcain* , barbue & couverte d'un bonnet. Dans le champ de la pierre derriere le cou , les tenailles. Sur *cornaline* de un & un quart de pouce de haut.

18 M. AUR. PROBUS AUG. INVICTUS. Le Buſte de *Probus l'Invincible* , avec petite barbe , caſque panaché , environné de laurier & cuiraſſe. Sur *cornaline* de un & un huit de pouce de haut.

19 Un Buſte , avec cheveux courts & friſés, bonnet ſingulier en forme de caſque & draperie. Sur *cornaline pâle* de un & trois-huit de pouce de haut.

20. PERSEUS ARIDEI FIL. La Tête de *Perſée* , *fils d'Aridée* , avec cheveux en partie retrouſſés & en partie pendans derriere le cou, & caſque aîlé. *Sur cornaline* de un & un huit de pouce de haut.

21 PHANACES. La Tête nue de *Pharnace* , *Roi de Pont* , avec les cheveux friſés & pendants en boucles autour du cou. Sur *cornaline* de un & un quart de pouce de haut.

TIROIR N°. LXVII.

Contenant XXIX Cornalines & autres Pierres
gravées en creux.

n°. Un Bufte de femme, ayant les cheveux en partie pendants en boucles, diadême orné de perles,
voile tombant fur le dos & draperie. Sur *cornaline*
de un & trois-huit de pouce de haut.

2 Q. FABIUS MAXIMUS COS. La Tête nue du *Con-*
ful Fabius Maximus, avec cheveux courts. Sur
agate tranfparente de fept-huit de pouce de haut.

3 Un Bufte de femme, dont la tête eft un peu penchée en avant, ayant les cheveux retrouffés &
treffe fur le milieu de la tête, diadême orné de
perles, & draperie. Sur *cornaline* de un & un
quart de pouce en travers.

4 Un Bufte de femme, ayant les cheveux en partie
relevés en treffes & en partie pendants en boucles
fur le cou. Sur *fardonix* d'un pouce de haut.

5 Un Bufte de femme, ayant les cheveux retrouffés
par derriere & attachés fur la tête, quelques boucles
pendantes le long du cou, bandelette & draperie.
Sur *cornaline* de un & trois - huit de pouce de
haut.

6 C. MARTIUS CORIOLANUS COS. La Tête du

Conful Coriolan, couverte d'un cafque & ayant une petite draperie au bas du cou. Sur *agate blanche & tranfparente* de fept - huit de pouce de haut.

7 CATO UTICENSIS. La Tête nue de *Caton d'Utique*, avec cheveux courts & frifés. Sur *cornaline* de fept-huit de pouce de haut.

8 Un Bufte de femme, avec les cheveux retrouffés & entrelaffés de perles, voile tombant d'un côté fur l'épaule, & draperie. Sur *cornaline* de un & un huit de pouce de haut.

9 Un Bufte de femme, ayant les cheveux retrouffés par derriere, & attachés fur la tête, diadême & draperie. Sur *agate brune* de trois quarts de pouce de haut.

10 PERGAMUS. La Tête de *Pergamus*, avec cheveux courts & cafque panaché. Sur *cornaline* d'un pouce de haut.

11 NICOMEDES REX BITHYNIÆ. La Tête de *Nicoméde*, *Roi de Bithynie*, à peu près femblable à l'antécédente. Sur *cornaline* d'environ même hauteur que la précédente.

12 PERICLES. La Tête de *Péricles*, *Capitaine Grec*, à peu près femblable à l'antécédente, excepté que le cafque eft entouré de laurier. Sur *cornaline* de fept-huit de pouce de haut.

13 Un Bufte de femme, ayant la tête penchée en avant,

avec les cheveux retrouffés & frifés , & une treffe ,
voile pendant fur le dos & draperie. Sur *jafpe jaunâtre* de un & un huit de pouce en travers.

14 Une Tête de femme , ayant les cheveux retrouffés
avec une bandelette , & formant un bourlet par
derriere , d'où pend un voile jufqu'au bas du cou.
Sur *cornaline* de fept-huit de pouce de haut.

15 Un Bufte de femme , coëffée en cheveux avec
treffe , bandelette , & voile qui defcend jufques fur
l'épaule. Ce Bufte a une draperie. Sur *cornaline* de
un & demi pouce de haut.

16 EUMENES. La Tête d'*Eumène , Roi de Pergame* ,
avec cheveux courts & couronne de laurier. Sur
agate tranfparente de fept-huit de pouce de haut.

17 Un Bufte de femme , ayant les cheveux retrouffés avec treffe , & voile fur le derriere de la tête ,
tombant fur l'épaule gauche. Ce Bufte a une draperie. Sur *cornaline fardonix blanche* d'un peu plus
de un & un huit de pouce de haut.

18 PYRRHUS. La Tête de *Pyrrhus , Roi d'Epire* ,
ayant un cafque panaché , avec une corne de bélier. Sur *agate tranfparente* de fept-huit de pouce de
haut.

19 CYZICUS REX SYRIÆ La Tête de *Cyzique , Roi
de Syrie* , avec cheveux pendants derriere le cou , &
bandeau. Sur *agate tranfparente* de même hauteur
que la précédente.

20 CODRUS ATH. REX. La Tête de *Codrus Roi d'A-thénes* , avec cheveux pendants, barbe affez longue, & bandeau. Sur *agate fardonix* de même hauteur que la précédente.

21 SERTORIUS. La Tête nue & frifée de *Sertorius.* Sur *agate tranfparente* de même hauteur que la précédente.

22 Un Bufte de femme, vu par le dos, ayant les cheveux retrouffés par derriere, & attachés fur la tête , treffe & boucle pendante fur le cou, & draperie. Sur *agate brune & marbrée* d'environ un & un quart de pouce de haut.

23 Uu Bufte de femme , ayant les cheveux retrouffés & ornés de fleurs, & une boucle pendante. Ce Bufte a contre l'épaule une Corne d'abondance qui regorge de fruits. Sur *cornaline* de fept-huit de pouce de haut.

24 PHEDRA. La Tête de *Phédre* , avec cheveux en partie retrouffés & en partie pendants fur le cou , bandeau & petite draperie. Sur *agate tranfparente* de fept-huit de pouce de haut.

25 Un Bufte de femme , ayant les cheveux retrouffés & frifés avec treffe. Ce Bufte a une draperie. Sur *cornaline* de un & demi pouce de haut.

26 Une Tête de femme , ayant les cheveux retrouffés, diadéme & voile , qui la couvrant en partie, fe termine par derriere en pointe, & forme comme

une espece de bonnet. Sur *cornaline* de sept-huit de pouce de haut.

27 Un Buste de femme, ayant la tête fort penchée en avant, avec les cheveux en partie retroussés & en partie pendants en tresses sur les épaules, & draperie. Sur *cornaline sardonix* de un & un quart de pouce en travers.

28 ARATUS. La Tête nue du *Poëte Aratus*, en partie chauve, avec cheveux courts & frisés, & barbe épaisse. Cette Tête a une draperie au bas du cou. Sur *cornaline* d'un pouce de haut.

29 Un Buste de femme, ayant les cheveux retroussés, petite coëffure plissée sur le devant de la tête, voile qui la couvre en partie par derriere, noué au bas avec un ruban, orné de perles. Sur *cornaline* de un & trois-huit de pouce de haut.

TIROIR N°. LXVIII.

Contenant XIII Cornalines & autres Pierres gravées en creux.

---

1 P. HELV. PERTINAX AUG. La Tête de *Pertinax*, ceinte de laurier. Sur *cornaline-sardonix* de un & demi pouce de haut.

2 HERCULES JUVENIS. La Tête nue & frisée d'*Her-*

cule jeune, avec la maffue derriere le cou. Sur
cornaline de un & cinq-huit de pouce de haut.

3 L. SEPT. SEVERUS PERTINAX AUG. Le Bufte
de *Septime Sévère*, vu par le dos, avec tête barbue & frifée & ceinte de laurier. Ce Bufte eft
drappé. Sur *cornaline-fardonix* de un & demi pouce
de haut.

4 JUPITER. Le Bufte de *Jupiter*, avec bandelette
autour de la tête, & une draperie qui forme une
efpece de robe. Sur *cornaline-fardonix* de même
hauteur que la précédente.

5 AFRICA. Le Bufte de l'*Afrique*, avec forte barbe,
& coëffé de la dépouille d'un Elephant. Ce bufte
eft drappé. Sur *cornaline-fardonix* de même hauteur que la précédente.

6 JULIA TITI FILIA. Le Bufte de *Julie*, *fille de
Titus*; femblable, pour la profondeur de la gravure & la grandeur, à la célebre cornaline qui
fe trouve de cette Princeffe, dans le tréfor de
St. Denis en France. Sur *cornaline* d'environ deux
pouces de haut.

7 CLEOPATRA. Le Bufte de *Cléopatre*, ayant les
cheveux en partie retrouffés & en partie pendans
en boucles fur l'épaule. Ce bufte eft vétu d'une
robe ornée de perles. Sur *cornaline-fardonix* de
même hauteur que la précédente.

8 L. AEL. AUREL. COMMODUS AUG. Le Bufte de

Commode, vu par le dos, ayant la tête ceinte de laurier, & fur l'épaule gauche une dépouille de Lion, qui lui couvre une partie du dos. Sur *cornaline-fardonix* de un & fept-huit de pouce de haut.

9 M. Did. Sev. Julianus Aug. La Tête de *Julien*, barbue & frifée, & ceinte de laurier. Sur *cornaline-fardonix* de un & demi pouce de haut.

10 Jupiter Olympicus. La Tête de *Jupiter Olympien*, ceinte de laurier. Sur *cornaline-fardonix* de même hauteur que la précédente.

11 Amazon. Le Bufte d'une *Amazone*, avec les cheveux en partie retrouffés, l'arc & le carquois, & ayant une efpece de hache fur l'épaule. Ce bufte a une draperie qui lui laiffe la moitié du fein découvert. Sur *cornaline-fardonix* de un & cinq-huit de pouce de haut.

12 Annia Faustina Anton. Uxor. Le Bufte de *Fauftine, femme de Marc-Auréle*, ayant les cheveux retrouffés & formant une efpece de bourlet fur la tête. Ce bufte a une draperie. Sur *cornaline.fardonix* de même hauteur que la précédente.

13 Helcules. La Tête nue d'*Hercule*. Sur *cornaline-fardonix* de un & demi pouce de haut.

NB. *Tous ces morceaux font d'une grande beauté & d'un travail admirable.*

TIROIR Nº. LXIX.

Contenant XV Cornalines & autres Pierres
gravées en creux.

1 Un Bufte de femme, ayant les cheveux retrouffés,
& bourlet, orné de perles, derriere la tête. Ce
bufte eft drappé. Sur *cornaline blanche & tranfpa-*
rente de un & demi pouce de haut.

2 Un Bufte d'homme, avec tête nue, barbue & frifée. Ce Bufte eft drappé. Sur *cornaline blanche*
& tranfparente de un & trois-huit de pouce de
haut.

3 Un Bufte de femme, ayant les cheveux en partie
retrouffés, treffe & boucles pendantes, diadême
& draperie. Sur *cornaline blanche & tranfparente*
de même hauteur que la précédente.

4 Un Bufte, avec cheveux pendans, bonnet & draperie. Sur *cornaline-fardonix* de un & demi pouce
de haut.

5 Un Portrait d'homme en bufte, avec tête nue,
& cheveux pendans en ondes fur l'épaule. Sur
cornaline-fardonix de un & un huit de pouce de
haut.

6 Un Buſte de femme, avec tête radiée & cheveux retrouſſés, le boiſſeau ſur la tête, ſemblable à celui que l'on donne à Jupiter Sérapis, & une corne de belier. Ce buſte a une draperie. Sur *cornalin-ſardonix* de un & demi pouce de haut.

7 PTOLEMÆUS I. La Tête de *Ptolemée I*, avec cheveux courts & bandeau. Cette tête a une draperie au bas du cou. Sur *agathe blanche & tranſparente* de ſept-huit de pouce de haut.

8 Le Buſte d'un More, vu par le dos & ayant une draperie. Sur *cornaline-ſardonix* de un & trois quarts de pouce de haut.

9 ARETAS REX ARABIÆ. La Tête d'*Arétas*, *Roi d'Arabie*, avec longue chevelure pendante en ondes ſur le cou, & bandeau. Sur *ſardonix* de ſept-huit de pouce de haut.

10 Un Buſte de femme, ayant les cheveux retrouſſés & treſſe tortillée ſur la tête, draperie qui lui laiſſe la moitié du ſein découvert, & un ſerpent qui le picque. Sur *cornaline* d'environ un & demi pouce de haut.

11 Le Portrait d'Inigo Jones, fameux Architecte d'Angleterre, en buſte, avec de longs cheveux pendans en ondes, & bonnet. Sur *cornaline* d'environ un & trois huit de pouce de haut.

12 Un Buſte de jeune homme, avec un grand bon-

net mis un peu de côté, & draperie. Sur *corna-line* d'environ un & demi pouce de haut.

13 Isis. Le Buſte d'*Iſis*, avec cheveux en partie re-trouſſés & en partie pendans en boucles ſur le cou, bandeau & draperie. Sur *cornaline ſardonix* de un & trois huit de pouce de haut.

14 Un Buſte de femme, ayant les cheveux retrouſſés & treſſe, une petite coëffure qui lui couvre une partie de la tête, & draperie. Sur *cornaline ſar-donix* de même hauteur que la précédente.

15 Africa. Le Buſte de l'*Afrique*, coëffée d'une dépouille d'Elephant, & ayant une draperie. Sur *cornaline ſardonix* de même hauteur que la précé-dente.

TIROIR Nº. LXX.

Contenant XXII Cornalines gravées en creux.

Les Buſtes du Fondateur & des vingt & un premiers Grands Maîtres de l'Ordre de Malthe.

Nº. 1 Gerard Tum., Fondateur de l'Ordre de St. Jean de Jéruſalem,

1 Raimond Dupui, vu de face.

2 Auger de Balben.

3

3 ARNAUD DE COMPS, vu de face.

4 GILBERT D'ASSALIT, ou de SAILLI.

5 GASTUS.

6 JOUBERT DE SYRIE.

7 ROGER DESMOULINS.

8 GARNIER DE NAPOLI DE SYRIE.

9 ERMENGARD DAPS, vu de face.

10 GODEFROI DE DUISSON.

11 ALPHONSE DE PORTUGAL, vu de face.

12 GEOFFROI LE RAT, vu de face.

13 GUERIN DE MONTAIGU.

14 BERTRAND DE TEXIS.

15 GUERIN ou GUARIN.

16 BERTRAND DE COMPS. Sur *cornaline sardonix.*

17 PIERRE DE VILLEBRIDE.

18 GUILLAUME DE CHATEAUNEUF.

19 HUGUES DE REVEL.

20 NICOLAS DE LORGUE.

21 JEAN DE VILLIERS.

Toutes ces Pierres font d'environ un & un huit de pouce de haut.

TIROIR N°. LXXI.

Contenant XXI Cornalines & autres Pierres
gravées en creux.

N°. 1 HYLLUS. La Tête d'*Hyllus*, avec cheveux
plats, barbe épaisse, & bandelette. Cette tête a une
draperie au bas du cou. Sur *sardoine* de sept huit
de pouce de haut.

2 Mars & Vénus debout. Sur *onix* d'environ cinq
huit de pouce de haut.

3 Deux Bustes d'homme & de femme accolés.
L'homme, qui est vu par le dos, a la tête barbue,
une couronne de laurier, & une draperie. Sur *amétiste en cabochon* d'un pouce de haut.

4 Jupiter assis, tenant de la main droite une épée
& de la gauche une lance. A ses pieds se voit une
aigle. Sur *onix noir* d'un peu plus de demi pouce
de haut.

5 Une Figure d'homme nu & debout, vue presque
de face, tenant de la droite une lance & portant
la main gauche sur sa tête. A ses pieds se voyent
des trophées d'armes, une cuirasse & un casque.
Cette figure a une draperie qui lui tombe le long
du dos. Sur *cornaline* d'environ un pouce de haut.

6 MÉROPE. Le Bufte de *Mérope*, de face, ayant
les cheveux en partie retrouffés & en partie pendans. Sur *cornaline* de cinq huit de pouce de haut.

7 Une Femme facrifiant à la fanté : elle eft debout
devant un autel enflammé , & tient dans l'une de
fes mains un ferpent. Sur *prime d'émeraude* de fept
huit de pouce de haut.

8 Un Homme nu & debout, ayant le bras gauche
appuyé fur une petite colonne, & tenant de la
main droite un caducée. Sur *fardonix en cabochon* d'un peu plus de cinq huit de pouce de haut,
& fort étroit.

9 Une Lucrece debout, fe plongeant le poignard dans
le fein. Sur *fardonix* de trois quarts de pouce de
haut.

10 Un Sacrifice compofé de trois figures. Sur l'Autel, qui eft au milieu, repofe une victime. Sur
jafpe rouge d'un peu plus de cinq huit de pouce
de haut.

11 Un Bufte de femme, avec cheveux relevés en
partie en treffes, dont quelques-unes pendent fur
le cou, & bourlet fur le derriere de la tête, d'où
pend un petit voile : ce Bufte eft drappé. Sur
Jafpe rouge d'un peu plus de un & un huit de
pouce de haut.

12 Une Figure d'homme en partie nu & debout,

ayant un pied pofé fur un globe. Sur *cornaline* d'un demi pouce de haut.

13 Un Lion terraffant un Cheval. Sur *onix-fardonix* de un & un huit de pouce en travers.

14 Une Figure d'homme nu, avec un genou en terre & tenant un arc. Sur *cornaline* d'environ un demi pouce de haut.

15 Un Bufte de femme, avec les cheveux relevés en treffes, petit voile derriere la tête & une draperie. Sur *fardonix* de un & un huit de pouce de haut.

16 Une Tête de femme, coëffée en cheveux fort arrangés. Sur *fardonix* de fept-huit de pouce de haut.

17 Une Tête de femme, vue de face, coëffée en cheveux. Sur *cornaline* d'environ un demi pouce de haut.

18 Une Figure d'homme nu & debout, tenant d'une main une branche d'olivier, & s'appuyant de l'autre fur un bâton. Sur *cornaline* de même hauteur que la précédente.

19 Une petite Tête d'homme, nue. Sur *fardonix* de trois-huit de pouce de haut.

20 Un Affemblage d'une Hure de fanglier & de deux Têtes d'hommes avec barbe : l'une de ces

deux Têtes eſt mitrée. Sur *onix* d'environ trois-huit de pouce de haut.

21 Un Aſſemblage d'une Tête d'aigle, ſoutenant une Tête de Vieillard avec une barbe fort épaiſſe. De chaque côté de ces deux Têtes eſt une Tête de jeune homme. Sur *cornaline* de ſept-huit de pouce de haut.

TIROIR Nº. LXXII.

Contenant XLIV Cornalines & autres Pierres gravées en relief.

Nº. 1 HERCULES. La Tête d'*Hercule*, coëffée d'un mufle de lion. Sur *cornaline blanche* d'un pouce de haut.

2 Un Portrait d'homme en buſte, avec une grande perruque & vêtu à la moderne, très-artiſtement ſculpté en ivoire, & appliqué ſur une *agate noire* d'environ un demi pouce de haut.

3 Le Portrait du Prince Maurice de Naſſau en buſte vu de face. Sur *onix* de cinq huit de pouce de haut.

4 DEMETRIUS. La Tête de *Démétrius*, barbue & friſée, & ceinte d'un bandeau. Sur *cornaline* d'environ un pouce de haut.

S 3

5 Une petite Tête de Mauresse, vue de face. La Tête
est d'un noir brun, sur un fond bleuâtre.
Sur *onix* d'environ un demi-pouce de haut.

6 Une petite Tête d'homme, avec cheveux courts,
barbe & couronne de laurier. Sur *agate transparente*, d'un peu plus d'un demi-pouce de haut.
Cette pierre est chevée par dessous.

7 Un Buste de femme, vu presque de face, avec
cheveux longs & pendans, diadême & draperie. Ce
Buste est blanc, sur un fond un peu plus brun. Sur
agate-onix, d'un pouce de haut.

8 Deux Chevaux. Sur *camayeu* d'environ un demi-
pouce en travers.

9 Un Buste de femme, coëffée en cheveux & habillée à l'antique. Sur *camayeu* de cinq-huit de pouce
de haut.

10 Un Buste d'homme, avec tête nue, cheveux fort
courts & une fraise. La tête est blanche sur un fond
transparent. Sur *agate-onix*, de cinq-huit de pouce
de haut

11 FAUSTINA AUG. Le Buste de *Faustine*, ayant les
cheveux retroussés, tresse sur la tête, & bourlet
derriere. Ce buste a une draperie, & est jaune sur
un fond blanc. Sur *onix transparent*, d'un peu plus
d'un pouce de haut.

12 Un Homme monté sur un éléphant & sonnant

du cor. Sur *camayeu* de trois-huit de pouce en travers.

13 Hercule combattant le lion de Némée. Sur *camayeu* de même largeur que le précédent.

14 Une Tête de More, de ronde boſſe, avec un bandeau blanc. Sur *onix* d'environ un demi-pouce de haut.

15 Deux Chiens courans. Sur *camayeu* de trois-huit de pouce en travers.

16 Un Cupidon devant un autel enflammé. Sur *camayeu* d'un peu plus d'un demi-pouce de haut.

17 Un Cupidon ſur un cheval marin. Sur *camayeu* d'environ un demi-pouce en travers.

18 Deux Porc-épics. Sur *camayeu* de même largeur que le précédent.

19 Une Tête de ronde boſſe. Le viſage & le derrière de la tête ſont blancs, & le bonnet qui la couvre, eſt noir bordé de blanc. Sur *onix* d'environ un demi-pouce en travers.

20 Un Buſte de femme, ayant les cheveux retrouſ-ſés, voile ſur le derrière de la tête, pendant juſ-qu'au bas du cou, & draperie. Sur *ſardonix* d'un demi-pouce de haut.

21 Un Buſte de femme, ayant les cheveux en par-tie pendans en treſſes le long du cou, diadême &

draperie. Sur *cornaline* de un & un huit de pouce de haut.

22 Une Tête d'homme, avec cheveux pendans par derriere, longue barbe & bandeau. Sur *cornaline blanche & transparente* de même hauteur que la precedente.

23 Une Tête d'homme, nue, avec cheveux courts & presque de ronde bosse. Sur *jaspe* de un & trois-huit de pouce de haut.

24 PLATO. La Tête de *Platon*. Sur *cornaline* d'un pouce de haut.

25 AGRIPPINA AUG. La Tête d'*Agrippine*, avec cheveux frisés & pendans. Cette tête a une draperie au bas du cou. Sur *cornaline* de un & un huit de de pouce de haut.

26 Un Cupidon domptant un lion. Sur *camayeu* d'environ en demi pouce en travers.

27 Un Singe assis. Sur *œil de chat* d'environ un demi-pouce de haut.

28 Une Tête de femme, avec les cheveux retrousses & bandeau, & ayant sur un côté de la tête un voile pendant jusqu'au bas du cou. Sur *camayeu* de trois-quarts de pouce de haut.

29 Deux Chevres blanches sur un fond brun. Sur *agate-onix* de trois quarts de pouce en travers.

30 Une petite Tête de femme, noirâtre, sur un fond

blanc. Sur *agate-onix* de trois-huit de pouce de haut.

31 Deux Animaux ailés, qui reſſemblent à des Gryphons. Sur *camayeu* de trois-huit de pouce en travers.

32 Une petite Tête de More, de ronde boſſe. Cette tête eſt toute noire & ceinte d'un petit bandeau blanc. Sur *onix* de même largeur que la pierre précédente.

33 Un Cupidon aſſis ſur une chevre. Sur *camayeu* de trois-huit de pouce en travers.

34 Un Buſte de femme, avec voile pendant des deux côtés, & draperie. Le viſage & le cou ſont reſervés de couleur de chair, & le voile & la draperie de couleur de cornaline ordinaire. Ce buſte qui eſt d'une rare beauté, eſt ſur *cornaline-onix*, d'un peu plus d'un demi-pouce de haut, certie en or.

35 Une Tête, ayant les cheveux pendans en boucles & caſque. Sur *cornaline* d'un pouce de haut.

36 Deux Tigres. Sur *ſardonix* de cinq-huit de pouce en travers.

37 Un Buſte de femme, avec les cheveux retrouſſés, ornés de perles. & ayant ſur le derriere de la tête un voile pendant le long du cou. Ce buſte qui eſt vêtu à l'antique & richement, eſt d'un beau

blanc, fur un fond brunâtre. Sur *agate-onix* d'environ trois-quarts de pouce de haut.

38 Léda & Jupiter métamorphofé en cigne. Sur
camayeu d'un demi pouce en travers.

39 Un Bufte de femme, ayant les cheveux frifés &
relevés en treffes, bandeau, coëffure attachée dans
les cheveux & pendante par derriere, & un riche
habillement à l'antique. Sur *camayeu* de un & un
huit de pouce de haut.

40 Un Bufte de femme, ayant les cheveux en partie
retrouffés & en partie pendans en boucles fur le
cou, & draperie. Le vifage & le cou font refervés blancs, les cheveux d'une couleur brunâtre, & la draperie ainfi que le fond, d'une autre
couleur. Sur *cornaline-onix* d'environ cinq-huit de
pouce de haut.

41 Une Tête d'Empereur, avec cheveux courts &
couronne de laurier. Le vifage & le cou font refervés d'une couleur jaunâtre, & les cheveux de
même que la couronne, font noirs comme le
fond. Sur *onix* de trois-huit de pouce de haut.

42 Une Tête d'homme, nue, avec cheveux courts
& couronne de laurier. Sur *cornaline* d'un pouce
de haut.

43 Une Tête de femme, ayant les cheveux retrouffés. Sur *camayeu* d'environ un demi pouce
de haut.

44 Un Bufte de femme, vu par le dos, ayant les cheveux relevés en treffes, & derriere la tête une draperie, qui lui tombe fur le dos & le couvre entierement. Le vifage & une épaule font refervés blancs fur un fond tranfparent. Sur *agatheonix* d'un pouce de haut, garnie d'or.

TIROIR Nº. LXXIII.

Contenant XXII Cornalines gravées en creux.

Suite des Grands Maîtres de l'Ordre de Malte en Bufles, du Tiroir LXX.

22 ODON DE PINS.

23 GUILLAUME DE VILLARET, vu de face.

24 FOULQUES DE VILLARET, vu de même.

25 MAURICE DE PAGNAC.

26 HELION DE VILLENEUVE.

27 DIEU-DONNÉ DE GOZON.

28 PIERRE DE CORNILLAN.

29 ROGER DE PINS.

30 RAIMOND BERENGER.

21 ROBERT DE JULLIAC.

32 JEAN FERDINAND d'HEREDIA.

33 RICHARD CARACCIOLO.

34 PHILIBERT DE NAILLAC.

35 ANTOINE DE FLAVIAN.

36 JEAN DE LASTIC.

37 JACQUES DE MILLI.

38 RAIMOND ZACOSTA.

39 JEAN BAPTISTE DES URSINS.

40 PIERRE D'AUBUSSON.

41 EMERI D'AMBOISE.

42 GUY DE BLANCHEFORT.

43 FABRICE CARETTE.

Ces pierres sont à-peu-près de même hauteur que celles du tiroir LXX

TIROIR N°. LXXIV.

Ce Tiroir est vuide.

TIROIR N°. LXXV.

Contenant XIX Cornalines gravées en creux.

---

1 Un Bufte de femme, ayant les cheveux retrouffés
& attachés derriere la tête en forme de bourlet,
& une robe ornée de perles. Sur *cornaline* d'un
pouce de haut.

2 MARTIA AVIA CÆSARIS. La Tête de *Martia*,
ayeule de Jule-Céfar,, entierement couverte d'un
voile qui lui tombe fur les épaules. Sur *cornaline*
de un & un huit de pouce de haut.

3 CLAUDIA NERONIS FILIA. Le Bufte de la *jeune
Claudie*, *fille de Néron*, vu par le dos, avec les
cheveux retrouffés & attachés derriere la tête.
Sur *cornaline-fardonix* d'un pouce de haut.

4 Un Bufte de femme, ayant les cheveux en partie
retrouffés & en partie pendans en boucles fur le
cou, petite draperie, & la moitié du fein découvert. Sur *cornaline-fardonix* de même hauteur que
la précédente.

5 Une Tête de femme, ayant les cheveux retrouffés,
ornés de perles, bourlet par derriere, & draperie au bas du cou. Sur *cornaline-fardonix* de
même hauteur que la précédente.

6 Agrippina Tiberii Uxor. Le Buſte d'*Agrip-pine, femme de Tibére*, avec les cheveux retrouſſés & attachés par derriere au bas de la tête, & draperie. Sur *cornaline* de un & un huit de pouce de haut.

7 Claudia Octavii Uxor. Le Buſte de *Claudie, femme d'Octave*, avec les cheveux retrouſſés & treſſe attachée ſur la tête, & draperie. Sur *cornaline* d'un peu plus d'un pouce de haut.

8 Julia. La Tête de *Julie, Tante de Céſar*, coëffée en cheveux extrêmement arrangés, & ayant une draperie. Sur *cornaline* de un & un huit de pouce de haut.

9 Livia Drusilla Aug. Uxor. Le Buſte de *Livie Druſille, femme d'Auguſte*, avec cheveux retrouſ-ſés en partie, boucle pendante ſur le cou, bourlet derriere la tête, & draperie. Sur *cornaline* d'un peu plus d'un pouce de haut.

10 Le Génie de la Santé, Tête ſymbolique, avec les cheveux retrouſſés autour de la tête, & pendants par derriere, aile & ſerpent dans la chevelure. Sur *cornaline* de cinq-huit de pouce de haut.

11 Livilla Caii Uxor. Le Buſte de *Liville, femme de Caius* avec les cheveux en partie retrouſſés & très-arrangés, treſſe ornée de perles, derriere la tête, boucle pendante ſur le cou & draperie. Sur *cornaline* de un & un huit de pouce de haut.

12 GALLERIA FUNDANA. Le Bufte de *Fundana*, avec coëffure finguliere en forme de coquille, gros bourlet de perles derriere la tête, & draperie. Sur *cornaline* d'un peu plus d'un pouce de haut.

13 DRUSILLA CALIG. SOROR. Le Bufte de *Drufille*, *fœur de Caligula*, avec coëffure à peu près femblable à la précédente, & groffe treffe retrouffée fur la tête. Sur *cornaline* de un & un huit de pouce de haut.

14 ANTONIA AUG. Le Bufte d'*Antonie*, coëffée très-uniment, avec boucle pendante derriere le cou & draperie. Sur *cornaline* de même hauteur que la précédente.

15 DIVA DOMITILLA VESPAS. FIL. Le Bufte de *Domitilla*, *fille de Vefpafien*, avec cheveux retrouffés, & treffe derriere la tête. Ce Bufte a une draperie. Sur *cornaline* d'un pouce de haut.

16 MATIDIA AUG. Le Bufte de *Matidie*, *niece de Trajan*, ayant les cheveux retrouffés, treffe formant un bourlet fur la tête, double diadême & draperie. Sur *cornaline* d'environ un pouce de haut.

17 JULIA TITI FILIA. Le Bufte de *Julie*, *fille de Titus*, coëffée & ornée de même que celle du N°. 6. en Tiroir N°. LXVIII. Sur *cornaline* d'environ un pouce de haut.

18 ACCIA MATER AUGUSTI. Le Bufte d'*Accia*, *Mere*

de l'Empereur Augufte, avec cheveux retrouffés fur le front, bandeau & voile qui lui couvre en partie la tête & les épaules. Sur *cornaline* de un & un huit de pouce de haut.

19 Un Bufte, avec les cheveux en partie retrouffés & en partie pendants en boucles le long du cou, diadême & draperie. Sur *cornaline* d'environ un pouce de haut.

TIROIR Nᵒ. LXXVI.

Contenant XXI Cornalines gravées en creux.

Suite des Grands-Maîtres de l'Ordre de Malthe en buftes, du Tiroir LXXIII.

Nᵒ. 43 VILLIERS de L'ISLE-ADAM.

44 PIERRE DU PONT.

45 DIDIER DE SAINTE JAILLE.

46 JEAN D'OMEDES.

47 CLAUDE DE LA SANGLE.

48 JEAN DE LA VALETTE.

49 PIERRE DE MONTÉ.

50 JEAN L'EVEQUE DE LA CASSIERE.

51 HUGUES DE LOUBENX DE VERDALE.

52 MARTIN GARZES.

* 52 ANNE GORDON DE GENOUILLAC DE VAILLAC,

VAILLAC , Réformatrice de l'Abbaye de Beau-
lieu.

53 ALOF DE VIGNACOURT.

54 MENDEZ DE VASCONCELLOS.

55 ANTOINE DE PAULE.

56 PAUL LASCARIS CASTELLARD.

57 MARTIN DE REDIN.

58 ANNET DE CLERMONT.

59 RAPHAEL COTONER.

60 NICOLAS COTONER.

61 GREGOIRE CARAFFE,

62 ADRIEN DE VIGNACOURT. Sur *cornaline fardonix.*

*Ces Pierres font à peu près de même hauteur que
eclles des Tiroirs N°. LXX & LXXII.*

TIROIR N°. LXXVII.

Ce Tiroir eft vuide.

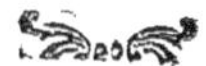

TIROIR N°. LXXVIII.

Contenant XLI Cornalines & autres Pierres gravées en creux ; à l'exception d'une qui est en relief.

N°. 1 JULIUS CÆSAR. La Tête de *Jule-César*, ceinte de laurier. Cette tête est en bas relief sur *Lapis-Néfréticus* de deux pouces de haut.

2 VENUS. La Tête de *Vénus*. Sur *cornaline* de sept-huit de pouce de haut.

3 D. CLOD. SEPT. ALBINUS AUG. La Tête d'*Albin*, barbue & frifée, & ceinte de laurier. Sur *amétifte* d'un peu plus d'un pouce de haut.

4 SABINA AUG. Le Buste de *Sabine*, *femme d'A-drien*, avec les cheveux relevés en treffes autour de la tête, double diadème & draperie. Sur *fardonix* d'un peu plus d'un pouce de haut.

5 HELY. PERTINAX AUG. Le Buste de *Pertinax*, avec tête fort barbue & frifée, couronne de laurier & draperie. Sur *cornaline* de même hauteur que la pierre précédente.

6 SABINA AUG. Le Buste de *Sabine*, *femme d'A-drien*, avec cheveux pendans en boucles fur le cou, diadème, bandelette & draperie. Sur *far-*

donix de même hauteur que la pierre précédente.

7 MECENAS VEL SOLON. Le Buſte de *Mécène* ou de *Solon*, avec tête nue & en partie chauve, cheveux courts & friſés, & draperie. Sur *ametiſte* d'environ un pouce de haut.

8 FAUSTINA AUG. Le Buſte de *Fauſtine*, avec les cheveux retrouſſés & friſés, & draperie. Sur *cornaline* de ſept-huit de pouce de haut.

9 VENUS. Le Buſte de *Vénus*, ceinte du diadéme. Sur *agathe tranſparente* de cinq-huit de pouce de haut.

10 FAUSTINA AUG. Le Buſte de *Fauſtine*, ayant les cheveux retrouſſés, & extrêmement arrangés, ornés de perles. Ce buſte a une draperie. Sur *ſardonix* d'un peu plus d'un pouce de haut.

11 SCRIBONIA AUG. UXOR. Le Buſte de *Scribonia*, *femme d'Auguſte*, ayant les cheveux retrouſſés & fort ornés de perles. Ce buſte a une draperie. Sur *cornaline* de même hauteur que la pierre précédente.

12 JULIA POMPEII UX. Le Buſte de *Julie*, *femme de Pompée*, ayant les cheveux fort friſés & tombant le long du cou, diadême & draperie. Sur *cornaline* de même hauteur que la précédente.

13 Un Buſte de femme, avec cheveux friſés, dia-

dême, & voile qui lui couvre une partie de la tête & tombe fur les épaules. Ce Bufte a une draperie. Sur *cornaline* de même hauteur que la précédente.

14 FAUSTINA AUG. Le Bufte de *Faufline*, avec les cheveux retrouffés & fort arrangés ; bourlet derrière la tête & draperie. Sur *fardonix* d'un peu plus d'un pouce de haut.

15 OMPHALE. La Tête d'*Omphale*, parée de la dépouille d'un taureau. Sur *agathe-onix* de trois quarts de pouce de haut.

16 FAUSTINA AUG. Le Bufte de *Faufline*, avec les cheveux retrouffés & attachés derriere la tête. Ce bufte a une draperie. Sur *fardonix* de trois quarts de pouce de haut.

17 LIVIA AUG. Le Bufté de *Livie*, coëffé à-peu-près de même que l'antécédent ; & ayant une draperie. Sur *cornaline* de même hauteur que la pierre précédente.

18 MESSALINA AUG. Le Bufte de *Meffaline*, avec les cheveux relevés en treffes & le diadême. Sur *cornaline* de même hauteur que la précédente.

19 FAUSTINA PIA AUG. Le Bufte de *Faufline*, avec les cheveux retrouffés, & voile qui lui couvrant une partie de la tête, tombe fur les épaules. Sur *fardonix* de trois quarts de pouce de haut.

20 FAUSTINA AUG. La Tête de *Faustine*, coëffée de même que ci-dessus. Sur *sardonix* de même hauteur que le précédent.

21 AGRIPPINA AGRIPPINÆ FIL. Le Buste d'*A-grippine*, *la fille*, ayant les cheveux retroussés & attachés en partie derriere la tête qui est ceinte d'un bandeau orné de perles. Sur *cornaline* de trois-quarts de pouce de haut.

22 JULIA TITI FILIA. Le Buste de *Julie*, *fille de Titus*, ayant les cheveux fort frisés, & attachés derriere la tête. Sur *cornaline* de même hauteur que la précédente.

23 FAUSTINA AUG. PII FILIA. Le Buste de *Fau-tine*, *fille de Tite Antonin* ayant les cheveux re-troussés & attachés derriere la tête. Sur *sardonix* de trois-quarts de pouce de haut.

24 C. PESC. NIGER JUST. AUG. Le Buste de *Pescennius Niger*, avec tête fort barbue & frisée: ce Buste a une draperie. Sur *sardonix* de même hauteur que la précédente.

25 Un Buste de femme, ayant les cheveux frisés & attachés derriere la tête, diadême & draperie. Sur *cornaline* de même hauteur que la précédente.

26 CÆSONIA AUG. Le Buste de *Césonie*, *femme de Caligula*, ayant les cheveux frisés & arrangés avec tresses : ce Buste a une draperie. Sur *cornaline* de même hauteur que la précédente.

27 FAUSTINA AUG. Le Bufte de *Faufline*, ayant les cheveux relevés en treffes, dont une forme fur la tête comme une efpece de couronne. Sur *fardonix* de trois-quarts de pouce de haut.

28 Une Tête de guerrier, avec forte barbe & cafque panaché, fur lequel eft repréfenté le cheval Pégafe. Sur *cornaline* d'environ fept-huit de pouce de haut.

29 Un Bufte de femme, ayant les cheveux en partie pendans en boucles le long du cou, diadême & draperie. Sur *cornaline* de même hauteur que la précédente.

30 Un Bufte de femme, ayant les cheveux relevés en treffes, & le diadême. Sur *cornaline* de même hauteur qne la précédente.

31 Un Bufte de femme, vu par le dos, ayant les cheveux retrouffés, frifés, & noués derriere la tête. Sur *cornaline* de même hauteur que la précédente.

32 MARTIA FULVIA TITI. Le Bufte de *Fulvie, femme de Titus* : avec cheveux relevés en treffes & noués derriere la tête. Ce bufte a une draperie. Sur *cornaline* de même hauteur que la précédente

33 Un Bufte de femme, ayant les cheveux retrouffés, frifés & attachés derriere la tête. Sur *cornaline* de même hauteur que la précédente.

4 HOMERUS. La Tête d'*Homere*, céinte d'une bandelette. Sur *cornaline* de cinq-huit de pouce de haut.

35 MARCUS AURELIUS ANTON. AUG. La Tête nue
de *Marc-Aurele.* Sur *cornaline* de fept-huit de pouce
de haut.

36 L. SEPT. SEVERUS PERTINAX AUG. La Tête
nue de *Septime Sévere.* Sur *amétifle* de même hau-
que la pierre précédente.

37 ANTONIA AUG. Le Bufte d'*Antonie*, ayant les
cheveux retrouffés & treffe pendante, couronne de
laurier & draperie. Sur *fardonix* d'un peu plus
d'un pouce de haut

38 Un Bufte, vu par le dos, avec tête fort barbue &
frifée, couronne de laurier & draperie. Sur *fardonix*
de même hauteur que le précédent.

39 AGRIPPINA AUG. Le Bufte d'*Agrippine*, avec
les cheveux en partie retrouffés, & en partie pendans en treffes autour du cou, couronne de laurier
& draperie.. Sur *fardonix* de même hauteur que le
précédent.

40 JUPITER OLYMPICUS. La Tête de *Jupiter olym-*
pien, couronnée de laurier. Sur *cornaline* de fept-
huit de pouce de haut.

41 HERCULES. La Tête nue d'*Hercule.* Sur *cornaline*
d'environ même hauteur que la précédente.

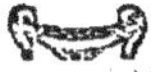

T 4

T I R O I R N°. LXXIX.

Contenant XIX Agates & autres Pierres
gravées en relief.

N°. 1 Un Cupidon à califourchon fur une chevre
qu'un autre Cupidon conduit. Sur *camayeu* d'un
demi-pouce en travers.

2 Deux Têtes d'Empereurs accolées La premiere eſt
jaunâtre, avec couronne de laurier, & l'autre
blanche, fur un fond tranſparent. Sur *agate-onix*,
de trois couleurs, d'environ un pouce de haut.

3 Un Satyre & une figure d'homme. Sur *camayeu* en
travers, de même grandeur que le N°. 1

4 Le Buſte d'un jeune guerrier, avec la tête armée
d'un caſque, & le bouclier paſſé dans le bras. Le
viſage & le cou ſont réſervés blancs; le caſque &
le bouclier ſont d'une couleur jaune, tirant fur le
brun, & le fond eſt opaque & tranſparent. Sur
agate-onix d'environ trois-quarts de pouce de haut.

5 Un Buſte de femme, vu de face. Sur une *perle*
de cinq-huit de pouce de haut, certie en or.

6 Le Buſte d'un Empereur, vu de face, avec très-
peu de barbe, couronne de laurier, & draperie
attachée fur l'épaule, & couvrant la poitrine. La

tête de ce bufte, qui eft prefque de ronde boffe,
eft refervée blanche. Sur *agate-onix*, de trois-quarts
de pouce de haut.

7 NERVA TRAIANUS ADRIANUS AUG. Le Bufte
d'*Adrien*, avec couronne de laurier & draperie.
Ce bufte eft blanc, fur un fond tranfparent. Sur
camayeu de un & un huit de pouce de haut.

8 Un Bufte, avec couronne de laurier & une petite
draperie. Sur *onix* tout à fait noir, d'environ trois-
quarts de pouce de haut, certi en argent doré.

9 Un Portrait d'homme, avec perruque, cuiraffe &
draperie. Ce portrait paroît être celui de Guillaume
III, Roi de la Grande Bretagne. Sur *jafpe* de un
& un huit de pouce de haut.

10 Une Tête de femme, vue prefque de face, &
coëffée en cheveux, avec un ferpent entortillé au
bas du cou. Tout le relief de cette tête, qui eft
d'une grande beauté, eft blanc fur un fond rouge-
brun. Sur *cornaline-onix* de trois-quarts de pouce
de haut, garnie d'un grand ornement d'or, très-
artiftement travaillé à l'antique, émaillé de diverfes
couleurs claires, & accompagné de quatre diamans,
trois rubis & une perle en poire, qui pend au bas.
Le tout pefe une demi-once & trente-deux grains

11 Une Tête d'Empereur, entourée de laurier. Sur
fardonix, certi en or émaillé, de trois quarts de
pouce de haut.

12 Un Bufte de femme, vu de face, & coëffé en
cheveux. Ce bufte a par devant une draperie. Sur
une belle *cornaline* fort relevée, de trois quarts
de pouce de haut, garnie d'argent doré.

13 Un Bufte de femme, qui pourroit bien être une
Veftale, avec voile qui lui couvre la tête & tout
le corps. Sur *prime d'émeraude* d'environ un pouce
de 1 aut.

14 Une Tête, avec peu de cheveux & de barbe.
Cette Tête eft prefque toute noire fur un fond jaunâtre opaque. Sur *fardonix* d'un pouce de haut.

15 Juba Junior Rex Mauritaniæ. La Tête de
Juba le jeune, *Roi de Mauritanie*, environnée de
laurier. Sur une *pierre bleuâtre & opaque* de trois
quarts de pouce de haut.

16 Une Tête de mort, fur deux os, pofés en fautoir. La tête eft noire fur un fond blanc. Sur *onix*
de cinq huit de pouce de haut, certi en or
émaillé.

17 Mars & Vénus qui s'embraffent. Les figures font
refervées blanches fur un fond tranfparent. Sur
camayeu prefque carré, d'un peu plus d'un demi
pouce en travers.

18 Hercules. La Tête d'*Hercule*, fort barbue &
couverte d'un mufle de lion, dont la peau lui defcend fur les épaules. Sur *fardonix tres-varié* d'un
peu plus d'un pouce de haut.

19 LUCRETIA. Le Bufte de *Lucrece* fe donnant la mort. Sur *camayeu* d'un peu plus de demi pouce de haut.

TIROIR N°. LXXX.

Contenant XVII Cornalines & autres Pierres gravées en relief.

N°. 1 Un Bufte de jeune homme, avec tête nue & cheveux courts. Ce bufte eft vêtu. Sur *cornaline* de un & un quart de pouce de haut.

2 Une Tête de femme, ayant les cheveux pendans fur le cou & cafque furmonté d'un panache. Sur *cornaline* de un & un huit de pouce de haut.

3 C. PESC. NIGER JUSTUS AUG. La Tête de *Niger*, couronnée de laurier. Sur *cornaline* d'un peu plus de un & un huit de pouce de haut.

4 L. CORN. SYLLA COS. La Tête nue du Conful *Sylla*, avec cheveux courts & frifés. Sur *cornaline* de un & un huit de pouce de haut.

5 Un Bufte de femme, vu par le dos, avec cheveux pendans en boucles fur les épaules, couronne de laurier & draperie. Sur *cornaline* de un & un quart de pouce de haut.

6 Une Tête de femme, ayant les cheveux pendans en boucles le long du cou. Cette tête eſt ceinte d'un ruban. Sur *cornaline* de un & un huit de pouce de haut.

7 Une Tête de femme, ayant de longs cheveux attachés par derriere. Sur *cornaline* de même hauteur que la précédente.

8 P. HELV. PERTINAX AUG. Le Buſte de *Pertinax*, vu par le dos, avec couronne de laurier & draperie. Sur *cornaline* de un & un quart de pouce de haut.

9 Un Buſte d'homme, avec tête nue, cheveux courts & friſés. Ce buſte a une draperie. Sur *jaſpe*, preſque rond, de un & trois huit de pouce de haut.

10 L. SEPT. SEVERUS PERTINAX AUG. La Tête de *Septime Sévère*, ceinte de laurier. Sur *cornaline* de un & un quart de pouce de haut.

11 SOCRATES. Le Buſte de *Socrate*, avec draperie. Sur *cornaline* de un & un huit de pouce de haut

12 PERSEUS REX MACEDONIÆ. La Tête de *Perſée*, *Roi de Macédoine*, ayant une forte barbe & un bandeau. Sur *cornaline* de un & un quart de pouce de haut.

13 ATALANTE. Le Buſte d'*Atalante*, vu par le dos. Sur *cornaline* de même hauteur que la précédente.

14 Q. POMPEIUS RUFUS COS. La Tête nue du *Conful Pompée Rufus*, avec cheveux courts. Sur *cornaline* de un & un huit de pouce de haut.

15 M. JUN. BRUTUS. La Tête nue de *Brutus*. Sur *cornaline* de un & un quart de pouce de haut.

16 BYZAS. La Tête *Bizas*, avec barbe longue & cafque panaché. Sur *cornaline* de même hauteur que la précédente.

17 ANTINOUS. La Tête nue d'*Antinoüs*, *favori d'Adrien*. Sur *cornaline* de même hauteur que la précédente.

TIROIR N°. LXXXI,

Ce Tiroir eft vuide.

TIROIR N°. LXXXII.

Ce Tiroir eft vuide.

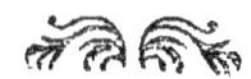

TIROIR N°. LXXXIII.

Contenant XXIII Cornalines & autres Pierres
gravées en relief.

N°. 1. Une Tête d'homme , frisée & entourée de
laurier. Sur *cornaline* presque ronde , d'environ un
& un huit de pouce de haut.

2 Une Tête à peu près semblable, mais vue de l'autre
sens. Sur *Cornaline* d'environ même forme & hau‑
teur.

3 HIERON. La Tête de *Hiéron* , *Roi de Syracuse* ,
ceinte de laurier. Sur *cornaline* ovale d'un pouce de
haut.

4 Une Tête d'homme , environnée d'une branche de
laurier. Sur *cornaline* de même hauteur que la pré‑
cédente.

5 Un Buste de femme , ayant les cheveux pendants
derriere le cou, casque panaché & cuirasse écail‑
lée. Sur *cornaline* de même hauteur que la pré‑
cédente.

6 Un Buste de femme , avec les cheveux relevés
en tresses & attachés derriere la tête , diadême &
draperie. Sur *cornaline* de même hauteur que la
précédente.

7 Une Tête d'homme, avec cheveux courts & couronne de laurier. Sur *cornaline* ronde d'un pouce de diamétre.

8 Une Tête d'Empereur, ceinte de laurier. Les cheveux & la barbe font en partie noirs, & le vifage & le cou font blancs fur un fond noir. Sur *onix* d'un demi pouce de haut.

9 Un Bufte de femme, ayant les cheveux en partie retrouffés & en partie pendants en boucles fur le cou & les épaules. Ce Bufte qui a une draperie, eft blanc fur un fond tranfparent. Sur *agate onix* de cinq-huit de pouce de haut.

10 Un Bufte de Négreffe, vue prefque de face. Ce Bufte eft noir-brun fur un fond blanc opaque. Sur *onix* d'un peu plus d'un demi pouce de haut.

11 PHEDRA. La Tête de *Phédre*, avec les cheveux retrouffés en partie & attachés par derriere. Cette Tête eft ceinte d'un bandeau. Sur *cornaline* d'un pouce de haut.

12 Une Tête d'homme, avec cheveux frifés, barbe longue & épaiffe, & un bandeau. Sur *jafpe* de un & trois quarts de pouce de haut.

13 Une Tête d'homme cafqué. Sur *cornaline* d'un pouce de haut.

14 Une Tête de vieillard, ceinte de laurier. La tête eft blanche, fur un fond tranfparent. Sur *agateonix*, d'un peu plus d'un demi-pouce de haut.

15 Un Buſte de femme, ayant les cheveux en partie retrouſſés, & en partie pendans en boucles le long du cou, & draperie qui lui couvre preſque le ſein. Ce buſte eſt blanc, ſur un fond bleuâtre. Sur *agate-onix* de cinq-huit de pouce de haut.

16 Une Tête d'homme, nue & friſée. Sur *cornaline* d'un demi-pouce de haut.

17 C. SERVILIUS AHALÁ Cos. La Tête nue du Conſul *Ahala*, fort barbue & friſée. Sur *cornaline* de un & un huit de pouce de haut.

18 PHILÆTERUS. La Tête de *Philétérus, Roi d'Egypte*, avec cheveux courts, & ceinte de laurier. Sur *cornaline* d'un pouce de haut.

19 Une Tête de femme, avec les cheveux en partie retrouſſés, & en partie pendans. Cette tête eſt ceinte d'un bandeau. Sur *cornaline* de un & un huit de pouce de haut.

20 RIMETALCES. La Tête de *Rimétalce, Roi de Thrace*, avec cheveux friſés & couronne de laurier. Sur *cornaline* de même hauteur que la précédente.

21 ÆMILIUS LEPIDUS Cos. La Tête nue du *Conſul Emilius Lépidus*, avec cheveux courts. Sur *cornaline* d'un pouce de haut.

22 Une Tête, avec cheveux courts & couronne de laurier. Sur *cornaline* ronde, d'un pouce de diametre.

83 Une Tête à-peu-près femblable , vue de l'autre fens. Sur *cornaline* d'environ même forme & grandeur.

TIROIR Nº. LXXXIV.

Ce Tiroir eft vuide.

TIROIR Nº. LXXXV.

Contenant XXVIII Agates-Onix & autres Pierres gravées en relief.

Nº. 1 Un Bufte de femme , vue de face & ayant la tête de profil, avec cheveux très-frifés & entrélaffés de treffes ; du derriere de la tête pend un voile qui lui tombe fur le dos : ce Bufte qui eft vêtu d'une robe fort ornée de perles , qui laiffe le fein découvert, eft d'un beau blanc de lait fur un fond brunâtre. Sur *agate-onix* d'environ un & un quart de pouce de haut.

2 Un Bufte d'homme , avec tête nue , cheveux frifés & draperie : tout le Bufte eft d'un beau blanc , & appliqué fur une *agate noire* de trois-quarts de pouce de haut.

3 Un Homme nu & debout, vu prefque de face, tenant de la main droite une lance , & s'appuyant

V

de la gauche fur un cheval qui eſt à côté de lui ;
l'homme & le cheval ſont blancs en partie, ſur
un fond noirâtre. Sur *onix* de trois-quarts de
pouce de haut.

4 Un Buſte de femme, ayant les cheveux en partie
relevés en treſſes & en partie pendans, & draperie qui ne lui couvre qu'une épaule & que la
moitié du ſein. Ce Buſte eſt blanc, ſur un fond
brun. Sur *agate-onix* de cinq-huit de pouce de haut,
certie en or.

5 Un Buſte de femme, coëffée en cheveux relevés
en treſſes, & tenant de la main droite une corne
d'abondance remplie de fleurs. Ce buſte qui eſt
vêtu, eſt blanc, ſur un fond brun. Sur *agate-onix*
d'environ un pouce de haut, monté en argent
doré.

6 Deux Buſtes d'homme & de femme accolés. L'un
& l'autre avec caſque & draperie. Ces buſtes ſont
d'un beau blanc, ſur un fond brun. Sur *agate-onix*
de trois-quarts de pouce de haut.

7 Une femme aſſiſe ſur le dos d'un chameau. Sur
camayeu d'un demi-pouce en travers.

8 Un Buſte d'homme, coëffé d'une tête de femme,
ayant les cheveux retrouſſés & noués. Ce buſte qui
eſt drapé, eſt blanc ſur un fond brun. Sur *agate-
onix* de trois-quarts de pouce de haut, montée en
or émaillé.

9 Une Femme, demi-figure, avec les cheveux relevés en tresses, voile pendant derriere la tête, &
tombant fur le dos. Cette femme, qui eft vêtue à
l'antique tient de la main droite un cœur. Le tout
eft blanc, fur un fond grifâtre. Sur *agate-onix*,
d'environ trois-quarts de pouce de haut, fur trois-
quarts de pouce de large, garnie d'argent.

10 FL. VESPASIANUS AUG. La Tête de *Vefpafien*,
environnée de laurier. Cette Tête eft jaune fur un
fond brun. Sur *agate-onix*, de fept-huit de pouce
de haut.

11 Vénus affife & Cupidon debout devant elle. Sur
camayeu d'environ trois-quarts de pouce en travers.

12 Une Femme, demi-figure, avec un enfant qu'elle
allaite. Elle eft coëffée d'une efpece de chapeau,
& vêtue d'une draperie. Sur *camayeu* de trois-quarts
de pouce de haut.

13 Une femme, demi-figure, avec cheveux retrouffés & attachés derriere la tête. Cette figure qui a
une draperie, eft blanche, fur un fond brunâtre.
Sur *agate-onix*, de fept-huit de pouce de haut,
montée en argent doré.

14 Un Satyre affis au pied d'un arbre auquel il femble être attaché, & une femme ayant une draperie
volante, qui court le fecourir. Sur *camayeu* de cinq
huit de pouce en travers, certi en argent doré.

V 2

15 Le Jugement des trois Déeſſes par le berger Pâris. Les figures ſont d'un grand relief & preſque
iſolées. Sur *camayeu* de ſept-huit de pouce en travers.

16 Un Buſte de Moreſſe, avec la tête couverte en
partie d'un voile pendant ſur le dos & vêtue
d'un habillement à l'antique, orné de perles. Tout
le buſte eſt d'une couleur brunâtre & variée ſur
un fond blanc. Sur *agate-onix* de trois-quarts de
pouce de haut.

17 Mars aſſis, & Vénus & Cupidon debout. Les
figures ſont fort iſolées & preſque de ronde boſſe.
La Tête de Vénus ſemble avoir été ajoutée au tronc.
Le tout eſt d'un beau blanc de lait ſur un fond
brun. Sur *agate-onix* de un & un huit de pouce
de haut, ſur un & trois-huit de pouce de large,
montée en or.

18 Un Buſte de femme, ayant les cheveux retrouſſés,
& voile tortillé ſur le derriere de la tête, avec les
bouts pendans. Ce buſte qui a une draperie, eſt
d'un blanc opaque, & le voile eſt jaunâtre ſur un
fond tranſparent. Sur *agate-onix* d'environ ſept-huit
de pouce de haut.

19 Léda recevant les embraſſemens de Jupiter mé-
tamorphoſé en cigne. Le tout eſt blanc, ſur un
fond tranſparent. Sur *camayeu* de cinq-huit de
pouce en travers.

20 Un Homme à cheval, ayant une femme en croupe. L'homme tient un faucon fur le poing, & devant le cheval, court un chien. Sur *camayeu* de trois-quarts de pouce en travers.

21 Un Bufte de femme, ayant les cheveux pendans en ondes fur les épaules, & une draperie. Ce bufte eft blanc, fur un fond tranfparent. Sur *agate-onix* d'environ fept-huit de pouce de haut.

22 Deux figures. L'une qui eft affife, tient une corbeille fur fa tête, & l'autre eft debout derriere elle. Sur *camayeu* d'un peu plus d'un demi-pouce en travers.

23 Un Bufte de femme, avec cheveux en partie retrouffés, & en partie pendans derriere le cou, & habillement à l'antique. Ce bufte eft blanc, fur un fond brunâtre. Sur *agate-onix* de trois-quarts de pouce de haut.

24 Une figure nue & affife, d'or cifelé en bas-relief, & appliquée fur une *agate-fardonix*, de un & un huit de pouce de haut.

25 Un Bufte de femme, avec les cheveux relevés en treffes & vêtement antique. Tout le bufte eft blanc, fur un fond brunâtre. Sur *agate-onix* de trois-quarts de pouce de haut, montée en argent doré.

26 Un Chaffeur dans un payfage, avec un chien courant. Les figures font blanches, fur un fond noir.

Sur *onix* d'environ un demi-pouce en travers, monté en or émaillé.

27 Un Bufte de femme, vue prefque de face, ayant
les cheveux en partie retrouffés, & en partie pendans en boucles des deux côtés de la tête, & une
draperie qui lui laiffe la moitié du fein découvert. Ce bufte eft blanc, fur un fond brun. Sur
agate-onix de cinq-huit de pouce de haut, montée en argent doré.

28 Une Tête d'Empereur inconnu, ayant les cheveux frifés, & attachés par derriere avec un ruban, dont les bouts pendent fur le cou. La tête
qui eft ceinte de laurier, eft blanche fur un fond
tranfparent. Sur *agathe-onix* d'un peu plus d'un
pouce de haut.

N. B. *La plus grande partie de ces pierres font d'une*
beauté de travail admirable.

TIROIR N°. LXXXVI.

Contenant XXV Cornalines & autres Pierres
gravées en creux.

N°. 1 Une Tête d'homme, nue, avec cheveux courts
& barbe. Cette tête a une draperie au bas du
cou. Sur *cornaline* de un & un quart de pouce
de haut.

2 VENUS. La Tête de *Vénus*. La couche supérieure de la Pierre est d'un beau blanc, & le dessous est jaune. Sur un très-bel *onix* d'un peu plus d'un demi pouce de haut.

3 Un Buste de femme, ayant les cheveux relevés en tresses & attachés derriere la tête d'où pend une petite coëffure. Sur *sardoine* de un & un quart de pouce de haut.

4 Un Buste de femme, ayant les cheveux retroussés, couronne dé laurier & draperie. Sur *Amétiste* d'un peu plus d'un demi pouce de haut.

5 Une Tête de femme, coëffée d'une façon singuliere & ceinte d'un bandeau orné de perles qui ressemble à un diadême. Sur *cornaline* de un & trois-huit de pouce de haut.

6 Une Tête de femme, avec les cheveux relevés en tresses. Sur *sardonix* d'un demi pouce de haut.

7 Un Buste de femme, ayant les cheveux retroussés, tresse grosse & longue pendante par derriere, & draperie ou fourrure au bas du cou. Sur *cornaline* de un & demi pouce de haut.

8 Le Portrait de Maurice de Nassau, Prince d'Orange, presque de face, avec cuirasse & écharpe : ce portrait est très-singulier, étant gravé sur un *saphir bleu d'Orient* de trois-quarts de pouce de haut. Ceux qui connoissent cette pierre n'ignorent pas que c'est la plus dure après le diamant.

V 4

9 Un Bufte de femme, vu par le dos, avec cheveux relevés en treffes & draperie. Sur *cornaline* de un & trois-huit de pouce de haut.

10 Un Bufte d'homme, vu par le dos, avec tête nue, cheveux frifés, barbe & draperie. Sur *cornaline jaunâtre* d'environ cinq-huit de pouce de haut.

11 Un Bufte de femme, ayant les cheveux relevés en treffes ; voile qui lui couvrant une partie de la tête tombe fur le cou, & draperie. Sur *cornaline-fardonix* de un & trois huit de pouce de haut.

12 MARCUS AURELIUS ANTON. AUG. La Tête nue de *Marc-Aurèle*. Sur *cornaline* de fept huit de pouce de haut.

13 Un Bufte d'homme, avec tête nue, cheveux courts & frifés, & draperie. Sur *cornaline-fardonix* de un & trois-huit de pouce de haut.

14 Un Bufte d'homme, avec cheveux courts, forte barbe, bandeau orné d'une double rangée de perles, & draperie. Sur *cornaline* de cinq-huit de pouce de haut.

15 ARISTOTELES. Le Bufte d'*Ariftote*, ayant les cheveux longs, barbe, bonnet & draperie. Sur *cornaline* d'environ un & un quart de pouce de haut.

16 Un Bufte, vu par le dos, avec tête barbue & frifée, & draperie. fur *cornaline* d'environ cinq-huit de pouce de haut.

17 Un Bufte de femme, ayant une coëffure finguliere & draperie. Sur *fardonix* de un & un quart
de pouce de haut.

18 NICOMEDES REX BITHYNIÆ. La Tête de *Nicoméde*, *Roi de Bithynie*, avec de longs cheveux
pendants, deux efpeces de cornes fur le front &
bandelette. Sur *fardonix* d'environ fept-huit de
pouce de haut.

19 Un Bufte de femme, avec cheveux retrouffés,
treffe pendante fur le cou & draperie. Sur *fardonix* de un & un quart de pouce de haut.

20 Un Bufte, vu par le dos, ayant la tête nue, barbue & frifée. Sur *cornaline* d'un demi pouce de
haut.

21 Un Bufte de femme, ayant les cheveux retrouffés,
groffe treffe tortillée au-deffus de la tête & bandeau. Sur *fardonix* de un & un quart de pouce
de haut,

22 Une Tête nue & en partie chauve, avec forte
barbe. Sur *jafpe* de cinq-huit de pouce de haut.

23 Une Tête nue, barbue & frifée. Sur *cornaline*
d'environ un & un quart de pouce de haut.

24 Un Bufte, ayant la tête nue & en partie chauve,
avec une longue barbe. Sur *fardonix* d'environ
cinq-huit de pouce de haut.

25 Un Bufte de femme, ayant les cheveux relevés

en treffes & ornés de fleurs, draperie attachée fur
la tête & tombant jufqu'au bas du cou. Sur *fardonix* de un & un quart de pouce de haut.

TIROIR N°. LXXXVII.

Contenant XIII Cornalines & autres Pierres
gravées en creux.

N°. 1 Un Bufte de femme, avec cheveux retrouffés
& attachés en forme de bourlet, derriere la tête,
orné de perles. Ce bufte a une draperie. Sur *cornaline* de un & trois huit de pouce de haut.

2 Une Tête de femme, ayant les cheveux retrouffés
& pendans en boucles derriere le cou & diadême.
Sur *cornaline fardonix* de un & trois huit de pouce
de haut.

3 Un Bufte de femme, avec les cheveux en partie
retrouffés & en partie pendans en boucles autour
du cou, guirlandes de fleurs & draperie. Sur *cornaline fardonix* de un & un quart de pouce de
haut.

4 Un Bufte de femme, avec les cheveux relevés en
treffes, diadême & autres ornemens, un petit voile
fur le derriere de la tête, qui tombe fur l'épaule,
& une draperie. Sur *cornaline fardonix* de un &
trois huit de pouce de haut.

5 Un Bufte de femme, ayant les cheveux retrouffés & attachés fur la tête, & un voile pendant par derriere. Ce bufte a une efpece de corfet & draperie. Sur *cornaline fardonix* de même hauteur que la précédente,

6 Un Bufte d'homme, vu par le dos, avec tête barbue & frifée, un peu penchée en avant, draperie autour de la tête & un bâton fur l'épaule. Ce bufte eft vêtu. Sur *cornaline fardonix* de même hauteur que la précédente.

7 VIRGO VICTRIX. Le Bufte d'une *fille victorieufe* à la courfe dans les jeux olympiques, avec les cheveux flottans fur les épaules, & une petite draperie au bas du fein. Sur *cornaline* de un & trois huit de pouce de haut.

8 Un Bufte d'homme, ayant la tête penchée en avant & couverte d'un bonnet très-fingulier, barbe terminée en pointe, & vêtement. Sur *agathe blanche* de un & trois huit de pouce en travers.

9 Un Bufte de femme, avec les cheveux relevés en treffes & ornés de laurier, une efpece de voile fur le derriere de la tête, qui pend fur l'épaule, & une draperie. Sur *jafpe jaunâtre* de un & un quart de pouce de haut.

10 Un Bufte de femme, ayant les cheveux retrouffés, une efpece de coëffure pendante par derriere, & une draperie. Sur *jafpe* d'environ un & un quart de pouce de haut.

11 Une Tête d'homme, nue, barbue & frisée. Sur *cornaline sardonix* de un & trois huit de pouce de haut.

12 Un Buste de femme, avec cheveux relevés en tresses, voile sur le derriere de la tête, qui pend sur l'épaule, & une draperie. Sur *cornaline sardonix* de même hauteur que la précédente.

13 Un Buste d'homme, avec tête en partie chauve, barbue & frisée, voile qui la couvrant en partie tombe sur les épaules, & habillement particulier. Sur *cornaline sardonix* de même hauteur que la précédente.

TIROIR N°. I.

du bas du Cabinet.

Contenant XIV Bustes de ronde bosse, de différentes sortes de Pierres, avec & sans piédestaux, comme ils seront désignés.

N°. 1 Le Buste de l'Empereur Adrien, avec couronne de laurier & draperie. Ce buste est de *cornaline sardonix*, & a un & trois huit de pouce de haut.

2 Le Buste de Tigrane, Roi d'Arménie, avec tête nue, cheveux courts & draperie. Ce buste est de

fardonix, & a un & fept huit de pouce de haut fans le piedeftal qui eft d'agathe.

3 Le Bufte de l'Empereur Galba, avec couronne de laurier & draperie. Ce bufte eft de *fardouix*, & de même hauteur que le précédent.

4 Le Bufte de l'Empereur Titus, avec couronne de laurier & draperie. Ce bufte eft de *fardonix*, & a deux pouces de haut fans le piedeftal qui eft d'agathe.

5 Un Bufte d'homme inconnu, avec tête nue, cheveux courts, barbe épaiffe & longue, & draperie. Ce bufte eft de *fardonix*, & a un & trois huit de pouce de haut.

6 Le Bufte de l'Empereur Marc-Aurèle, ceint de laurier & drappé. Ce bufte eft de *cornaline*, & a un & demi pouce de haut fans le piedeftal qui eft de cornaline blanche.

7 Le Bufte d'Ariobarzane, Roi des Parthes, avec cheveux courts, bandeau & draperie. Ce bufte eft d'*agathe rougeâtre*, & a deux & un quart de pouce de haut.

8 Le Bufte de l'Empereur Othon, avec tête nue, cheveux courts & cuiraffe écaillée. Ce bufte eft d'un très-beau *jafpe fleuri*, & a deux & trois huit de pouce de haut.

9 Le Bufte du même Empereur, avec couronne de

laurier & draperie. Ce bufte eft de *fardonix* & a
un & demi pouce de haut fans le piedeftal qui eft
de cornaline blanche.

10 Un Bufte, avec tête nue, cheveux courts & draperie. Ce bufte eft de *fardonix*, & a fept huit
de pouce de haut.

11 Le Bufte d'Archimède, avec tête nue, cheveux
courts, barbe épaiffe & longue, & draperie. Ce
bufte eft de *cornaline fardonix* & a un & demi
pouce de haut fans le piedeftal qui eft d'agathe.

12 Un Bufte d'homme inconnu, avec tête nue &
chauve au-deffus, cheveux frifés, barbe épaiffe &
draperie. Ce Bufte eft de *Prime de Turquoife
bleuâtre & variée*, & a deux & trois-huit de pouce
de haut.

13 Un Bufte d'homme inconnu, avec tête nue &
chauve, longue barbe & draperie. Ce Bufte eft de
fardonix & a un & fept-huit de pouce de haut
fans le piedeftal qui eft d'Agate.

14 Le Bufte de Jule-Céfar, avec couronne de laurier,
cuiraffe & draperie. Ce Bufte eft de *fardonix* & a
un & dèmi pouce de haut.

TIROIR Nᵒ. II.

Contenant XXI Agates-Onix & autres Pierres
gravées en relief.

Nᵒ. 1. M. OTHO CÆSAR AUG. La Tête d'*Othon*,
ceinte de laurier. Cette Tête eſt rougeâtre ſur un
fond blanc & tranſparent. Sur *agate-onix* de un &
demi pouce de haut.

2 Un Buſte de femme inconnue, & coëffée en che‑
veux en partie retrouſſés & en partie pendants. Ce
Buſte a la tête ceinte d'un bandeau, & eſt blanc ſur
un fond un peu brunâtre. Sur *agathe onix* d'un
peu plus d'un demi pouce de haut.

3 Un Buſte inconnu, vu par le dos, avec la tête
de profil, cheveux courts & friſés, couronne de
laurier & draperie. Ce buſte eſt tout a fait blanc
ſur un fond noirâtre. Sur *agathe onix* d'un pouce
de haut, certie en or émaillé de couleur claire,
& entourée de petits rubis.

4 La Victoire ſur ſon char attelé de deux chevaux,
dont l'un eſt brunâtre & l'autre blanc, de même
que la Victoire, ſur un fond gris. Sur *agathe onix*
d'un pouce en travers, montée en argent doré &
entourée de huit rubis.

5 Une Tête ceinte de laurier. La tête eſt un peu rougeâtre ſur un fond plus blanc. Sur *agathe onix* d'environ un pouce de haut , montée en argent doré.

6 Un Buſte de femme , coëffée en cheveux en partie retrouſſés & en partie pendants en treſſes. Ce buſte a la moitié du ſein découvert , & eſt blanc ſur un fond tranſparent. Sur *camayeu* d'un peu plus d'un demi pouce de haut.

7 Une Tête d'homme , nue avec cheveux courts & friſés. Sur *jaſpe ſanguin* preſque rond , de un & un quart de pouce de haut.

8 Une Tête , avec cheveux courts , barbe & bandeau. Cette tête a une draperie au bas du cou. Sur *agathe onix* ovale , de forme longue , de un & un huit de pouce de haut.

9 Hercule aſſis & ſe repoſant ſur la dépouille du Lion , avec la tête & la main droite appuyées ſur ſa maſſue. Dans le champ de la Pierre ſe voyent une draperie étendue & un bouclier. L'Hercule qui eſt d'un blanc de lait , eſt très-relevé & preſque de ronde boſſe ſur un fond tranſparent. Sur *camayeu* de un & un huit de pouce de haut.

10 L. AEL. AUREL. COMMODUS AUG. Le Buſte de *Commode* , repréſenté ſous la figure d'Hercule , vu par le dos , avec la tête de profil. Ce buſte , qui eſt ceint de laurier & a le dos couvert d'une
dépouille

dépouille de Lion, attachée fur l'épaule gauche,
eſt blanc fur un fond vert, à la réſerve de quelques taches brunes & naturelles qui ſe trouvent
ſur les cheveux & ſur l'épaule, de même que ſur
la peau de Lion. Sur un *jaſpe ſanguin onix* de
deux & un huit de pouce de haut, très-artiſtement monté en or émaillé de couleur claire, &
garni de quatre emeraudes.

N. B. *Cette pierre, dont le travail eſt de toute
beauté, & qui eſt très connue des curieux, vient
du cabinet de feu M. Uylenbroek.*

11 Sacrifice compoſé de quatre figures debout, en
bas relief. Au milieu, on voit un autel, à la gauche
duquel ſe tient une figure qui ſemble allumer le
feu, & qui eſt accompagnee d'un Victimaire. A
droite on apperçoit un homme & une femme qui
s'embraſient. La femme eſt nue a la réſerve d'une
petite draperie qu'elle a ſur la cuiſſe, & l'Homme
eſt armé d'une cuiraſſe. Ce ſujet dont les figures
ſont d'une beauté de deſſin & de travail admirables, quelques unes très-iſolées & d'autres de
ronde boſſe, eſt d'un beau blanc de lait ſur un
fond transparent, qui paroit brunâtre. Sur *camayeu*
d'environ un & un quart de pouce de haut, garni
d'argent doré.

12 Une ſainte Face. La face eſt brune, & le mou-
choir blanc ſur un fond transparent. Sur *agathe*

X

onix de trois couleurs, d'environ un pouce de haut, certie en argent doré.

13 Un Buste de la Sainte-Vierge , de profil, couverte d'un voile. Sur *cornaline blanche* de un & un quart de pouce de haut.

14 T. AEL. ADE. ANTONINUS P. AUG. Le Buste d'*Antonin le pieux* , vu de face, couronné de laurier & ayant une draperie. Ce buste qui est presque de ronde bosse, est brun sur un fond blanchâtre. Sur *agathe onix* de un & cinq huit de pouce de haut.

15 Un Buste, ayant la tête armée d'un casque , sur lequel est représenté le cheval Pégase. Ce buste qui est drappé, est fort relevé & rougeâtre sur un fond plus blanc. Sur *agathe onix* de un & demi pouce de haut.

16 Une Tête de femme, avec les cheveux retroussés & bandeau. Sur *cornaline blanche* de un & un huit de pouce de haut.

17 Deux Bustes d'homme & de femme accolés & vus par le dos, avec les têtes de profil. L'homme a les cheveux courts, couronne de laurier & draperie. Son Buste est en partie brunâtre, & celui de la femme est blanc, sur un fond jaunâtre & transparent. Sur *agate-onix* de un & demi-pouce de haut.

18 Le Triomphe de l'Amour, dans un char tiré par deux lions, conduits par un Cupidon. Derriere le

char on apperçoit Pan jouant de la flûte à plufieurs tuyaux, & à côté des lions marchent deux
figures, dont l'une tient une corne d'abondance,
& l'autre deux urnes qui regorgent de fleurs. En
l'air un autre Cupidon tenant de chaque main une
couronne de fleurs, dont il femble vouloir couronner l'Amour. Tout ce fujet eft blanc fur un fond
noirâtre. Sur *camayeu* de un & un quart de pouce
en travers, monté en argent doré.

19 SERG. SULP. GALBA CÆSAR AUG. La Tête de
Galba, ceinte de laurier. Sur *agate veinée*, de trois
pouces de haut.

20 Une Furie debout, portant la tête en l'air, & une
grande draperie voltigeante Cette figure qui eft très-
artiftement travaillée, eft blanche fur un fond brunâtre. Sur *agate-onix*, d'un pouce de haut.

21 Deux Buftes accolés. Celui de l'homme qui eft
vu par le dos, a la tête barbue & couverte d'une
dépouille de lion, qui eft brunâtre, mais le vifage & le cou font blancs, & le vifage de la femme
eft encore plus blanc. Ces buftes dont les têtes font
de profil, font fur un fond brunâtre & tranfparent.
Sur *agate-onix* de un & trois-quarts de pouce de
haut.

TIROIR N°. III.

Contenant XIX Pierres gravées en creux.

N°. 1 M. AUR. SEV. ANTON. CARACALLA AUG. Le Buſte d'*Antonin Caracalla*, avec couronne radiée & draperie. Sur *ſardonix* de un & ſept-huit de pouce de haut.

2 Un Buſte ayant les cheveux en partie relevés, & en partie pendans, le caſque panaché, & la cuiraſſe ornée d'un maſque. Sur *cornaline* noirâtre d'environ un & un quart de pouce de haut, montée en argent doré.

3 Le Portrait de l'Empereur Charles-Quint, ceint de laurier & armé d'une cuiraſſe, avec le collier de l'ordre de la Toiſon d'or. Sur *agate-onix* de un & cinq-huit de pouce de haut.

4 Vénus recevant les embraſſemens de Mars. Au pied du lit ſe voit un Cupidon jouant de la lyre, & en l'air le ſoleil. Les figures ſont blanches ſur un fond tranſparent. Sur *agate-onix* de un & demi-pouce en travers.

5 POSTUMI PATER ET FILIUS. Les Têtes des deux *Poſtumes*, pere & *fils*, accolées & ceintes de laurier. Sur *ſardonix* de un & cinq-huit de pouce de haut.

6 Un Buste de femme, ayant les cheveux en partie retrouffés & attachés derriere la tête, boucle pendante, & draperie. Sur *fardonix* d'environ un & un quart de pouce de haut, monté en or.

7 ATALANTE. Le Buste d'*Atalante.* Sur *fardonix blanc,* de un & cinq-huit de pouce de haut.

8 Le Buste de Domitia Paulina, mere de l'Empereur Adrien , ayant un cafque & une cuiraffe fort ornée, avec cette légende. DOMITIA PAUL. ADR. IMP. MATER. Sur *onix de trois couleurs* , dont le fond est tranfparent, de un & demi-pouce de haut, certi en argent.

9 Jefus-Christ fortant du tombeau aux côtés duquel fe voient deux foldats fort épouvantés. Les figures qui font prefque blanches fur un fond tranfparent, font fort ifolées & prefque de ronde boffe. Sur *agate-onix* de un & un quart de pouce de haut, garnie d'argent doré.

10 NERVA TRAJANUS ADRIANUS AUG. Le Buste d'*Adrien,* vu par le dos, avec couronne de laurier & draperie. Sur *fardonix* de deux & un quart de pouce de haut, garni d'or en filagrame émaillé, & orné de quatre diamans, quatre rubis, & d'une groffe perle en pendeloque.

11 Un Buste de femme, prefque de face, avec cheveux retrouffés, bandeau & draperie. Sur une *jacinte la belle,* de un & cinq-huit de pouce de haut,

fur cinq-huit de pouce d'épais, garnie d'or émaillé,
& entourée de perles, de turquoifes & d'opales.

N. B. *Ce Bufte a le bout du ne₹ un peu endommagé.*

12 Un Bufte d'homme, fort relevé & vu de face.
Sur une *jacinte la belle*, d'un pouce de haut, garnie d'argent doré.

13 L. SEPT. SEVERUS PERTINAX AUG. La Tête
de *Septime Severe*, avec barbe & couronne de
laurier. Sur *jafpe fanguin* de deux pouces de haut.

14 Le Portrait de l'Empereur Charles-Quint, ceint de
laurier, avec cuiraffe, & le collier de l'Ordre de
la Toifon d'or. Ce bufte eft blanc, fur un fond
tranfparent. Sur *agate-onix* de un & demi-pouce
de haut.

15 SERG. SULP. GALBA CÆSAR AUG. La Tête de
Galba, ceinte de laurier, & ayant une draperie au
bas du cou. Sur *cornaline* d'environ un & demi-
pouce de haut, garnie d'argent doré.

6 Un Bufte de femme, coëffée en cheveux frifés
& ayant deux longues treffes, dont l'une tombe
fur l'épaule & l'autre derriere le cou. Ce bufte
a la tête ceinte du diadême & une draperie. Sur
cornaline blanche & prefque ronde, de un & trois-
huit de pouce de haut.

17 Une pierre gravée des deux côtés. De l'un fe
voit le bufte d'*Alexandre le Grand*, avec cafque

panaché, cuiraſſe écaillée & draperie, & ayant un grand bouclier paſſé dans le bras. Au revers, le Buſte de *Minerve*, avec de longs cheveux, caſque panaché, & un grand boaclier. Cette pierre eſt une *cornaline* de un & demi pouce de haut, garnie d'or.

18 Un Buſte de femme, de face, ayant les cheveux en partie retrouſſés & en partie pendans en boucles, une petite draperie & le ſein découvert, avec des perles autour du cou. Ce buſte, qui eſt preſque de ronde boſſe, eſt blanc ſur un fond à-peu-près tranſparent. Sur *agathe-onix* de un & un huit de pouce de haut.

19 SOCRATES. Le Buſte de *Socrate*, avec une petite draperie. Sur *Jaſpe* d'environ un & trois quarts de pouce de haut.

TIROIR N°. IV.

Contenant XI Agates-Onix & autres Pierres gravées en relief.

N°. 1 Une figure de ronde boſſe, repréſentant un Guerrier aſſis au milieu de trophées d'armes, tenant de la main droite un ſabre & de la gauche un bouclier. Cette figure eſt compoſée de pieces de rapport. La tête eſt d'agathe, dont le viſage eſt

reſervé de couleur de chair, & les cheveux qui
ſont friſés, ſont de couleur brune. Le corps eſt
couvert d'une cuiraſſe d'or, émaillée en partie,
avec lambrequins au bas. La poitrine & le ventre
ſont de perle fine, & les bras & les jambes qui
ſont nuds, ſont auſſi d'agathe & fort artiſtement
ajoûtes. Sur le bouclier ſe voient Vénus & Cupidon debout. Le tout ſur un fond de *Lapis Lazuli*
dans un ornement d'or émaillé de couleur claire,
& garni d'onze rubis. La figure quoiqu'aſſiſe, a
deux & un quart de pouce de haut, & eſt ainſi
que tout ce qui l'accompagne , très-artiſtement
travaillée. Le tout enſemble peſe environ deux &
trois quarts d'once.

2 Un Buſte de ronde boſſe, d'or émaillé, repréſentant une Minerve ayant de longs cheveux pendans en boucles, le caſque & la cuiraſſe , ornée de maſques ſur les épaules avec lambrequins.
Le viſage de même que le cou ſont d'une jacinthe
la belle, & très-relevés Derriere le caſque, qui
eſt en forme de bec d'oiſeau, ſe voit un beau grenat longuet, & ſur le bec une belle émeraude.
Sur la poitrine & le dos ſont deux jacinthes la
belle en forme de coquilles. Ce buſte qui eſt fait
avec beaucoup d'art, a environ deux & un quart
de pouce de haut , & peſe le tout enſemble un &
un quart d'once.

3 Une Tête d'Empereur, avec couronne de lau-

rier, & ayant une fraife autour du cou. Sur *Jafpe* d'environ un pouce de haut & de large, garni d'argent doré.

4 Un Bufte, avec tête nue, cheveux courts & frifés, barbe épaifle & draperie. Ce bufte eft rouge fur un fond à-peu-près tranfparent. Sur *cornaline-onix* de un & un quart de pouce de haut.

5 L. DOMIT. DOMITIANUS AUG. La Tête de *Domitien*, ceinte de laurier. Sur *cornaline* dé un & un huit de pouce de haut.

6 HERCULES La Tête d'*Hercule*, coëffée de la dépouille du lion. Sur *fardonix* de un & un huit de pouce de haut.

7 Une Tête de femme, de ronde bofle, couverte d'un voile qui lui tombe fur le cou. Sur *agathe-onix* de fept huit de pouce de haut.

8 Une Tête d'homme, avec barbe affez longue & couronne de laurier. Sur *agathe-onix* de trois quarts de pouce de haut.

9 Un Bufte d'Empereur, avec cheveux courts & draperie. Sur *agathe noire* de fept-huit de pouce de haut.

10 Une Tête de More, environnée d'une bande blanche. Sur *onix* d'un demi pouce de haut.

11 Une Tête femblable à la précédente. Sur *agathe-onix* de fept-huit de pouce de haut.

TIROIR N°. V.

Contenant ce qui fuit.

N°. 1 Le Jugement de Pâris, très-artiftement gravé en relief. Les figures font blanches fur un fond brunâtre. Sur une *coquille* de forme ronde, de fept-huit de pouce de diamêtre, proprement montée dans une petite bordure de bois brunâtre.

2 Pyrame & Thysbé dans un payfage, en relief. Sur une *coquille* femblable de forme ovale, de deux pouces en travers, montée de même.

3 Le Portrait de Louis XIV, en bufte de relief, & émaillé de blanc fur un fond noir. Sur *or* de un. & un quart de pouce de haut.

4 Une figure de femme nue, avec un Dieu marin, en relief. Sur une *coquille* de un & un quart de pouce de haut, montée en argent.

5 Trois Buftes accolés, en relief, & de différentes couleurs. Sur *coquille* femblable, de un & un quart de pouce de haut, montée en or.

6 Les Buftes des trois Rois d'orient, en relief & accolés. Sur *coquille* femblable, d'environ un & trois-quarts de pouce de haut, montée en argent.

7 JULIUS CÆSAR ET POMPEIA. Les Buftes de

Jule-Céjar & *de Pompée*, en relief & en deux pieces. Sur *coquille* appliquée fur *agate-noirâtre*, de un & trois-huit de pouce de haut.

8 Deux petits Sujets en bas-relief, compofés chacun de deux figures. Sur *coquille* de cinq-huit de pouce en travers.

9 Le Portrait de Barneveld, vu prefque de face, en bas-relief. Sur *coquille* de un & demi-pouce de haut.

10 Trois Têtes accolées de différentes couleurs. Sur *coquille* d'environ un pouce en travers.

11 Trois autres Têtes femblables. Sur *coquille* d'environ un pouce de haut & de large.

12 Trois autres femblables Sur *coquille* d'environ fept huit de pouce de haut & de large.

13 Trois autres Têtes femblables. Sur *coquille* de même hauteur & largeur.

14 Deux buftes d'homme & de femme accolés, en bas-relief. Sur une *coquille* toute blanche, d'un pouce de haut.

15 Les douze premiers Empereurs & Impératrices, faifant enfemble vingt-quatre pieces, très-proprement gravés en taille douce, fur *nacre de perle* de un & un quart de pouce de diametre.

TIROIR N°. VI.

Ce Tiroir eft vuide.

N°. I.

LE CABINET

Contenant les Pierres gravées.

Ce cabinet est de bois d'inde, & a cinq pieds quatre pouces de haut, sur deux pieds huit pouces de large, & environ un pied & un pouce de profondeur. La partie supérieure du cabinet, qui se ferme à deux battans, & qui peut être séparée de la partie inférieure, a deux pieds huit pouces de haut, sur environ deux pieds huit pouces de large , & contient LXXXVII Tiroirs d'égale grandeur, dont chacune à neuf & demi pouce de profondeur sur huit & demi de largeur. Ces Tiroirs sont partagés en trois colonnes, & le dedans de chacun d'eux contient des ornemens d'un dessin différent, qui ressemblent à des parterres , & qui sont sculptés, dorés & appropriés selon la grandeur des pierres qui s'y trouvent arrangées comme dans des niches; ce qui forme un coup-d'œil très-agréable. La partie inférieure du cabinet, contient d'abord VI autres Tiroirs, dont chacun a un pied deux & & demi pouce de largeur sur dix pouces de profondeur. Ces Tiroirs sont partagés en deux colonnes, & cette partie du cabinet se ferme aussi

à deux battans. Enfuite, au deffous font trois grands
tiroirs vuides l'un fous l'autre, qui font de même
largeur & profondeur que le cabinet.

FIGURES ANTIQUES
DE BRONZE,

qui ornent le deffus de ce Cabinet.

Nº. 1 Pallas armée en partie, & affife, ayant le pied
poſé ſur deux livres, près deſquels on voit une
tête de vieillard renverſée. A côté de Pallas ſe tient
un Cupidon debout avec un bras appuyé ſur ſon
ſiége. La figure de la Déeffe eſt dorée d'or moulu,
& à ſix & demi pouces de haut.

2 Deux Figures ſur des piedeſtaux ſéparés de bois
d'inde, & repréſentant des Cupidons debout. L'un
de ces Cupidons joue de la trompette & l'autre
regarde dans un livre de muſique. Ces deux figures,
qui ſont de bronze & auffi dorées d'or moulu, ont
chacune ſept pouces de haut, & ſont placées à
chaque côté de Pallas.

3 Deux autres Figures nues & debout, dont l'une
repréſente Mercure avec le Pétaſe, & tenant de
la main gauche la bourſe ; & l'autre, un Adonis
ou Chaffeur, tenant une pique de la main gauche

& ayant un Chien à côté de lui. Ces deux figures, qui font bronzées, ont chacune neuf & demi pouces de haut, & font placées à côté des Cupidons.

N°. II.

LE CABINET

Contenant les Emprejntes.

Ce cabinet eft de pareil bois d'inde, & contient auffi LXXXVII Tiroirs, tous de même grandeur, avec les empreintes en cire, des pierres gravées en creux, arrêtées fur des cartons, & numérotées dans le même ordre des pierres. Ce cabinet fe ferme auffi à deux battans.

N°. III.

UN CABINET

Contenant des Pâtes ou Compofitions de verre.

Ce Cabinet qui eft de pareil bois d'inde que les précédens, & qui a deux pieds trois pouces de haut fur un pied huit & demi pouces de large, & un

pied de profondeur, contient XLVIII Tiroirs par-
tagées en deux colonnes égales, & se ferme aussi
à deux battans.

Les XXIV Tiroirs de la premiere colonne, contiennent environ 1250 pâtes ou compositions de
verre presque toutes différentes & de diverses couleurs, très-proprement arrangées dans des compar-
timens à peu près dans le goût de ceux du cabinet
des pierres gravées n°. 1. La plupart de ces Pâtes
sont imprîmées sur les pierres gravées même du
cabinet du Roi de France, & sur celles d'autres
cabinets célèbres. On fera peut-être surpris de ce
qu'on a pu avoir occasion de tirer un nombre
aussi considérable d'empreintes des pierres du cabinet de ce Monarque; mais les curieux, sur tout
ceux de Paris, n'ignorent pas que son Altesse Royale,
le feu Duc d'Orléans, Régent de France, avoit
la bonté non-seulement de permettre, mais de fa-
ciliter mêmes ces fortes d'entreprises par l'amour
qu'il avoit pour les choses de ce genre, auxquelles
lui-même a souvent employé une partie assez considérable de ses heures de loisir. Dans la seconde
colonne, si on en excepte sept tiroirs qui sont vuides,
savoir, depuis le tiroir XXV jusqu'au XXXII
inclusivement, celles qui restent contiennent encore
environ 1000 pâtes, non arrangées, parmi lesquelles
il s'en trouve plusieurs en relief, de la même com-
position que les précédentes, dont diverses sont

doubles de celles qui se trouvent dans les tiroirs de la première colonne.

FIN.

Lu & approuvé ce 30 Déc. 1788. COCHIN.

king, who might have deferved a ftatue among the beft and braveft of the ancient Romans.

Birth and education of Theodoric. A. D. 455—475.

Theodoric the Oftrogoth, the fourteenth in lineal defcent of the royal line of the Amali (1), was born in the neighbourhood of Vienna (2) two years after the death of Attila. A recent victory had reftored the independence of the Oftrogoths; and the three brothers, Walamir, Theodemir, and Widimir, who ruled that warlike nation with united counfels, had feparately pitched their habitations in the fertile though defolate province of Pannonia. The Huns ftill threatened their revolted fubjects, but their hafty attack was repelled by the fingle forces of Walamir, and the news of his victory reached the diftant camp of his brother in the fame aufpicious moment that the favourite concubine of Theodemir was delivered of a fon and heir. In the eighth year of his age, Theodoric was reluctantly yielded by his father to the public intereft, as the pledge of an alliance which Leo, emperor of the Eaft, had confented to purchafe by an annual fubfidy of three hundred pounds of gold. The royal hoftage was educated at Conftantinople with care and tendernefs. His body was formed to all the exercif-

es

(1) Jornandes (de Rebus Geticis, c. 13, 14. p. 629, 630. edit. Grot.) has drawn the pedigree of Theodoric from Gapt, one of the *Anfes* or Demi-gods who lived about the time of Domitian. Caffiodorius, the firft who celebrates the royal race of the Amali (Variar. viii. 5. ix. 25. x. 2. xi. 1.), reckons the grandfon of Theodoric as the xviiith in defcent. Peringfcold (the Swedifh commentator of Cochlæus. Vit. Theodoric. p. 271, &c. Stockholm, 1699.) labours to connect this genealogy with the legends or traditions of his native country.

(2) More correctly on the banks of the lake Belfo (Nieufiedler-fee) near Carnuntum, almoft on the fame fpot where Marcus Antoninus compofed his meditations (Jornandes, c. 52. p. 659. Severin Pannonia Illuftrata, p. 22. Cellarius, Geograph. Antiq. tom. i. p. 350.)